Sonja Hartwig

Kazım, wie schaffen wir das?

Sonja Hartwig

Kazım, wie schaffen wir das?

Kazım Erdoğan und seine türkische Männergruppe – vom Zusammenleben in Deutschland

Deutsche Verlags-Anstalt

Sollte diese Publikation Links auf Webseiten Dritter enthalten, so übernehmen wir für deren Inhalte keine Haftung, da wir uns diese nicht zu eigen machen, sondern lediglich auf deren Stand zum Zeitpunkt der Erstveröffentlichung verweisen.

MIX
Papier aus verantwortungsvollen Quellen
FSC® C014496
FSC
www.fsc.org

Verlagsgruppe Random House FSC® N001967

1. Auflage

Umschlaggestaltung: Büro Jorge Schmidt, München
Umschlagmotive: Martin Lukas Kim, Hamburg
Gestaltung: DVA/Andrea Mogwitz
Gesetzt aus der Stone
Satz, Druck und Bindung: GGP Media GmbH, Pößneck
Printed in Germany
ISBN 978-3-421-04765-6

www.dva.de

Dieses Buch ist auch als E-Book erhältlich.

Für unsere Väter
Battal und Friedhelm

»Leben wie ein Baum
einzeln und frei
und brüderlich wie ein Wald
das ist unsere Sehnsucht.«
Nâzım Hikmet, Davet

»Es kann die Ehre dieser Welt
dir keine Ehre geben.
Was dich in Wahrheit hebt und hält
muss in dir selber leben.«
Theodor Fontane, Es kann die Ehre dieser Welt

Inhalt

Die Wurzel der Geschichte aber ist der arbeitende, schaffende, die Gegebenheiten umbildende und überholende Mensch. Hat er sich erfaßt ... so entsteht in der Welt etwas, das allen in die Kindheit scheint und worin noch niemand war: Heimat.

Ernst Bloch

Prolog

Männer sitzen um einen Tisch, die türkischen Paschas, die sogenannten. Alle in einem Raum, wer hätte das gedacht, sagt Kazım. Immer wurde doch nur *über* sie geredet, nicht *mit* ihnen.

Männer im Anzug, Männer im Blaumann, Männer im Hoodie. Männer, die geschlagen wurden als Söhne, Männer, die schlagen als Väter; Männer, die ihre Frau verloren und ihre Ehre; Männer, die in dieses Land kamen, um eine Braut zu finden, und nun Frau und Schwiegereltern haben, aber keine Arbeit, kein Ansehen; Männer, die Taschengeld bekommen, zu denen die Frau sagt: Was, du willst ein Mann sein? Du bist kein Mann, ohne Hartz IV kannst du dir nicht mal eine Unterhose kaufen. Vätergruppe nennen sie sich, oder, nüchterner, Männergruppe. Es ist eine einfache Bezeichnung für das Einfache, was sie tun und auf das niemand vor Kazım gekommen war: diese Männer zusammenzurufen, mit ihnen zusammenzusitzen, zusammen zu reden.

Einer der Männer sagt: Kazım ist sehr unauffällig, man denkt im ersten Moment, er ist Schuhputzer oder Kamelverkäufer. Derselbe Mann sagt auch: Kazım erkennt man erst, wenn er anfängt zu reden, das kann er wie niemand sonst. Ohne Kazım, sagt ein anderer Mann, überlegt eine Weile, dann: Sähe es schlecht aus. Wie genau? Er antwortet mit Schulterzucken.

Kazım sagt zu den Männern: Ich appelliere an euch, sprecht frei, sprecht ohne Angst. Es ist keine Schwäche, über

Probleme zu reden, es zeugt von Stärke. Nur wenn wir offen reden, helfen wir einander, helfen wir unserer Familie und der Gesellschaft. Die Gesellschaft ist nur stark, wenn die Menschen, die in ihr leben, offen diskutieren. Ich bin der glücklichste Mensch der Welt, wenn wir diesen Ort, diese Männergruppe, zu einer Volksuniversität machen.

Dieser Ort ist ein simpler Raum, Erdgeschoss, gelegen zwischen Sonnenallee und Karl-Marx-Straße, Berlin-Neukölln. Es gibt Stühle, Tische, Tee, mehr braucht es nicht. Wenn dieser Ort eine Universität ist, dann bietet sie ein Studium generale des Lebens. Eines, für das man nicht in Büchern liest, sondern in sich selbst. Die Männer, die hier sitzen, waren reden nicht gewohnt. Als sie noch Jungen waren, hatten sie meist gehört: Du bist ein Mann, ein Mann ist Herkules, weint nicht, kümmert sich um die Familie, schützt die Familie, ein Mann redet nicht, schon gar nicht über Probleme. Ein Mann, der nicht redet, geht ins Männercafé, spielt, trinkt vielleicht oder wird süchtig, schlägt womöglich, geht in die Moschee, betet zu Allah, dass er alles löse, wartet und schließt sich ab von der deutschen Welt um sich herum, lebt in einer Nische. Er ist ein Mann, der Probleme hat, Probleme macht und selbst Problem genannt wird.

Einmal fragte Kazım die Männer: Mit welchen Erwartungen kamt ihr nach Deutschland, wie geht es euch hier?

Ein Erster sagte: Ich kam vor über zwanzig Jahren, heiratete eine Verwandte, wusste nichts von diesem Land, ich bereue es. Ich habe mich immer sehr fremd gefühlt.

Ein Zweiter sagte: Ich kam '83. Ich habe Sehnsucht, wenn ich an die Türkei denke, aber ich habe mich in Deutschland an die Freiheit gewöhnt. In der Türkei mischt sich jeder in deine Angelegenheiten ein. Wenn es dort wäre wie hier, würden sicherlich viele zurückkehren. Aber wir haben in diesem Land Kinder, Enkelkinder, so blieben wir hier stecken.

Ein Dritter sagte: Mein Onkel erzählte mir, erst wenn du von diesem Land träumst, hast du dich dran gewöhnt. Er lebte seit fünfundvierzig Jahren hier und hatte noch nie von Deutschland geträumt. Ich träumte das erste Mal von Deutschland, als meine Kinder geboren wurden. Ich wusste, nun gehören sie und ich hierher.

Männer sitzen und reden über Heimat, Fremde, über Heimat in der Fremde, Fremde in der Heimat. Sie reden über Ankommen oder warum sie nicht ankamen, über ihre Familie, über die Gesellschaft, über das, was sie verletzt, über Träume, Wunden, Wut.

Einer der Männer mietete sich mal ein Auto, seine Frau lebte in einer anderen Stadt, lebte dort mit ihrem gemeinsamen Kind und einem anderen. Er saß am Steuer, und auf den Sitz neben sich hatte er ein großes Messer gelegt. Er fuhr zwei, drei Stunden, dann dachte er daran, wie er unter den Männern gesessen hatte, um Gewalt an Frauen war es gegangen, Gewalt, die zu nichts führt, nur ins Gefängnis: Was mache ich hier? Er fuhr zurück.

Manchmal hat Kazım auch Leben gerettet, sagt einer der Männer. Kazım sagt nicht, denk dies, denk das, er wirft dir den Ball zu und fordert dich auf, selbst zu denken, sagt ein anderer. Gib einem Mann einen Fisch, und du ernährst ihn für einen Tag; lehre einen Mann zu fischen, und du ernährst ihn für sein Leben.

Kazım, der weder Kamelverkäufer ist noch Schuhputzer, kam Mitte der Siebziger aus der Türkei nach Deutschland. Er konnte kein Deutsch, arbeitete in den ersten Jahren als Hilfsarbeiter, schleppte Getränkekisten und grillte Würstchen, studierte, war Lehrer, Schulpsychologe und zuletzt bei einer Familienberatungsstelle vom Bezirksamt Neukölln. Dort arbeitete er die eine Hälfte des Tages, die andere Hälfte bei seinen Ehrenämtern. Die Männergruppe, mit der er sich jeden Montagabend, achtzehn Uhr, trifft, ist nicht das Einzige, was er gegründet hat: auch eine Beratung für Spielsüchtige, Wochen der Sprache und des Lesens, eine Frauengruppe, eine internationale Männergruppe – das sind die großen Projekte seines Vereins »Aufbruch Neukölln«. Er sieht, wo er anpacken kann, und er würde noch schneller anpacken, wenn ihm nicht immer Geld fehlen würde. Anruf bei Stiftungen, Unternehmen: Wissen Sie was, ich habe heute Nacht geträumt, dass Sie mein Projekt unterstützen, der Traum wird doch in Erfüllung gehen?

Anfangs sahen viele in ihm einen Spinner. Sie sagten: Mit diesen verschlossenen türkischen Männern über Gefühle reden? Das schaffst du nicht! Sie sagten: Eine Sprachwoche? In Neukölln liest doch keiner, jetzt übernimmst du dich! Wenn zu abstrakt, zu argwöhnisch geredet wird, ärgert sich Kazım, er will keine Probleme beschreiben. Wenn ich ein Problem sehe, sagt er, dann handle ich.

Einige, die zu Kazım kamen, wurden offiziell in einer Akte der Beratungsstelle geführt und gingen dann, ohne dass sie es mitbekamen, in sein Ehrenamt über. Sie kamen einfach weiter in sein Büro, und Kazım kümmerte sich, las die Briefe der Behörden, die sie mitbrachten, hörte sich nach einem Job für sie um, sagte ihnen, was zu tun sei, wenn der Strom abgestellt wird. Er hatte Männer bei sich sitzen, drei, vier Monate tranken sie Tee und sagten nicht, was los war. Nach einiger Zeit fragte Kazım: Kann es sein, dass Sie betrogen worden sind? Sie wurden rot, schauten auf den Boden, fühlten sich schwach, und er sagte: Das kann dem stärksten Mann passieren! So einen Satz waren sie nicht gewohnt. Kazım versuchte sie rauszuholen aus dem Anzug, den sie trugen: Wir, die Machos.

Er schafft erst mal eine Atmosphäre, sagen Kazıms Kollegen in der Beratungsstelle, er schenkt Tee ein, und dann hat er nicht nur den distanzierten therapeutischen Ansatz: Erkenne dich selbst, hilf dir selbst, handle, wenn du so weit bist. Er ist wie ein Ältester der Familie, der auch mal fordert: Die Dinge müssen jetzt geschehen. Meine anatolische Art, sagt Kazım und lacht. Er könne seinen Klienten mit türkischer Zuwanderungsgeschichte nicht sagen: Würden Sie zum Jugendamt gehen? Ja, denken sie dann, würde ich. Ein Konjunktiv kann Monate anhalten. Also sagt er: Morgen früh gehen Sie hin, acht Uhr, wenn Sie da gewesen sind, rufen Sie mich an, das ist verbindlich.

Ich bin der größte Narzisst der Welt, hat Kazım einmal gesagt. Meine Frau hat mein Leben ruiniert, sagt Kazım öfter. Und als er operiert werden musste und die Ärztin verordnete: Am Morgen nur was Leichtes, sagte er, kein Problem, ich schlachte nur ein Lamm fürs Frühstück. Und die Ärztin: Ein Lamm? Nein, also ein Lamm, das geht nicht!

Keiner dieser drei Sätze ist wahr. Jeder, der ihn kennt, weiß das. Doch man muss diese Sätze verstehen, um eine Ahnung zu bekommen, wer Kazım ist und wie er das schafft: Menschen mitzuziehen.

Das mit dem Lamm: Ein Scherz natürlich, verriet Kazım der Ärztin aber nicht. Erst beim nächsten Mal, danke, sagte er, danke, weil Sie mir die Geschichte glaubten, so viele haben gelacht. Das mit seiner Frau: ein Scherz natürlich. Ob es sonst eine ausgehalten hätte, fragt sich Kazım, und Gülşen, die es aushielt, antwortet manchmal immer noch: bin verheiratet, aber ledig. Größter Narzisst der Welt: Nur wenn man davon ausgeht, dass er so viel gibt und umso mehr zurückbekommt.

Es ist wahr, Kazım bekam viel zurück. Bedrohungen: Was erzählen Sie meiner Frau? Ich bringe Sie um! Beleidigungen: Sie Haustürke! Beschimpfungen: Dreckiger Türke, wir wollen dich nicht, deine Arbeit nicht, pack die Koffer, verschwinde! Er bekam viele Anrufe, spätabends und am Wochenende. Und er bekam noch was: das Bundesverdienstkreuz.

Man kann es schaffen, von unten, das will Kazım immer zeigen.

Kazım ist in seinen Sechzigern, doppelt so alt wie ich. Kennengelernt haben wir uns vor sechs Jahren, wenig später wurden wir Freunde. Als ich das erste Mal in sein Büro kam, saß er an seinem Computer und schaute sich um, etwas grimmig sah das aus, er stand auf, noch immer grimmig, und sagte nichts, dann lösten sich seine Gesichtszüge: *Merhaba*, seine Stimme war zugleich zart und bestimmt. Trinken wir einen Çay? Diese Situation wiederholte sich viele Male, mit der Zeit verstand ich, dass Kazım nicht grimmig schaut, sondern einen scannt, man könnte es auch so sagen: Er *sieht* einen an.

Damals, 2011, begleitete ich ihn als Reporterin eine Woche lang zu seinen Terminen, ständig klingelte sein Telefon, einmal fragte ich: Wichtig? Und Kazım antwortete: Alles, was ich mache, ist wichtig. Wir gingen durchs Viertel, Kazım spurtete, und ich eilte hinterher. Manche riefen ihn den »Kalifen«, so hatte er sich selbst ernannt. Ein Scherz natürlich, doch selbst im Fernsehen, als ein Bericht über ihn lief, wurde am Bildrand eingeblendet: Kazım Erdoğan, »Kalif von Neukölln«. Nach der Ausstrahlung kam einer auf ihn zu: Ich habe Sie im Fernsehen gesehen! Sie sind doch Sultan! Kazım lachte; »Sultan« setzte sich aber nicht durch, er blieb lieber beim »Kalifen«.

Wenn wir Zeit zum Sprechen hatten, saßen wir in der Hofperle, einem Restaurant an der Karl-Marx-Straße. Kazım bestellte Kalifensalat, der Kellner nickte und brachte einen Salat mit Hähnchenbrust und Mango-Chutney, in der Karte heißt er Othello, aber den Kalifen kannte hier jeder, und jeder wusste, was er am liebsten bestellte, Salat und Rotwein, Dornfelder.

Wir sprachen über Dringlichkeit, Umtriebigkeit, und ich fragte mich: Wie macht er das, achtzehn, neunzehn, zwanzig

Stunden am Tag arbeiten, beim Bezirksamt in Neukölln, bei seinen Ehrenämtern in Neukölln, wie hält er das durch? Ich schrieb ein Porträt über ihn, hatte aber keine Antwort. Wie hält er das durch? Das hatte ich nicht verstanden.

Sein Büro wurde zu einer Schaltzentrale, jeder brauchte von ihm eine Art von Hilfe, Schulen, Vereine, Erzieher, Journalisten, Männer, Frauen, Kinder. Einmal gab es diese Szene: Kazım wusste nicht, wen er als Erstes zurückrufen sollte, welche Mail am wichtigsten war, er schaute mich an und sagte: Mannomann, in diesem Land habe ich keine Ruhe mehr, und du sagst: selber schuld, wa? Bevor ich antwortete, er: Ja, ich weiß, danke. Es war ein kurzer Ausbruch, ein Aufstöhnen wäre zu viel gesagt, vielleicht war es so etwas wie ein Aufatmen: ein Atmen, um aufzustehen. Das reichte, dann wollte Kazım los. Komm, machen wir uns auf die Socken, sagte er, von nichts kommt nichts. Wenn du fünf, zehn Minuten mit jemandem sprechen kannst und ihn beruhigst, was verlierst du dadurch? Auf die Gemütlichkeit verzichte ich.

Die Aufgabe, die sich Kazım selbst gegeben hat, ist schwierig, und am besten hat er sie erledigt, wenn er mit ihr nicht auffällt. Es geht ihm nicht ums Löschen, er will da sein, bevor es irgendwo angefangen hat zu brennen.

Wenn ein Gast in die Männergruppe kommt, sagt Kazım manchmal: Ich darf Ihnen meine Helden vorstellen. Er nennt sie Helden, Männer, die Täter und Opfer sind; Helden, weil sie sich nicht verschließen, weil sie reden, über sich, weil sie rausgehen, weil sie sich trauen, ihre Geschichten zu erzählen, auch in diesem Buch. Es sind, wie bei Kazım, Geschichten von Beleidigungen, Beschimpfungen, Bedrohungen; Geschichten von Fehlern, Rissen, Wunden. Dreckiger Türke, schimpfte man Kazım. Doch Kazım jammerte nicht, schaute nach vorn, nicht zurück. Er wollte nie die Hauptfigur einer Opfergeschichte sein. Ginge es nur nach ihm, würde

»dreckiger Türke« hier nicht mal stehen. Kazım wollte auch nie die Hauptfigur einer Heldengeschichte sein, das hieße, es wäre vollendet, es gäbe keine Probleme. Natürlich gibt es die, natürlich sind nicht alle seiner Männer Ärzte, Anwälte oder Professoren, natürlich gibt es zu viel Gewalt, zu viele Schulabbrüche, zu viele, die nicht gut genug Deutsch sprechen, die in ihrer Nische bleiben, zu viel Du und Ich, zu wenig Wir, natürlich gibt es noch so viel zu tun. Für die Männer, die er Helden nennt, ist Kazım ein Held, weil er sie zu Hauptfiguren ihrer eigenen Geschichte macht, damit sie nicht mehr Objekt sind, sondern Subjekt. Damit sie reden, damit man nicht übereinander spricht, sondern miteinander. Reden, in diesem Sinne, ist Kazıms wichtigstes Handeln.

In diesem Buch wird daher viel geredet. Zu Beginn jedes Kapitels reden Männer, die Kazıms Männergruppe besuchen oder lange Zeit besucht haben. Es sind Männer mit Hauptschulabschluss und Männer mit Universitätsdiplom; Männer, die sagen, sie sind religiös, und Männer, die nie beten; Männer mit einem intellektuellen Duktus und Männer, die im Alltag vieles auf Deutsch regeln, aber stockend. Sie reden über ihre Sehnsucht nach der Türkei, ein Land, aus dem ihre Eltern oder ihre Großeltern kommen, in dem aber niemand von ihnen lange Zeit gelebt hat. Über das Ankommen in Deutschland, wo einige von ihnen geboren und alle aufgewachsen sind. Über das, was sie vermissen, was sie verletzte, verwundete. Sie reden über sich als Männer, Ehemänner, Väter, Bürger. Es sind Gespräche, weder einfach noch eindeutig, denn auch die Männer sind weder einfach noch eindeutig. Es sind Männer, die ihre Zerrissenheit zeigen und ihre Widersprüchlichkeiten. Manchmal sagen sie: Wir Türken, obwohl einige offiziell nur Deutsche sind.

Dass sie das sagen, ist die Summe mehrerer Erfahrungen: Bei jedem sind es andere, doch bei jedem geht es auch um

Ablehnungen, um Abwertungen, um das Gefühl, nicht dazuzugehören, und den Drang, irgendwo hinzugehören zu wollen; um die Flucht in eine Zugehörigkeit zur Türkei, die hier, in Deutschland, nicht infrage gestellt wird. Es sind Männer, die suchen, sich suchen, Halt, Sicherheit, Anerkennung. Was sie in diesen Gesprächen nicht geben: eine glatte Antwort auf die Frage, wer die denn sind. Was sie geben: Puzzleteile davon, wie sie wurden, wer sie sind.

Dieses Buch handelt von Kazım, seiner Heimat, seinem Ankommen, seiner Anerkennung, seinem Handeln. Doch genauso wie das Leben der Männer ohne ihn nicht denkbar wäre, wäre auch sein Leben ohne die Männer nicht zu denken. Es ist daher auch ein Buch über die Männer und über ihre Wunden. Man kann es schaffen, das will Kazım immer zeigen. Doch wie schaffen wir das, wie schaffen wir das Zusammenleben?

Nur wenn wir offen reden, helfen wir einander, helfen wir unserer Familie und der Gesellschaft, sagt Kazım zu seinen Männern, die Gesellschaft ist nur stark, wenn die Menschen, die in ihr leben, offen diskutieren. Es erscheint, als bereitete Kazım in seinem Viertel das Land auf etwas vor, was überall immer mehr verlangt wird: die, die dazukommen, mit denen, die schon da sind, zusammenzubringen; keine Sprachlosigkeit; keine Angst vor dem Neuen; keine Probleme, keine Fremden, die kommen, sondern Menschen mit Geschichten. Kazım will nicht die Welt retten, aber er schaut einen Menschen an und sieht in ihm die Welt.

Es kam oft vor in den letzten Jahren, dass ich Kazım anschaute und mich fragte: Was kann ein einzelner eigentlich schaffen?

Identität

Heimat

»Schau mal, was aus dir geworden ist«

Acht Männer sitzen in einem Raum. Das ist ein schlichter Satz für eine schlichte Szene. So schlicht ist der Raum: beinah quadratisch, Fenster zur ruhigen Seitenstraße, weiße Wände, ein weißer Lampionschirm an der Decke. So schlicht ist die Handlung: Männer, in einem Stuhlkreis, trinken Tee aus türkischen Teegläsern, werfen Zuckerstücke in ihre Gläser, rühren. Die Stimmung ist ruhig, abwartend, man hört das Klirren der Löffel an den Teegläserwänden. Einer trägt Hemd, blau; einer trägt Hemd, Holzfäller; zwei Hemd mit Jackett; einer Hemd, schwarz mit Pullover drüber; einer Pullover, schwarz; einer Pullover, weiß. Der achte Mann trägt Hemd, weiß. Er hat die Beine übereinandergeschlagen, wie meist, der Körper nach vorn gebeugt, der Blick wach, die anderen sieben nennen ihn beim Vornamen: Kazım. Beim Nachnamen: Herr Erdoğan. Oder Kazım amca, ihren Onkel, Kazım abi, ihren großen Bruder, es ist eine Ansprache des Respekts, verwandt sind sie nicht. Einige sagen hocam, mein Lehrer. Gelehrt hat Kazım die Männer vor allem eines – reden. Bevor sie anfangen, eine kurze Vorstellung:

Ismail, Mitte vierzig, in Berlin geboren, Hauptschulabschluss, war mal Maschinenführer, heute ist er Hilfskraft im Büro des Vereins »Aufbruch Neukölln«. Zweimal war er verheiratet, aus den Ehen hat er fünf Kinder. Kazım lud ihn vor zehn Jahren zu einem Treffen in sein Büro ein, zu dritt waren sie, es war der Beginn der Männergruppe. Damals, sagt Ismail, hatte ich ein paar Probleme, sehr schlimme sogar: Ich war ins Meer gefallen und konnte allein nicht schwimmen.

Alişan, Ende fünfzig, machte in Berlin Abitur und studierte Politik. Viele Jahre engagierte er sich bei den Sozialdemokraten und einer Migrantenorganisation. Vor einiger Zeit kaufte er Land in der Türkei. Er ist verheiratet, hat zwei Kinder. An der Männergruppe, sagt er, imponiere ihm, dass sie Vorurteile bekämpft, die es gegen Männer mit türkischer Zuwanderungsgeschichte gibt.

Mehmet, Mitte fünfzig, saß als Kind die ersten zwei Jahre in Deutschland in einer Klasse und verstand kaum ein Wort. Er repariert Fernseher, Radios und Computer, ist verheiratet, hat drei Kinder. Als er vor zwei Jahren zum ersten Mal zur Männergruppe ging, dachte er: Mit anderen reden – was soll das denn helfen? Inzwischen kann er nicht mehr ohne, er sagt: Unter den Männern werde ich ruhig.

Hamit, Ende vierzig, war acht, als er nach Deutschland kam. Nach der Schule machte er eine Ausbildung zum Textilmaschinenführer, arbeitet heute im Schichtdienst. Er hat sich vorgenommen, im Alter mehr zu beten und in die Moschee zu gehen. Ein Mann, sagt Hamit, rede selten über Persönliches, nie hätte er vor seinen Freunden über seine Ehe oder seine Kinder gesprochen. Erst in der Männergruppe habe er damit begonnen.

Adem, Ende fünfzig, besuchte eine Grundschule in Bayern, bevor er mit seiner Familie nach Berlin zog. Nach seinem Studium der Chemie promovierte er. Er ist geschieden und hat keinen Kontakt zu seiner Ex-Frau und den zwei erwachsenen Kindern. Ich habe in der Gruppe gelernt, sagt Adem, welche Fehler ich machte, und dass ich nicht der Einzige bin mit Fehlern.

Celal, Ende vierzig, kam mit zwei Jahren nach Deutschland, machte Abitur und schloss sein Studium als Diplomkaufmann ab. Er arbeitete in Leitungspositionen, auch im Ausland, derzeit ist er freier Dozent in der Erwachsenenbildung. Verheiratet, zwei Söhne. Er leitet seit ein paar Monaten auch eine Männergruppe in einem anderen Berliner Bezirk. Wir dürfen nicht unter uns bleiben, sagt Celal, sondern müssen mit unseren Geschichten in die Öffentlichkeit. Damit alle mitkriegen, was wir draufhaben.

Tarkan, Ende zwanzig, in Berlin geboren, Hauptschulabschluss, besucht eine Schauspielschule. Als Einziger in der Runde ist er kein Vater, hat sich aber vor Kurzem verlobt. Er war eines der ersten Mitglieder der Männergruppe. Es gab Tee, Kekse, das ist ja ganz angenehm, fand er, aber was sollte er unter all den Älteren? Tarkan kam, weil Kazım ihn immer wieder anrief, bald dachte er: Ist doch interessant, was die Älteren machen, sie haben Probleme und suchen nach Lösungen.

Kazım: Liebe Freunde, lasst uns darüber reden, wie wir uns fühlen, wenn wir in die Türkei verreisen, wenn wir am Flughafen am Schalter stehen und den Pass abgeben. Ich freue mich in diesem Moment, doch wenn ich dort bin, erinnere ich mich schnell daran, dass ein Teil von mir, meine andere Hälfte, in Deutschland geblieben ist. Wie fühlt ihr euch, wenn ihr ankommt in der Heimat der Eltern, der Großeltern?

Tarkan: In Istanbul anzukommen ist für mich immer ein besonderer Moment. Ich habe einen deutschen Pass, darin steht mein Name: Tarkan Bruce Lohde. Türkischer Vorname, englischer Zweitname, deutscher Nachname. Der Beamte schaut den Pass an, gibt ihn mir zurück und sagt: Hoşgeldiniz Tarkan Bey – Willkommen, Herr Lohde. Und lächelt.* Wenn ich in Berlin ankomme, schaut der Beamte in den Pass *(Er ahmt den Beamten nach: kritischer Blick auf seine Handfläche)*, gibt ihn mir zurück und schaut mir so nach. *(Er legt die Stirn in Falten und guckt abschätzig zur Seite, alle lachen)* Das ist der Unterschied! Die Grundstimmung ist eine völlig andere, vielleicht hat es etwas damit zu tun, dass in der Türkei öfter die Sonne scheint.

Adem: Wärme!

Tarkan: Ist echt so. Menschen in wärmeren Ländern sind auch wärmer.

Kazım: Tarkan, vielleicht hat dieser Beamte, der dich so kalt empfangen hat ...

Tarkan: *(unterbricht ihn)* ... das ist jedes Mal so!

Kazım: Vielleicht hatte der Beamte in Deutschland an diesem Tag eine Sorge und ihm war nicht nach Lachen, und der Beamte in der Türkei war gut gelaunt. Ich habe in den türkischen Flughäfen auch andere Erfahrungen gemacht. Die Gesichter der Polizisten sahen oft aus wie die Wände von Gerichtssälen. Was sagt das Innere, wenn ihr in der Türkei seid?

Mehmet: Wenn ich ankomme und die türkische Flagge sehe, fühle ich mich frei. Dieses Gefühl ... kann man gar nicht beschreiben.

* *Bey* ist im Türkischen die höfliche Anredeform »Herr«, anders als im Deutschen folgt darauf der Vorname, nicht der Nachname.

Adem: Ich habe mal in Istanbul gearbeitet und den Alltag kennengelernt. Drei Tage konnte ich nicht duschen. Wenn ich den Wasserhahn aufdrehte, kam Luft raus. Erst am vierten Tag bekam ich mit, dass es nur zwischen zwanzig und einundzwanzig Uhr Wasser gibt. Ich ging immer nur bei Grün über die Straße, aber den Rechtsabbiegern waren Fußgänger völlig egal, dreimal wäre ich fast überfahren worden. Und dann draußen immer nur fünfunddreißig, vierzig Grad, das nervte total. Nach drei Monaten packte ich meine Koffer, bin nach Berlin zurück und habe eine Stunde lang vom Balkon aus den Regen beobachtet.

Kazım: Was ist für dich deine Heimat?

Adem: Wenn ich in der Türkei ankomme, denke ich: Das ist Heimat. Und wenn ich zurück nach Deutschland komme, denke ich: Zuhause. Drüben Heimat, hier Zuhause. Ich komm gern nach Hause, nach zwei Wochen in der Heimat habe ich die Schnauze voll.

Kazım: Für mich ist Heimat nicht an einen Ort gebunden, nicht an das Land, aus dem ich komme, und auch nicht an das Land, in dem ich lebe. Es ist ein Gefühl: Heimat ist dort, wo ich mich wohlfühle, wo ich das Leben mit Menschen teile und zu einer Gemeinschaft gehöre.

Alişan: Für mich gibt es zwei Sachen, die in der Türkei jedes Heimatgefühl zunichtegemacht haben. Erstens: Zebrastreifen! *(Alle lachen)* In Deutschland hast du zu halten, wenn eine Person über den Zebrastreifen geht. In der Türkei wirst du beschimpft, wenn du bremst, Autos haben immer Vorrang. Zweitens: In dem türkischen Dorf, aus dem meine Familie stammt, habe ich zwei syrischen Familien, die in Baracken leben, ohne Wasser, ohne Strom, Lebensmittelpakete gegeben. Dieses Dorf ist kemalistisch, geschlossen wählt es gegen Erdoğans AKP. Und doch haben sie mich alle beschimpft, weil ich Flüchtlingen helfe! Das widert mich an. Dass sich die, die sich in der Türkei als links und sozialdemokratisch bezeichnen, feindlich geben gegenüber Flüchtlingen, gegenüber Fremden.

Adem: Was ist der Grund?

Alişan: Die Flüchtlinge werden als Vaterlandsverräter gesehen, weil sie ihre Heimat verließen und nicht gekämpft haben.

Adem: Das klingt wie Hohn: nicht gekämpft gegen amerikanische und russische Bomben!

Alişan: Ich habe versucht dagegenzuhalten, ich sagte: Ihr kritisiert Menschen, die wegen Krieg ihre Heimat verlassen mussten. Viele von uns Türken aber haben die Heimat wegen Armut verlassen. Sie sagten: Nein, wir waren Arbeiter, wir haben uns in Deutschland Rechte erworben. Aber die Syrer, die hätten ihre Heimat verteidigen müssen. Ehrlich, wenn ich versuche zu argumentieren wie in Deutschland, gehe ich in der Türkei unter. Sowieso: In der Türkei bin ich immer Deutschländer. Was die Menschen dort einem antun, nur weil man aus Deutschland kommt, das hat kein Deutscher hier den Ausländern angetan. Als Deutschländer bin ich dort immer ein potentielles Opfer.

Adem: Ich machte die Erfahrung, dass wir Deutschländer in der Türkei als rückständig und ungebildet betrachtet werden, als hätten wir uns nicht entwickelt. Bei einigen stimmt das auch. Sie lernten in der Türkei nichts, kamen nach Deutschland, lernten auch hier nichts und behielten das Know-how von vor vierzig, fünfzig Jahren. Das führt zu dem Bild, mit dem wir alle konfrontiert werden: In beiden Ländern werden wir als die Ungebildeten gesehen.

Alişan: Wisst ihr, was mir in Deutschland ein Heimatgefühl gab? Bis vor fünfzehn Jahren bin ich hier nie nach einer Adresse gefragt worden. Und auf einmal wollte einer von mir in Schöneberg den Weg wissen. Was für ein Gefühl! Und es blieb nicht bei einem, immer mehr fragten mich. Ich dachte: Hat sich vielleicht doch etwas geändert? Wenn sie mich nach dem Weg fragen, dann nehmen sie mich wohl als ganz normalen Bestandteil der Bundesrepublik Deutschland wahr.

Kazım: Liebe Freunde, wir alle sind Kinder der Migrationsbewegung und auch ein bisschen geschädigt davon. Das fühlen wir, das müssen wir ausdrücken, damit wir uns von diesem Gefühl entfernen. Und vielleicht ist es manchmal schwer, Gemeinsamkeiten zu finden, aber wir sollten das Schritt für Schritt versuchen.

*

Wird er wach, steht er auf, fünf Uhr in der Früh ist es oft, manchmal vier Uhr dreißig. Einmal dreht er sich um; zweimal, sagt Gülşen, seine Frau, wäre Zeitverschwendung. Vor einigen Monaten nahm er dann die Butterbrote fürs Büro mit oder, in einer Dose, das, was Gülşen für ihn machte, grüne Bohnen, gefüllte Paprika, und gegen Mittag konnte man ihn in seinem Büro beobachten, wie er mit der einen Hand aß und mit der anderen arbeitete. Gülşen kriegte fast nie mit, wenn er aufstand. Wurde sie wach, war er längst von 12355 Berlin-Rudow nach 12055 Berlin-Neukölln gefahren: zu seiner Dienststelle, Bezirksamt Neukölln.

Ich kann nicht länger schlafen, sagt Kazım, kann ich einfach nicht, keine Ruhe, neunzig Prozent meiner Festplatte sind voll mit Projekten. Es ist nicht lang her, sagt Gülşen, da schwitzte er nachts die Unterhemden durch; ich musste sie dann auswechseln, sagt Kazım. Vielleicht lag's am Herzen, an der Arterie, verstopft war sie. Ich sagte immer, geh zum Arzt, sagt Gülşen; ich geh immer zum Arzt, sagt Kazım. Kazım arbeitet zu viel, sagen alle; ich sag da nichts mehr zu, sagt Gülşen. Kazım sagt, ach, wenn man morgens aufwacht, muss man anfangen, nicht den Teufel an die Wand malen, man steht auf, fängt an, packt an.

Inzwischen ist Kazım in Rente. Wie die Rente aussieht, hatte er vorher angekündigt: Ich lasse den Acker nicht brach. Wenn ich in Rente bin, habe ich acht Stunden mehr jeden Tag, dann gründe ich eine Vätergruppe in der Türkei, dann gründe ich eine Stiftung.

Er wacht auf, steht auf und macht das, was er während des Arbeitslebens zu wenig schaffte: fährt zu Tagungen, hält Vorträge, geht zu Podiumsdiskussionen. In den Räumen seines Vereins hat er sich ein Büro eingerichtet, dort empfängt er die, die zuvor in sein offizielles kamen. Sie finden ihn nicht mehr in der Böhmischen Straße 39, sondern auf der anderen Seite des Richardplatzes, in der Uthmannstraße 19, zu Fuß achthundertfünfzig Meter. Es ist die wesentlichste Wende im Leben von Kazım, dem Rentner.

Warum macht er, was er macht? Warum reibt er sich so auf, warum steht er nicht still? Warum von einer Idee zur nächsten, ohne Sitzen, ohne Stopp, selbst dann, wenn er ohne Kraft ist? Warum geht er einen Tag nach einer Operation in sein Büro?

Kazım gibt auf diese Fragen keine Antworten, was daran liegt, dass er das Arrangement der Fragen nicht versteht. Als ich ihm einmal sagte: Kazım, wenn ich über dich rede, wollen viele wissen, warum du so für andere ackerst, schaute er mich an, und weil ihm keine Erklärung kam, kam nur ein Wort: Ehrlich? Damit war alles gesagt, was er zu sagen hatte. Ich ahnte, dass es etwas ist, das man nur verstehen kann, wenn man es sich da anschaut, wo es sich unauflöslich mit ihm verband.

Wir reisen in das Dorf, in dem er aufgewachsen ist. Flug nach Kayseri, dreieinhalb Stunden Autofahrt durch lange Weite, durch die Mitte Anatoliens. Ein Schild: Gökçeharman 5 km. Wir biegen ein, Schotterweg, bergab die Serpentinen, nun steht Kazım auf einem Hügel, rechts und links Feld, geschwungene Berge, als hätte jemand aus dem lockeren Handgelenk getuscht und viel Grüntöne ausprobiert. Etwas Grau für die Steine, etwas Braun für Rinder. Kazım steht auf dem Hügel, schaut ins Tal, Grundrisse von Häusern, in denen niemand mehr wohnt, kein Mensch, kein Leben, kein Ort, den er kennt. Unglaublich, sagt Kazım. Sagt es noch mal und noch mal, dann Schweigen. Stille. Ein Kuckuck ruft.

Es ist dreißig Jahre her, dass Kazım in seinem Dorf war. Dreißig Jahre: So alt, so verblichen, so lebendig ist das Bild des Dorfs in seinem Kopf, wie eine Fiktion. Und nun, da die Fiktion auf die Wirklichkeit stößt, bringt es ihn zum Weinen. Die neue Form passt nicht mehr ins alte Gefäß.

Was passierte hier? Diese Frage wird er in den Tagen im Dorf wieder und wieder stellen, gepaart mit Kopfschütteln und einem ungläubig ausgesprochenen Mannomann. Was passierte hier? Eine Frage, deren stärkste Antwort die Wiederholung ist. Eine Frage, der viele Fragen folgen.

Was passiert mit Orten, die verlassen werden? Was bleibt, wenn sie überwuchert werden von Gräsern, von Wäldern;

wenn keine Gerste mehr wächst, kein Weizen, keine Hühner mehr gackern, keine Schafe blöken; wenn Kazıms Mutter nicht mehr auf dem Feld erntet, die Großmutter nicht mehr zum Essen ruft und Kazım nicht mehr die Aprikosenbäume hochklettert, um sich im Geäst zu verstecken; wenn er nicht mehr hochklettert, um von Onkel Ismails Bäumen die Pflaumen zu klauen? Was bleibt, wenn das Leben, wie man es kennt, weggesaugt ist, wenn ein anderer Ort zu sehen ist, eine andere Landschaft?

Kazım steht auf dem Hügel, und je länger ich ihn anschaue, ihn und die Unruhe im Gesicht, in den Beinen, je mehr er auf und ab geht, den Kopf schüttelt, desto klarer wird, dass der Ort, wie er war, zugleich weg und immer noch da ist. Kazım hatte ihn, wie in einer Konserve, mit nach Deutschland genommen. Hier, an diesem kleinen Ort Anatoliens, wo für Kazım wenig so ist, wie es war, wo nur noch vier Menschen leben, nicht mehr Hunderte, wird er die nächsten Tage das auspacken, was er in Deutschland bewahrt hat. Er findet Sätze für sein Leben, das hier loslief, und je mehr er erzählen wird, desto mehr wird er ganz sanft, ganz leise Antworten geben: Warum er macht, was er macht, warum er sich aufreibt, nicht still sitzt, nie stoppt.

Die Familie Erdoğan wohnte in einem Haus aus übereinander- und quergestapelten Steinen, die man in der Gegend fand, dazwischen etwas Holz, das Dach flach, aus Erde, und wenn Regen fiel oder Schnee, zogen sie mit einer Steinwalze drüber, damit es nicht reintropfte. Kazım, benannt nach einem Imam der Aleviten, war das dritte Kind, geboren zur Erntezeit im Juni 1953. Vor ihm die Schwestern İnci und Yeter, und nach ihm Bruder Hıdır, Navruz, die mit zwei Jahren starb, Elif, die mit einem Jahr starb, Sultan, die mit einem Jahr starb, Sadet, Muzaffer, zwei Söhne ohne Namen, denn ihr Tod kam zu schnell, und Hasan, der Jüngste der Geschwister, geboren 1967. Vor dem Haus befand sich all das, was sie besaßen: ein Stall, gebaut wie ihr Haus, Stein auf Stein, mehr als hundert Schafe, fünfzig Hühner, fünfzehn bis zwanzig Ziegen, vier Ochsen, je zwei für einen Pflug, um die Felder zu bestellen, zwei Kühe, ein Pferd, ein Esel.

Vor allem aber besaßen sie zwei Hände, mit denen sie arbeiteten, mit denen sie pflügten, säten, ernteten. Sie zogen auf das Feld, auch die Kinder, schnitten mit der Sichel die Halme ab, banden sie zusammen, stapelten sie, ein paar Tage trocknen, Esel und Pferd halfen beim Abtransportieren, und die Muskelkraft des Ochsen half der Maschine beim Dreschen: Weizenkörner für die Menschen, um Mehl zu machen, Brot zu backen, und die Spreu, um im Winter die Tiere durchzubringen.

Der Ort Gökçeharman besteht aus zwei Teilen. Ömeran heißt der eine, und der andere, wo die Familie Erdoğan wohnte, Keklik Pınarı. *Keklik*: Rebhuhn, und *Pınar*: Quelle, Brunnen. Ein Ort, benannt nach dem, was man vorfand. Massenweise sammelten sich im Tal die Vögel, grau, rötlicher Kopf; und im Zentrum plätscherte eine Quelle, ein Wassertrog, aus dem die Tiere tranken, und ein Hahn, aus dem die Menschen schöpften. Im Sommer kühlten sie im Brunnen Melonen und Rakı.

Kazıms Vater ist in Keklik Pınarı geboren, wie auch sein Großvater und sein Urgroßvater. Vom Ururgroßvater weiß man so viel, dass er in Keklik Pınarı starb, aber nicht, wann er aus Tunceli, dreihundert Kilometer entfernt, in das Dorf kam und mit seiner Ankunft immer mehr Menschen kamen. Achtzig Frauen und fünfundachtzig Männer waren es 1935, 1940: einhundertfünfundsiebzig Frauen und einhundertfünfundsiebzig Männer, 1955: einhundertsiebzig Frauen und einhundertsiebenundachtzig Männer.

Kazıms Mutter Hatem, wohl 1928 geboren, so steht es im Pass, aber so genau notierte es keiner, und Kazıms Vater

Battal, 1926 geboren, was auch keiner sicher weiß, heirateten Anfang der vierziger Jahre, sie war fünfzehn, er siebzehn. Eine arrangierte Ehe, gefragt wurde nicht, sie muckten nie auf, die Ehe war harmonisch, jeder erledigte seine Aufgaben. Sie lebten zusammen mit den Eltern seines Vaters, dessen Brüdern Maksut und Mahmut und deren Kindern, sechsundzwanzig Menschen in fünf Räumen. Kurz nachdem Kazım auf der Welt war, wurde es zu eng, und Kazıms Eltern und Großeltern zogen mit Kazım und seinen zwei Geschwistern vom Tal etwas höher an den Hang. Ein Haus mit Ofen, in dem sie die Brote backten, einer Kochstelle und an den Wänden geknüpfte Wandteppiche. In einem Raum drei, vier Betten; die Kinder zu zweit in einem, in der Matratze Wolle, die sie von den Schafen geschoren hatten.

Die Tage unterschieden sich kaum, Kazıms Mutter stand auf, um vier, um fünf, ging zwanzig Stunden später schlafen. In der Früh machte sie Frühstück für Kazıms Vater und bereitete ein Essenspaket für seine Pause vor, briet Fleisch und rollte es ins Brot, ging in den Garten, kümmerte sich um Bohnen, Gurken, Tomaten, Kartoffeln. Kazıms Vater arbeitete auf dem Feld, wenn er Feierabend hatte. Zuvor arbeitete er bei der Eisenbahngesellschaft, ein einfacher Angestellter der Gruppe 4312, Bahnhof Avşar. Jeden Morgen lief er eineinhalb Stunden über die Felder zum Bahnhof, und jeden Abend eineinhalb Stunden zurück. Die Aufgabe der Gruppe 4312 war es, eine Strecke von zwanzig Kilometern zu kontrollieren: Instandhaltung, Austauschen von Holzschwellen, bei einer Überschwemmung arbeiteten sie drei Tage und drei Nächte durch.

Die Familie Erdoğan lebte vom Gehalt, das die Eisenbahngesellschaft zahlte, und verkaufte, was auf den Feldern wuchs, Weizen und Gerste, was sie mit Tieren und ihren Händen produziert hatten, Butter und Käse. Und wenn aus anderen Dörfern Menschen kamen, tauschten sie das, was sie hatten, gegen das, was die anderen mitbrachten, Weintrauben, Linsen, Kichererbsen. Im Sommer bereiteten sie sich auf den Winter vor, schlachteten Tiere, trockneten das Fleisch, besorgten aus der Stadt Petroleum für die Lampen, und Zucker, kiloweise Zucker für den Tee.

Wenn sie um den Tisch saßen, stand auf dem Tisch eine große Schüssel. In der Hand hatte jeder einen Löffel, in der Schüssel war Weizengrütze, sie luden sich die Löffel voll, und der Löffel kratzte an die Schüssel, je weniger in der Schüssel war, desto lauter und schneller wurde das Kratzen. Sie hörten den Rhythmus, wie Musik, die ihr Leben machte. Kein Radio, kein Fernsehen, sie sprachen nicht, aßen nur, und wenn sie was sagten, ging es um: Was passiert morgen auf dem Feld? Wann holen wir die Ernte ein? Es ging um das, was sie sahen, von Träumen sprach keiner. Das erste Radio kam in den Siebzigern, den ersten Fernseher brachte in den Achtzigern Kazım ins Dorf.

Die Kinder spielten mit Steinen, mit Holz, mit Blättern. Sie liefen zum Brunnen, holten Wasser, ihr Leben war tief eingemeißelt, ein kleiner Ort, der eine eigene Welt war, sicher, geborgen, eine Welt im Takt der Sonne, des Regens, der Felder, in gleichsamer Geschäftigkeit. Im Herbst, wenn es nicht so viel Arbeit draußen gab, nähte die Mutter für all ihre Kinder und wusste nicht, wie sie nachkommen sollte, dass auch jeder Strümpfe an den Füßen hatte. Sie hatte so viele Kinder auf die Welt gebracht, von Verhütung hatte ihr keiner etwas gesagt und auch keiner etwas gewusst. So viele Kinder, wie soll ich die nur durchbringen? Eine Frage, die erst in der Rückschau schmerzvolle Wucht bekam. Damals war keine Zeit für Fragen und Antworten, war keine Zeit für geplante Fürsorge, Geborgenheit, Wärme. Damals wurden die Kinder mit dem Maß der Zufälligkeit erzogen. Nahm man sie mal auf den Schoß oder in die Arme und sah das jemand, gab man sie schnell wieder ab, wie ein Paket, abgestellt wie eine Ware.

An Härte seiner Eltern kann sich Kazım nicht erinnern. Sein Vater: gutmütig, witzig, hilfsbereit. Das sind Zuschreibungen, die sich wiederholen, wenn man einem ehemaligen Kollegen bei der Eisenbahn zuhört, den Nachbarn, seinen Kindern, seiner Frau, er selbst lebt nicht mehr. Viele Jahre erzählte man sich im Dorf die Geschichte, wie die Mitarbeiter der Eisenbahngesellschaft ihr ganzes Gehalt verzockt hatten und einer von ihnen auch eine Pistole, Eigentum des Staates, aufs Spiel gesetzt und verloren hatte. Kazıms Vater soll dann sein Gehalt eingesetzt haben, um die Pistole zurückzubekommen. So rettete er die Stelle und die Freiheit des Mannes. Nie hörte Kazım die Eltern klagen. Hörte die Mutter nie schreien. Sah den Vater nie schlagen.

Das Leben hatte Struktur, feste Pfeiler. Wenn etwas eingetreten war, für das man gebeten hatte, wurde ein Tier geopfert. Die Ärmeren opferten einen Hahn, die Wohlhabenderen ein Kalb, eine Kuh oder einen Ochsen. Einmal erkrankte Kazıms Bruder Muzzafer sehr schwer. Woran, wusste man nicht, regungslos lag er im Bett, tagelang, der Kopf heiß. Es gab keinen Arzt, die Mutter flehte, Hilfe zu holen, doch Vaters Antwort war: Gott wird ihn beschützen. In der Nacht hatte er von einem Weisen geträumt, der ihm gesagt hatte, er brauche sich um seinen Sohn keine Sorgen zu machen, er werde geheilt. Ein paar Tage später konnte geschlachtet werden: ein Lamm, alle Nachbarn kamen, saßen um den Tisch und aßen – der Bruder war gesund.

Der Höhepunkt des Jahres war für Kazım das alevitische Aşure-Fest. Nachdem sie zwölf Tage lang gefastet hatten, bereiteten alle Frauen in den Häusern eine Süßspeise vor, darin weiße Bohnen, Kichererbsen, Weizen, Feigen, Aprikosen, Nüsse, Trauben, zwölf Zutaten, jede symbolisierte einen der zwölf Imame der Aleviten. Jeder hatte einen Löffel in der Tasche, so zogen sie von Haus zu Haus und steckten ihren Löffel in die Kupferkessel der Nachbarn.

Bäuerliche Großfamilien, jeder mit einer Handvoll Besitz, jeder gezeichnet von der Härte, der Alltag vollgestopft mit Arbeit, kein Raum für Sehnsucht, sozialisiert in Gemeinschaft, in der es kein Alleinsein gab, in der verhandelt, getauscht und viel geteilt wurde. In jedem Haushalt gab es Platz für unvorhergesehene Gäste. Wurde es dunkel und schaffte man es nicht mehr bis nach Hause, klopfte man und stellte sich vor: Ich bin der Enkel von ... und hatte einen Schlafplatz.

Eine Welt, die als rau und rein erscheint, überschaubar; ein redundanter Zyklus, eine Welt, die in sich begrenzt war und in deren Enge Extreme gediehen. Es gab drei Morde, die sich in diesem Dorf Anatoliens ereigneten. Morde, die aus der Distanz wirken wie Kammerspiele des Grauens.

Beim ersten, Jahre vor Kazıms Geburt, ging es um eine Landgrenze. Die Details der Geschichte versickerten mit der Zeit, erzählt wird heute: Onkel Hıdır, der Bruder von Kazıms Großvater, geriet mit einem Nachbarn in Streit, er hatte einen Stock in der Hand, mit dem er prügeln wollte, als ein Dritter kam und ihn von hinten erstach. Onkel Hıdır, der eigentlich so groß, so stark war, dass es keiner mit ihm aufnehmen wollte, verblutete auf dem Feld. Er wurde zwanzig Jahre alt, und sein Bruder weinte um ihn Jahr für Jahr.

Beim zweiten, in Kazıms Geburtsjahr, ging es um Bäume. Einige Männer des Dorfes fällten Eichen, es gab andere, die waren dagegen und griffen ein, es gab eine Schlägerei, man kämpfte mit Stöcken, und am Ende war einer tot. Der Mörder soll der Schwager des Getöteten gewesen sein, in Haft kamen aber zwei Brüder von Kazıms Großvater, Onkel Maksut und Onkel Ismail. Als Kazım zwölf Jahre alt war, lernte er sie kennen, da wurden sie entlassen.

Beim dritten, Kazım war sieben, ging es um ein Rebhuhn. Zusammen hatten sie auf einem Feld die Tiere gejagt, immer wieder hin und her getrieben, die Rebhühner schlugen hastig mit den Flügeln, glitten über den Boden, und wenn sie sich absetzten, trieb man sie weiter, sodass sie bald nicht mehr konnten, und wenn der Moment gekommen war und sie nicht mehr flogen, liefen die Männer zu ihnen und fingen sie ein. In diesem Fall nun liefen zwei Männer, einer von ihnen war Kazıms Onkel, der Schwager seines Vaters, jeder war der Meinung, er habe das Rebhuhn getrieben: mein Verdienst. Sie stritten, und irgendwann holte der andere ein Messer heraus und erstach den Onkel.

Ende des Jahres 1960 war das, Kazım erfuhr von diesem Mord erst Wochen später, im Februar, als er zurück ins Dorf kam. Denn damals lebte er schon die meiste Zeit des Jahres mehrere Hundert Kilometer weiter östlich.

Sein Vater und sein Großvater, beide Analphabeten wie alle in der Familie, hatten entschieden, dass Kazım in die Schule gehen soll. Der älteste Sohn, über den man erzählte: So klug, so pfiffig, aus ihm kann was werden. Weil es in der Nähe keine Schule gab, musste Kazım mit der Eisenbahn fahren. Zum ersten Mal verließ er die gewohnte Welt, in der das Leben wie eine sichere, gerade Linie erschien. Der kleine Junge weinte, als er mit der Bahn nach Osten bis in die Stadt Erzurum fuhr, nicht mehr weit entfernt von der Grenze zum Iran. Einen Tag war er unterwegs, am Bahnhof wurde er abgeholt und in ein Internat gebracht. Seine Eltern konnten es sich nur leisten, weil die Eisenbahngesellschaft den Mitarbeitern einen Teil des Schulgelds bezahlte. Im Koffer, einem kleinen aus Holz, hatte er zwei Paar Socken, zwei Unterhosen, eine Hose, einen Anzug. In der Klasse, in die er kam, hieß Kazım nicht Kazım, er hieß 1478. Jeder Schüler hatte eine Nummer, keinen Namen. Sie sagten 1478, wenn sie ihn zur Tafel riefen. Sie sagten: Ach, das war wieder 1478!, wenn er etwas angestellt hatte. Und auch das Zeugnis war ausgestellt auf 1478. Kazım war nie leise, nie schüchtern, er erzählte Witze, ahmte Lehrer nach, alle kannten ihn, den Tischtennismeister des Gymnasiums. Seine engsten Freunde: Cevat, Muzzafer, Ismet, Kemal und Adnan, bis zur Neunten, denn zur Neunten kam Adnan nach den Ferien nicht wieder. Er war im Sommer im Meer ertrunken.

Die Tage im Internat hatten feste Abläufe, eingerahmt wie ein Bild, in dessen Zentrum: Regeln, Regeln, Regeln. Aufstehen um halb sechs, Frühstück, Mittag um zwölf, Abendessen um achtzehn Uhr, dazwischen Unterricht in Türkisch, Geschichte, Kunst, Sauberkeit und Respekt. Das Fach Chemie lag Kazım nicht, und noch weniger lag ihm der Chemielehrer. Du kannst so fleißig sein, wie du willst, sagten Ismet und Muzzafer, du hast keine Chance. Du hast nur eine Chance, wenn du dahin gehst. Und so ging Kazım mal dahin: in eine Wohnung, so die Anweisung, aus der sie schnell verschwinden sollten, falls sie jemand entdeckte. Kommen sollten sie, aber nicht drüber reden. Es war ein heimliches Treffen, dreißig, vierzig Schüler, dicht gedrängt, und vor ihnen saß ein Prediger, der aus dem Koran las und dem manchmal die Tränen kamen, wenn er die Suren zitierte. Es war Fetullah Gülen, geboren in einem Dorf nahe Erzurum, heute Oberhaupt der islamischen Gülen-Bewegung. Damals war er Mitte zwanzig und sammelte sich seine Anhänger. Der Chemielehrer war einer von ihnen, und bei der nächsten Chemiearbeit bekamen Kazım und Ismet und Muzzafer eine zehn, Bestnote.

Um der strammen Ordnung zu entfliehen, spielte Kazım Tischtennis und Fußball, und als er älter wurde, ging er mit seinen Freunden am Wochenende in die Stadt, ins Kino und ins Café, wo er Tavla spielen lernte. Im Dorf kannten sie so etwas nicht, im Dorf spielten nur die Kinder, und nur dann, wenn sie nicht auf dem Feld gebraucht wurden.

Es war ein Leben fern von der Familie; ein Leben, durch das er, das wurde ihm am ersten Tag bewusst, vieles sehen konnte, was er in Keklik Pınarı niemals gesehen hätte; ein Leben, zugleich Privileg und Folter. Auf der Privilegseite dieses Lebens gab es Vorspeise, Hauptspeise mit Fleisch, Nachspeise und Zentralheizung, Hochbetten, einheitliche Krawatte um den Hals und Mütze auf dem Kopf. Auf der Folterseite dieses Lebens gab es keinerlei Freiheit, nur Vorschriften und davon keine Abweichungen. Kazım musste fasten und beten, selbst wenn er nicht sunnitischen Glaubens war wie die meisten anderen. Wem das Essen nicht schmeckte, der wurde beschimpft: Ihr Elenden! Habt ihr etwa so guten Käse bei euch zu Hause? Als Kazım einmal mit seinen Freunden zwei Kisten Orangen aus der Küche klaute, zitterte er am ganzen Körper und fand in der Nacht keinen Schlaf. Als er im Unterricht mal einen Witz erzählte, erhielt er zur Strafe ein paar Tage Hausarrest. Wer nicht gehorchte, musste spüren: Kazım bekam Ohrfeigen und Schläge mit einem Lineal. Die Vorstellung vieler Eltern, die damals als Anspruch an das Lehrpersonal vorherrschte, formuliert Kazım so: Herr Lehrer, das Fleisch für Sie, die Knochen für uns. Viele Jungen, die nach Kazım aus Gökçeharman und den umliegenden Dörfern in ein Internat geschickt wurden, kamen zurück. Sie flüchteten, weil sie es nicht aushielten, weil sie scheiterten am Stoff und an der Rigidität des Schulalltags.

Kazım fuhr zweimal im Jahr zurück ins Dorf, zwei Wochen Ferien im Februar und dreieinhalb Monate Ferien im Sommer. Wenn er ankam und es Nacht war, schlief er am Bahnhof Avşar, dem Arbeitsplatz seines Vaters: ein karger Raum, mehrstöckige Betten, beide zusammen unter einer Decke. Am Morgen zog Kazım dann ins Dorf. Dort angekommen, ging er auf den Acker, passte auf die Schafe auf, trieb die Herde zum Brunnen, pflügte mit dem Ochsen die Felder. Was im Internat geschehen war, darüber sprach er nicht, und die Familie stellte keine Fragen. Zu Kazım kamen die Bewohner, damit er ihnen Briefe vorlas, die sie von Behörden bekommen hatten. Er war der Gymnasiast des Dorfes, bald sollte er der erste Abiturient des Dorfes werden und später der erste Akademiker, der nach Deutschland zog.

So war es, das alte Leben. Alte Form, Sittenbild einer Gesellschaft, konserviert in Deutschland, ausgepackt in Keklik Pınarı. Es wirkt wie Fiktion, dieses neue Gefäß. Es passt einfach nicht. *Mannomann.*

Kazım geht über Erde, die damals ein Weg war, nun ist alles verwachsen, vorbei an einem Bach, ein Rauschen, ein unabänderliches Rauschen, als drücke sich mit ihm die Hoffnung aus, dass wenigstens etwas bleibt. Ein Kuckuck ruft, wieder und wieder, sonst ist nicht viel zu hören an diesen Tagen, an denen Kazım zurückgekehrt ist an den Ort, der ihn ausstattete und von dem er seinen Weg gefunden hat. Getrieben von der Gewissheit, dass dieser Ort nicht die Welt ist, und doch immer geborgen in der Gewissheit, dass dieser Ort seine Welt bleibt.

Ich werde das nie verstehen, sagt er. Was aus diesem Ort geworden ist, wie klein er wirkt, winzig, in sich zusammengefallen. Die Elemente, die dazugehören, sind da, die Hügel, die Häuser, aber sie haben sich verändert, als wären sie auseinandergebrochen; noch erkennbar, doch wie man sie auch betrachtet, sie ergeben nicht mehr eins. Er fragt: Kannst du dir vorstellen, dass überall hier Gerste und Weizen wuchs? Dass hier Tausende Tiere waren? Hunderte Menschen? Das ist nicht unser Dorf. Alles ist anders. Er sagt: Öde. Tot. In ein paar Jahren werden wir Tausende von Zeugen brauchen, um zu beweisen, dass hier Menschen lebten.

Mit Kazım durch das Dorf zu laufen ist ein Spaziergang im Gestern. Er erzählt, wo früher kein Grün war, alles kahl, die Berge waren nackt, ohne Wald, nun haben sie umfassende Bekleidung. Er erzählt, wo sie zu den Onkeln liefen, zu Onkel Ismail, zu Onkel Masud, Onkel Cemal. Da war der Weg, da, in diesem Gebäude war die Grundschule, die sie in den Sechzigern bauten, für die Kazıms Vater sein Feld zur Verfügung gestellt hatte. Da der Brunnen, der Weg erschien viel länger damals, wie viel Liter Wasser wir hier transportierten! Er steht am Brunnen, hält die Hände in den Strahl, schöpft Wasser und trinkt. Da waren die Häuser der Familie, deren Mitglieder alle in der Nacht das Dorf verlassen haben, weil sie nach dem Rebhuhn-Mord Angst vor Rache hatten. Da war das Haus, in dem ich geboren wurde. Da war ein Ofen, da war der Essensraum, da war der Vorraum. Kazım geht einen Schritt, steht im Gerippe eines Hauses: Schau mal, was aus dir geworden ist, Vorraum.

Im Vorraum wuchert jetzt Gras, und hebt man den Kopf, sieht man den Himmel.

Ungefähr zu der Zeit, als Kazıms Vater beschloss, seinen Sohn auf das Internat zu schicken, und somit eine Investition in die Zukunft tätigte, deren Ausgang für ihn sehr ungewiss gewesen sein muss, traf er eine weitere Entscheidung. Sie fußte auf dem, was ihm vertraut war. Er kaufte Land und Felder des Dorfes Keklik Pınarı, wohl unwissend, dass das, was er erwarb, sehr schnell Geschichte sein würde. Er sagte: Ich mache das für euch Kinder, damit ihr genug Weizen habt, genug Weizengrütze, damit ihr euch mit diesem Land ernähren könnt. Drei Viertel des Dorfes gehören nun der Familie Erdoğan, kein Mitglied der Familie wohnt mehr dort, alle sind weggezogen in die Städte, und in diesem Dorf, sagt Kazım, gehören uns nun Erde und Steine. Aber wer würde das schon kaufen, wer für nur einen Cent?

Wenige Minuten später in einem Haus, Fassade in Mintgrün, Wellblechdach mit Solaranlage, Satellitenschüssel, violettfarbene Haustür, ein Vorraum mit zwei Sofas, an der Wand ein Bild in Schwarz-Weiß: Kazıms Großvater und seine Brüder. Das Haus ist ein Neubau und steht dort, wo damals das Steinhaus stand, in dem Kazım seine Kindheit verbrachte. Die Familie ließ es vor drei Jahren bauen, den Großteil bezahlte Kazım, ein Cousin und seine zwei Brüder gaben was dazu. Im Sommer kommen sie aus Istanbul und verbringen hier die Ferien. Nach einem Spaziergang im Gestern erscheint es fast wie eine überflüssige Frage: Kazım, wieso war es dir wichtig, hier ein Haus zu haben? Schweigen, Stille, Blick zu den Onkeln auf dem Bild: alle um einen Tisch sitzend, an den Wänden Teppiche. Er sagt: Ich finde mich nicht damit ab, dass Orte absterben, dass es keinen Schritt zurück gibt.

Es ist eine seltsame Schönheit, die dieses Dorf ausstrahlt. Die Landschaft wie ein Gemälde und die Bewohner als Staffage: Vier Menschen leben in Keklik Pınarı, Mann und Frau und Mann und Mutter. Sie wohnen nebeneinander, drei Minuten zu Fuß, sie melken Kühe und treiben Schafe, und die zwei Männer sprechen kein Wort miteinander. Sie sind im Streit, seitdem einer von beiden zum Ortsvorsteher gewählt wurde, mit einer Stimme mehr als ein Cousin des anderen, der in Ömeran wohnt, dem andern Teil von Gökçeharman, elf zu zehn ging es aus.

Nazife, die Mutter des Ortsvorstehers, klopft an die Tür, zieht die Schuhe aus, von brauner Erde bedeckt, und tritt ein, zähe Schritte, zwei kaputte Knie. Sie trägt einen Faltenrock, ein Tuch um den Kopf, nicht aus religiösen Gründen, Accessoire der Dörflichkeit. Nazife kommt vom Feld, sie schnauft. Warum arbeitest du so viel, Nazife?, fragt Kazım nach der Begrüßung. – Wer soll es denn sonst tun? Mein Sohn hat keine Frau, wer zieht denn schon hierher?

Wer zieht schon an diesen Ort, der sich überlebt hat?

Nazife lädt am Abend zum Essen, es gibt Weizengrütze. Alle, Kazım, Nazife, ihr Sohn, zwei Männer aus dem Nachbarort, Nazifes Enkel und ein Hirte aus Afghanistan, sitzen zusammen um einen Tisch. Eine große Schüssel in der Mitte, jeder einen Löffel in der Hand, nur der Rhythmus der Löffel ist nicht zu hören, nicht wie früher, als es still war und alle aßen, um satt zu werden. In der Schüssel ist so viel Weizengrütze, dass es kein Kratzen gibt, keine Musik. Es wird Tee getrunken und viel Rakı. Eine laute, ausgelassene Stimmung, eine, in der sich leise die Antworten finden lassen: Warum er macht, was er macht, warum er sich aufreibt, nicht still sitzt, nie stoppt.

Da sitzt Kazım, der mit Eltern aufwuchs, die sich aufrieben, nicht still saßen, nie stoppten; die auf dem Feld ackerten und bei der Eisenbahn, ohne Pause, kein Tag Urlaub; Eltern, die sich nie beklagten. Da sitzt Kazım, der mit sechs auszog aus dem Dorf, als Erster, Jüngster in die Fremde ging, der aushielt, durchhielt; ein Kind, das sich nie beklagte. Kazım, der einen Vater hatte, der den Schwächeren half. Kazım, ein Kind, das bald etwas konnte, was die anderen nicht konnten: lesen, und daher ihnen vorlas. Kazım, der in der Gewissheit aufwuchs, dass die Gemeinschaft dem Leben Form gibt.

In Deutschland sagt Kazım manchmal Sätze, die wie Schablonen klingen. Einer dieser Sätze ist: Jeder Mensch ist ein Schatz. Wir mussten in die Türkei reisen, in ein kleines Dorf in der Weite und Leere Anatoliens, wo Kazım von den Menschen erzählt, die mit Obst und Gemüse und Esel und Maultier von Dorf zu Dorf zogen, die tauschten und handelten; wir mussten in die Türkei reisen und diesen Satz in seine Herkunft setzen. Kazım sagt: Jeder hatte für die anderen Schätze. Erst hier, in Keklik Pınarı, zeigt der Satz sein ganzes Panorama.

Ankommen

»Ich zögerte nicht, ich mischte mich einfach ein«

Kazım: Ihr bekennt euch nicht zu diesem Land! Wie oft haben wir diesen Satz gehört. Wir, die Menschen mit Zuwanderungsgeschichte, stehen zwischen Baum und Borke. Lasst uns darüber sprechen, welche ersten Erfahrungen wir in Deutschland gemacht haben. Alişan, was sind deine?

Alişan: Ich kam Ende der Sechziger als Kind nach Deutschland, bis dahin kannte man hier Gastarbeiter aus der Türkei, Kinder aus der Türkei kannte man nicht. In der Türkei war ich schon zur Schule gegangen, dort hatten wir fast militärische Gepflogenheiten: In Viererreihen marschierten wir ein, und wenn der Lehrer kam, standen wir auf. Dann bin ich in einem deutschen Klassenraum, eine Frau tritt ein. Ich denke, das muss die Lehrerin sein, ich stehe auf, stehe stramm, und alle anderen Kinder tanzen auf den Tischen herum. Ich bewege mich nicht, bis sie alle gebändigt hat, dann schauen sie mich an, die Lehrerin, die Kinder: mich, noch immer strammstehend. Das war ein Identitätsschock. In der Zeit hatte ich einen absurden Albtraum: Wir fahren zurück in die Türkei, und meine ehemaligen Klassenkameraden dort sprechen auf einmal alle Deutsch, perfekt, nur ich kann nicht mithalten. Ich bin der Einzige, der es nicht gelernt hat.

Hamit: Was glaubst du, wie es dazu kam?

Alişan: Ich ging jeden Tag zur Schule und glotzte die Tafel an, aber in der Pause war ich allein, zu Deutschen hatte ich keinen Kontakt. Nach zwei Wochen holte mich der Mathelehrer nach vorn, ich konnte kein Wort Deutsch, aber ich konnte alle Aufgaben lösen. Wir waren in der türkischen Schule weiter gewesen, daher war ich in Mathe der Beste. Ich bekam aber nur eine Zwei, weil ich am Unterricht nicht mitwirken konnte. Dieses Erlebnis machte mich zum Türken! Ich war so verletzt: Warum eine Zwei? Ich war doch Meilen voraus! Das habe ich nie überwunden.

Kazım: Du fühltest dich verletzt und deswegen sagtest du dir: Wenn ich nicht anerkannt werde, bin ich eher türkisch als deutsch?

Alişan: Ja, natürlich, dieses Mathe-Erlebnis prägte mich ungemein. Noch heute kritisiere ich deshalb das System in Deutschland: Bei Einstellungen oder Tests erforscht es immer nur die Defizite. Will man bestehen, darf man keine haben. Man kann ein Genie sein, aber wenn man in Deutsch nicht einwandfrei ist, fällt man durch.

Kazım: Liebe Freunde, lasst uns über die Gründe sprechen, die eine Rolle spielen, dass viele, die hier geboren oder aufgewachsen sind, sich mit diesem Land nicht identifizieren können. Wieso sagen sie: Ich bin eher Türke als Deutscher?

Hamit: Ich ging auch hier zur Schule. Mein Gefühl ist, als

Türke wird man in Deutschland ausgegrenzt, und nicht nur das: Es wird auf Türken draufgehauen. Warum das so ist, muss man die deutsche Gesellschaft fragen. Ich habe das Gefühl, wir sind nur akzeptiert, wenn wir uns anpassen, unterordnen, aber das werden wir nicht, nicht in hundert Jahren, nie! Wir sind ein stolzes Volk, und das müssen die Europäer einsehen. Das Osmanische Reich hat sechshundert Jahre lang über drei Kontinente geherrscht. In meiner Schule sprach niemand darüber. Wieso kommt so etwas nicht im Geschichtsunterricht vor? Ich bin enttäuscht, und meine Kinder sind es auch. Meine Tochter, hier geboren, hier aufgewachsen, sagte zu mir: Papa, wenn du in die Türkei gehst, komme ich mit. Sie war Filialleiterin, und bei einer Besprechung wurden Türkenwitze gemacht: Ach, die Türken, die können nicht lesen. Bücher brauchen wir nicht zu verkaufen! So etwas sagten sie. Das verletzt! In der Türkei wird jeder mit offenen Armen empfangen.

Adem: Das stimmt. Wenn ich in Antalya zum Schneider gehe, bin ich nach einer Minute mit den Männern, die dort im Geschäft sind, im Gespräch. So etwas passiert mir in Deutschland nicht. Ich habe arge Probleme, mit Deutschen ins Gespräch zu kommen. Es hat drei Jahre gedauert, bis ich von meinen Kollegen zur Weihnachtsfeier eingeladen wurde. Ich sagte dann: Nö, jetzt auch nicht mehr. Ich fühlte mich gemobbt. Ich bin Türke, Akademiker und Dozent, aber die denken: Hallo, was willst du unter uns? Wenn ich um jedes kleine bisschen betteln muss, dann distanziere ich mich.

Tarkan: Das ist aber doch nicht die Regel.

Adem: Doch, das ist die Regel! Ich habe wirklich so viel erlebt. Ich war sechzehn und hatte eine deutsche Freundin. Als sie ihren Eltern erzählte, dass ich aus der Türkei komme, fielen die Gesichtszüge runter. Wäre ich Amerikaner, wäre das sicher nicht passiert. Wenn dein Aussehen den Deutschen ähnelt und du kaum auffällst, wirst du eher aufgenommen. Nur weil mein Aussehen ihnen nicht ähnelt, gehen sie einen Schritt nach hinten. Was soll ich noch machen? Meine Haare blond färben? Meine Augen blau?

Alişan: Ich möchte noch ein zweites Beispiel erzählen, warum ich die deutsche Identität nie annahm. Ich war ein stolzer Gymnasiast, wahrscheinlich einer der ersten Gymnasiasten aus der Türkei überhaupt. Ich hatte dann eine kurze Phase, die ich meine Germanisierungsphase nenne: Ich ließ mir die Haare lang wachsen, ein bisschen Auflehnung gegen die Eltern. Mit meinen Schulkameraden ging ich in eine Disco.

Hamit: Oha, ich ahne, was kommt!

Alişan: Ich stehe vor der Disco und werde nicht reingelassen. Dann finden die Türsteher eben, dass ihnen meine Visage nicht gefällt, okay, dachte ich. Es passierte aber das: Die Gruppe geht ohne mich rein, und ich stehe allein da und keiner vermisst mich. Keiner vermisst mich! Bei Türken, bei Arabern, wäre das nicht so. Nach zwei Minuten wären alle wieder rausgekommen.

Hamit: Genau, man lässt sich nicht allein!

Alişan: Auch dieses Erlebnis habe ich bis heute weder verarbeitet noch verziehen. Und was passiert meinem Sohn dreißig Jahre nach meinem Discoerlebnis? Genau das Gleiche! Er steht mit seinen deutschen Freunden vor der Disco, kommt nicht rein, die anderen zucken mit den Schultern und gehen ohne ihn. Danach hat er sich vor allem den Türken und Arabern zugewandt. So beginnt man doch, sich abzugrenzen.

Kazım: Wir haben nun von vielen negativen Erfahrungen berichtet, wir sollten aber nach gemeinsamen Wegen suchen. Wenn wir sagen, alles Deutsche ist Mist, kommen wir nicht weiter. Lasst uns schauen, wie wir uns trotz der Unterschiede wohlfühlen können. Was brauchen wir, um richtig anzukommen?

Hamit: Aber Herr Erdoğan! Ganz kurz: Vor fünfzehn Jahren wollten wir die deutsche Staatsbürgerschaft beantragen, meine Kinder, meine Frau und ich. Ich hatte alle Unterlagen bereit, dann, eines Nachts bei der Nachtschicht, rief mich meine Frau an. Wir sprachen deutsch, und mein deutscher Kollege, der neben mir saß, sagte: Was? Du sprichst mit deiner Frau deutsch? Ich: Na und? Er: Und, hast du schon ... bist du schon Deutscher? Ich: Nein, noch nicht, aber ich werde es nun beantragen. Dann er: Das wird nur Papier sein! Solange du nicht mit mir Schweinefleisch isst und mit mir Bier trinkst, bist du für mich kein Deutscher! Das ist gang und gäbe, bei fast der Hälfte der Deutschen, das ist eine Tatsache! Wegen ihm gab ich die Unterlagen erst einmal nicht ab.

Kazım: Hamit, ich verstehe dich, aber bitte denke etwas tiefer. Natürlich wäre es besser gewesen, dieser deutsche Mitbürger hätte sich nicht so geäußert.

Hamit: Aber es sind doch diese Kleinigkeiten!

Kazım: Hätte er sich nicht so geäußert, hättest du dich nicht geärgert und du hättest dich schneller einbürgern lassen. Es gibt auf der Welt so viele verrückte Menschen. Warum solltest du wegen seines Kommentars etwas nicht tun, was du für richtig hältst? Sollten, können, müssen wir nicht flexibler denken? Ich sehe eure Wunden und ich kann tausend negative Beispiele auflisten, aber bringen die uns weiter?

Hamit: Herr Erdoğan, ganz ehrlich: Ich fühle mich als Türke, obwohl ich seit über fünfunddreißig Jahren hier lebe. Und das wird auch so bleiben.

Kazım: *(augenzwinkernd)* Nur als Türke? Oder doch ein bisschen deutscher?

Hamit: Ein bisschen deutscher schon. Ich ging ja in die Grundschule hier, hatte als Kind deutsche Freunde, es war egal, aus welchem Land wir kamen, welche Religion wir hatten. Aber als wir älter wurden, verstanden wir einander nicht mehr. Wir wissen es doch alle: Wenn wir nicht akzeptiert werden, dann bringt es alles nichts, wirklich nicht! Ich glaube, man muss sich entscheiden: Entweder ist man Deutscher oder Türke. Etwas dazwischen sein – das geht doch nicht.

Alişan: Ich habe nach meinen Erfahrungen als Kind die deutsche Identität klar abgelehnt. Die türkische aber auch, denn was die Türken stolz macht, macht mich nicht stolz. Stattdessen baute ich mir eine eigene Identität auf: eine Migrantenidentität. Ich fühlte mich wohl, aber die anderen hatten Probleme damit. Wenn ich vor Deutschen etwas aus der türkischen Kultur verteidigte, sagten sie sofort: Du bist ja noch voll Türke geblieben! Und wenn ich in der Türkei etwas von meiner deutschen Sozialisation preisgab, sagten sie: Du bist ja voll deutsch! Man kann das ja verstehen, denn jedes Land, jede Gesellschaft hat eine Leitkultur, und jede Leitkultur grenzt aus, sonst wäre es keine Leitkultur. Das finde ich auch nicht schlimm, solange die Leitkultur uns nur ausgrenzt und nicht angreift. Das hat Deutschland nie gemacht, das müssen wir zugunsten dieses Landes sagen. In der Türkei gibt es eine Leitkultur, die nicht nur ausgrenzt, sondern auch diejenigen angreift, die nicht mit ihr harmonisieren. Deswegen verlassen so viele Menschen die Türkei. Wir haben hier immer ein Lebensrecht gehabt, und deswegen müssen wir unterscheiden zwischen dem Land und den Menschen: Viele Türken mögen die Deutschen nicht, aber sie mögen sehr wohl Deutschland.

Kazım: Ich sage euch ehrlich, ich habe ein Problem mit dieser Formulierung Leitkultur. Ich spreche lieber von Sitten, Bräuchen, Normen oder Werten. Bei vielen Menschen mit Zuwanderungsgeschichte kommt der Begriff Leitkultur an, als würde ihnen vorgeschrieben, wie sie sich zu verhalten haben, als würden sie abgekanzelt, nicht auf Augenhöhe behandelt. Und in dem, was wir bislang in unserem Gespräch zusammengetragen haben, wird mir eines deutlich: Auf Augenhöhe zu kommunizieren, haben wir nicht geschafft. Ich gebe euch ein Beispiel. Ich bekam mit, wie eine Schulleiterin im Sekretariat zu den Eltern sagte: Sie leben seit zwanzig Jahren hier, Sie müssen endlich Deutsch lernen, verdammt noch mal! Mit diesem Satz fielen alle Türen zu, denn die Eltern fühlten sich nicht akzeptiert, nicht anerkannt, sie schämten sich. Und wenn Menschen sich schämen, machen sie zu, driften ab, leben isoliert. Ich selbst knüpfe meine Identität nicht an eine Nation: Ich habe fast einundzwanzig Jahre in der Türkei gelebt und dreiundvierzig Jahre in Deutschland, aus den Erlebnissen in beiden Ländern ist mein Ich geworden. Wieso schaffen wir es nicht, als Gäste zu leben, wir alle sind das doch: Gäste auf dieser Welt. Wieso können wir uns nicht alle ernst nehmen als Menschen?

Hamit: Sie sagen, wir sind Gäste, und genau das sind wir: Gäste in diesem Land.

Kazım: Ich habe nicht gesagt: in diesem Land. Ich habe gesagt: Wir sind alle Gäste auf dieser Welt!

Hamit: Aber die sehen uns immer noch als Gast an. Gastarbeiter hier, Gastarbeiter da, so war es, bis die Regierung merkte: Oh, die gehen gar nicht mehr zurück. Dann bekamen wir einen neuen Namen: Migranten. Aber der Kontakt fehlt. Und solange es den nicht gibt, bleibt unsere Identität Türke.

Adem: Ich sehe es so: Im System funktioniere ich, ich kann zum Arzt gehen, jede staatliche Möglichkeit in Anspruch nehmen. Ich fühle mich wohl in Deutschland, aber ich fühle mich nicht wohl unter Deutschen, ich fühle mich nicht akzeptiert, der Funke sprang nicht über.

Ismail: Ick fühl mich auch wohl in Deutschland.

Adem: *(schmunzelnd)* Du kannst so schön berlinern: Ick fühl mich wohl!

Mehmet: Ich auch, wohl und sicher. In der Türkei könnte ich nicht drei oder vier Wochen leben, dann will ich zurück.

Kazım: Es kommt mir vor, als fühltet ihr euch in diesem Land doch wohler, als ihr es manchmal zugebt, oder?

Mehmet: Ja, aber manchmal sehe ich, dass einer vor mir steht und denkt: Ausländer.

Adem: Was ist der Grund, warum wir nicht angenommen werden? Angst vor Fremden? Wir sind doch seit mehr als fünfzig Jahren hier.

Kazım: Lasst uns nicht nörgeln, lasst uns gemeinsam die Probleme anpacken. Was erwartet ihr von der Bevölkerung?

Mehmet: Dass sie nicht alle über einen Kamm scheren.

Adem: Wir müssen auch offener werden und mal Kritik vertragen.

Alişan: Ich glaube, wir dürfen unsere individuellen Probleme nicht verallgemeinern und den Deutschen anlasten. Das wäre zu einfach. Eine nationale Identität bietet bei Misserfolgen einen Fluchtweg. Den benutzen beide Seiten gern, denn wir leben in einer Leistungsgesellschaft. An der Leistung misst sich der Erfolg, und wenn man nicht erfolgreich ist, kann der mit der deutschen Identität sagen: Die Migranten, die Ausländer sind schuld. Ich, Heinz Müller, bin nicht erfolgreich, weil der Staat alles den Fremden gibt. Und der Türke, der Araber, der Migrant, der nicht erfolgreich ist, sagt: Die Deutschen sind schuld, sie grenzen mich aus. Das wischt nicht alle unsere Erfahrungen weg, wir sollten gegen das Ausgrenzen ankämpfen, gegen Intoleranz, aber wir dürfen diesen Kampf nicht für individuelle Misserfolge instrumentalisieren. Denn die Deutschen sind am Ende nicht dafür verantwortlich, dass wir aus einem anderen Land stammen, zwei Sprachen sprechen, zwei Kulturen in uns tragen.

Kazım: Es bringt uns nicht weiter, wenn wir sagen: Auf der einen Seite sind die Deutschen, auf der anderen Seite sind wir. Natürlich, wenn wir aufschreiben, was alles nicht klappt, dann könnten wir viele Wände volltapezieren. Aber wir dürfen nicht drinnen bleiben und uns beklagen, wir sollten rausgehen, reden. Wir haben in der Vergangenheit geredet, aber viel aneinander vorbei. Reden wir miteinander, nur so können wir Ängste und Vorurteile abbauen. Reden wir jetzt vor allem auch mit denen, die in den vergangenen Monaten nach Deutschland gekommen sind. Viele von ihnen werden bleiben, die Flüchtlinge sind unsere zukünftigen Mitbürger. Diese Situation ist für uns alle eine riesengroße Herausforderung. Ich frage euch: Können wir, die wir auch nach Deutschland kamen, denen, die gerade gekommen sind, Empfehlungen geben? Haben wir Verständnis für sie?

Adem: Ich gehe fast jeden Tag zu einem Imbiss bei mir um die Ecke. Vor einiger Zeit kamen da Syrer hin: Sechs Männer, sie rauchten, pafften, spielten auf den Handys Musik, unterhielten sich laut, nur Theater machten sie. Das war echt abartig! Alle fühlten sich gestört. Ich mich auch. Mein Gott, dachte ich, das sind doch erwachsene Männer. Sie hatten aber kein Verständnis, dass die anderen sich einfach in Ruhe unterhalten wollten. Zum Glück kommen die jetzt nicht mehr. Tja, ich weiß nicht, die Lebensart ist wohl so unterschiedlich. Ich glaube nicht, dass wir so schnell zueinanderfinden.

Mehmet: Ja, die sprechen so laut, und die haben eine ganz andere Mentalität, eine ganz andere Kultur. Ich denke, die müssten doch sehen, wie man sich hier in Deutschland verhält. So, wie die sich benehmen, das ist nicht korrekt.

Alişan: Das, was ihr sagt, ist für mich wirklich bitter zu hören. Genau das haben einige Deutsche jahrzehntelang auch über uns gesagt und tun es noch immer. Wir haben diese Deutschen als ausländerfeindlich verurteilt. Jetzt können wir doch nicht so über diese Menschen sprechen. Sie sind nicht freiwillig hier, wirklich nicht!

Adem: Sie kommen hierher, um ihr Leben zu retten, und ich bin froh, dass wir eine Million Menschen vor den Bomben retten können. Aber das hat doch nichts damit zu tun, dass sie laut sind und Lärm machen.

Kazım: Auch ich habe eine Erfahrung gemacht, die nicht schön ist. Wir hatten in unserem Verein syrische Flüchtlinge mit Kindern geladen, als sie gingen, war der ganze Raum demoliert. Doch wenn so etwas passiert, dürfen wir das nicht nur als dramatisch beschreiben, in so einem Fall müssen wir die Mütter sensibilisieren und sagen: Dies hier ist ein Verein, hier können Sie Deutsch lernen, kochen, aber bitte achten Sie darauf, dass Ihre Kinder die Stühle nicht zerstören, die Wände nicht bemalen, die Türen nicht schlagen. Vielleicht haben sie es nicht gelernt, allein aus böser Absicht verhalten sie sich nicht so.

Adem: Dann stelle ich den Anspruch, dass sie schauen: Wie verhalten wir uns hier? Wie gehen wir hier auf der Straße? Sie müssen sich anpassen.

Alişan: Ich bin wirklich überrascht: Das hier ist Stammtisch inklusive akkurater Ordnungsvorstellung. Das sind ja Integrationszeichen, die Thilo Sarrazin nicht erkannt hat!

Kazım: Ich habe auch ein bisschen das Gefühl und frage euch: Können wir uns jetzt besser in die Lage von kritischen deutschen Landsleuten hineinversetzen? Früher, wenn sie sich äußerten, nannten wir sie Rassisten. Die haben alle ihre Vorurteile, sagten wir. So, wie wir nun diskutieren, sind wir fast dabei, dieselben Sprüche zu machen. Ist es nicht besser, wenn wir versuchen, mit Flüchtlingen ins Gespräch zu kommen? Die Regierung allein kann das nicht schaffen. Gerade wir Menschen mit Zuwanderungsgeschichte könnten hingehen und sagen: Hallo, ich bin auch nach Deutschland gekommen, hier in Deutschland ist es so und so. Wir könnten Nähe aufbauen. Ich wünsche mir, dass wir uns entfernen von all dem, was uns trennt, und das betonen, was uns verbindet. Ich wünsche mir, dass wir diesen Menschen beim Ankommen helfen.

*

Die Deutschen, wusste Kazım, essen Kartoffeln. Die Deutschen, wusste Kazım, essen Schwein. Die Deutschen, wusste Kazım, sind nie eifersüchtig, du kannst ihre Frauen auf der Straße anfassen. Und auf den Straßen dieses Landes kannst du Geld sammeln. Denn die Deutschen haben ein reiches Land.

Kazım wusste nicht viel über die Deutschen, als er aufbrach. Er wusste eben, was man sich so erzählte. Und was man sah: Wer nach Deutschland gegangen war und für einen Urlaub zurück in die Türkei kam, der brachte elektronische Geräte mit, der fuhr in einem Mercedes vor, sodass jeder denken musste: In Deutschland liegen Säcke voller Geld. Bist du einmal da, kommst du als reicher Mann zurück. Dass viele ihre gesamten Ersparnisse gesammelt hatten und der Mercedes nur geliehen war, um vor den anderen zu prahlen, was für ein gutes Leben sie im fremden Land haben, ahnte ja keiner.

Komm nach Deutschland, sagte sein Onkel, ein Gastarbeiter in Berlin, die Straßen sind mit Münzen gepflastert.

Kazım hatte nie gelernt zu träumen. Als er klein war und die Älteren fanden, aus ihm kann was werden, hatte ja niemand von Träumen gesprochen. Als er weinend in den Zug stieg und die Familie verließ, hatte der Vater nur gesagt: Du wirst zur Schule gehen. Es war kein Traum, es war sofort Tatsache: sein erster Auszug in die Fremde.

Nach dem Abitur schrieb sich Kazım an der Universität in Ankara ein, Psychologie und Soziologie, studierte aber nicht einen Tag, denn das Leben in der Stadt konnte er sich nicht leisten. Er servierte Tee und wusch über die Tische in einer Cafeteria, um Geld zu verdienen, mit dem er sich ein Ticket kaufte. Komm nach Deutschland, hatte der Onkel gesagt, in Deutschland ist das Studieren kostenlos. Am 2. Februar 1974 setzt sich Kazım in Istanbul in einen Bus, Bosfor Turizm, kein Traum, sofort Tatsache: sein zweiter Auszug in die Fremde.

Im Gepäck hat er nicht viel mehr als damals auf seinem Weg zum Internat. Hundert D-Mark, drei Hosen, die Adresse des Onkels, kein Deutsch. Im Gepäck aber doch einen Traum: Ich gehe als kleiner Mann und komme als großer Mann wieder. Er reist mit einem Touristenvisum ein, Aufenthaltserlaubnis: drei Monate.

4. Februar, achtzehn Uhr, Ankunft Hauptbahnhof München, nirgendwo liegt Geld. Kazım, zwanzigjährig, in der Bahnhofshalle stehend, fühlt sich wie ein Kind, dreijährig. Das Kind will nach Westberlin, weiß nicht, wo lang, weiß nicht, wo ein Zug fährt, weiß nicht, wie viel ein Ticket kostet, wie man fragt. Das Kind steht und wartet, und dann hat es eine Idee, es erfindet ein Spiel: Ich suche einen Schwarzhaarigen, einen Schnurrbärtigen. Das Spiel dauert nur fünfzehn Minuten.

Sind Sie Türke?, fragt Kazım einen Schwarzhaarigen, Schnurrbärtigen auf Türkisch.

Ja, sagt der Schwarzhaarige, Schnurrbärtige.

Ich will nach Westberlin.

Na und?

Nicht na und, Bruder, ich kann kein Deutsch. Können Sie bitte mitkommen zum Schalter und mir eine Fahrkarte kaufen?

5. Februar, sieben Uhr, Ankunft Zoologischer Garten Berlin, im Gepäck: neunundsechzig D-Mark, drei Hosen. Die Adresse des Onkels, aufgeschrieben auf einem Zettel, hat er verloren. Er hat sie sich nicht merken können, zu viele Silben, stattdessen hat er die Adresse eines Studentenwohnheims in Charlottenburg auswendig gelernt, in dem ein Freund des Onkels lebt: Harbigstraße 1.

Sein Onkel, den er bald darauf trifft, sagt: Willkommen in Berlin. Und dann: Wie viel Geld hast du noch? Von den neunundsechzig D-Mark kauft er zwei Pizzen und behält den Rest. Willkommen.

Was Kazım in der ersten Tagen in Deutschland lernt: Die Deutschen stellen das, was sie nicht mehr brauchen, auf die Straße, Möbel, Betten, Haushaltsgeräte, aber sie schenken dir nichts. Die Türken, die fünfzig Wörter Deutsch sprechen, vermitteln an die Türken, die kein Wort Deutsch sprechen, Ein-Zimmer-Wohnungen für tausend D-Mark Miete, diese Betrüger. Geld liegt auch in Berlin nirgendwo.

Kazım zieht bei seinem Onkel Mustafa und seiner Frau ein. Am 15. Februar, zehn Tage nach seiner Ankunft in Berlin, fängt er an zu arbeiten. Nicht als Kazım, der ist ja offiziell Tourist, sondern als Mustafa, der sich mit falschen Papieren an der Universität immatrikuliert hat. Arbeit gibt ihm »TUSMA«, eine studentische Arbeitsvermittlung der Technischen Universität Berlin, »Telefoniere – und Studenten machen alles«. Alles heißt für Kazım vor allem Schleppen: Möbel, Gepäck, Getränkekisten, Waschmaschinen, Fernseher, Kühlschränke. Er putzt Büroräume, steht am Fließband, steht als Wächter die Nacht durch, in der Woche bekommt er dreihundertzweiundsechzig D-Mark und fünfzig Pfennig. Jeden Freitag gibt er seinem Onkel das Geld. Was damit geschieht, verrät er Kazım nicht, aber manchmal kann Kazım es sich denken: Dann trägt Mustafa einen neuen Anzug, riecht nach Rauch, nach Versuchung. Vielleicht hängt er in Casinos rum, vielleicht mit Frauen, vielleicht in Musikkneipen, in denen sie melancholische türkische Lieder singen, an die Heimat denken und Asbach Uralt trinken. Mustafa lässt Kazım für seine Versuchung zehn D-Mark. Davon kauft er sich Zigaretten, Marlboro, raucht eineinhalb Schachteln am Tag.

Ich stelle ihn mir vor, diesen kleinen unauffälligen Mann. Die Haare noch nicht grau wie jetzt, etwas dunkler, etwas dichter und gescheitelt, die Lippen schmal, die Nase kantig, die Augen klein. Wenn er lacht, sind sie kaum geöffnet, wenn er lacht, wirkt der Mund auf einmal so, als fülle er die gesamte Breite des Gesichts aus. Hat er damals auch mal gelacht, als er am Bahnsteig stand, rauchend vielleicht, wartend auf die S-Bahn, sich umschauend, wer mit ihm einsteigt, musternd, wer mit ihm fährt? Fiel er jemandem auf, dieser kleine unauffällige Mann, der ausgezogen war, aus dem Heimatdorf, aus dem Heimatland, der nun einen Deutschkurs machen wollte, die Zusage der Universität hatte er schon, der sich aber noch nicht immatrikulieren konnte, weil er auf Papiere des türkischen Konsulats wartete? Fiel er jemandem auf, dieser kleine unauffällige Mann, der unauffällig bleiben musste, weil er sieben Monate im Land war, illegal inzwischen, der bleiben wollte, um zu studieren? Und wenn er jemandem auffiel, was sah man? Die Hoffnung? Den Willen? Das Privileg? Die Folter?

Ich stelle mir vor, wie er erleichtert ist, als er aussteigt, S-Bahnhof Marienfelde, eine große, befahrene Straße, wie er rechts abbiegt, Daimlerstraße, das Werk betritt und sich erkundigt nach dem Job und mit den wenigen Worten, die er sagen kann, abspricht, wann er anfängt: Arbeit, Montag, TUSMA. Ich stelle mir vor, wie er das Werk verlässt, weiter zur U-Bahn Alt-Mariendorf will, zwanzig Minuten, wenn er zügig geht. Wie er in seine Tasche greift und die verbliebenen Groschen fühlt, vier sind es noch. Wie er daran denkt, dass er vor dem Einsteigen in die Bahn die Leute mustern wird, das Geld reicht nicht für ein Ticket. Stelle mir vor, wie ihm hundertfünfzig Meter vor der U-Bahn-Station ein Mann entgegenkommt, unauffällig, vielleicht so unauffällig wie er selbst. Ein Mann, der ein paar Zentimeter vor ihm stehen bleibt. Schönen guten Tag, sagt er freundlich, bestimmt. Er zieht eine Marke hervor, offiziell sieht sie aus, eine Marke aus Metall, und der Mann, auf einmal nicht mehr unauffällig, sondern staatsmännisch, der Mann sagt, vielleicht ein bisschen bestimmter: Ihren Pass bitte.

Ich stelle mir vor, wie Kazım sich einzufügen versucht in die Beiläufigkeit dieser Begegnung, wie er denkt, dass es auch Vorteile hat, die Sprache nicht zu sprechen, wie er in diesem Augenblick sagt, was er sagen kann: Pass Hause.

Sie steigen in sein Auto.

Wie heißen Sie?

Mustafa Erdoğan.

Adresse?

Augsburger Straße.

Der Mann gibt ihm eine Zigarette, Feuerzeug, die Zigaretten glühen, sie ziehen dran.

Verzeihen Sie, sagt der Mann freundlich, ich nehme Sie kurz mit aufs Polizeirevier. Verzeihen Sie, sagt der Mann noch einmal, ich müsste Sie kurz untersuchen, letzte Woche erst nahm ich einen Türken mit und der zog plötzlich ein Messer.

Ein Messer findet der Mann bei Kazım nicht, er findet einen Briefumschlag, den Kazım mit sich trägt. Es ist ein Brief von Mustafa Erdoğan, der für ein paar Wochen in der Türkei ist, adressiert an Kazım Erdoğan, Augsburger Straße 32, Berlin.

Sie sind eingereist am 4.2.1974!, sagt der Mann kurze Zeit später, als Tourist, ohne Aufenthaltserlaubnis! Sie sind nicht Mustafa Erdoğan, Sie sind Kazım Erdoğan, Sie halten sich zu Unrecht in Deutschland auf!

Er sagt: Abschiebehaft.

Ich stelle mir Kazım vor, wie er in einem Sammelwagen abtransportiert wird, die Stirn kraus: Was tun? Was kann ich noch tun, ich kleiner Mann, gehe ich so zurück? Ich stelle mir vor, wie er den Raum betritt. Wird es der letzte deutsche Ort sein, die letzte Blase des Traums? Seine Gedanken beginnen sich zu drehen: Du wirst ausgewiesen. Du wirst zurückkehren ohne einen Pfennig. Was werden die Menschen sagen? Wie werden sie in den Dörfern über dich reden, werden sie sagen: Du hast mit Drogen gehandelt, du warst kriminell? Was tun? Ich Versager, ich schäme mich, Scham vor der Familie, Scham vor dem Mann, der mir eine Zigarette schenkte, und ich log ihn an. Was tun?

Es ist Mittwoch, der 25. September 1974. Am Dienstag, sagen die Beamten, geht es zurück in die Türkei. Kazım fühlt in seine Tasche, die vier Groschen. Ich stelle mir vor, wie er zum Münztelefon geht, zwei Groschen einwirft, den Finger in die Drehscheibe führt, zittert, eine Nummer wählt, sich verwählt, noch einmal, wie er einen Freund von Mustafa erreicht, wie er ihm sagt: Ich bin in Abschiebehaft, geh in Mustafas Wohnung, hol meine Papiere, hol einen Dolmetscher, hol meine Zusage für den Deutschkurs, geh damit zur Ausländerbehörde.

Was sah man, wenn man in diesem Moment diesen kleinen Mann angeschaut hätte? Hoffnung?

Der Präsident der Freien Universität Berlin, Akademisches Auslandsamt, steht im Briefkopf. Rechts: Berlin 33 (Dahlem), Boltzmannstrasse 3, Telefon 838 3648, 13. August 1974, Za/Sts. Dann Schreibmaschinenschrift, Versalien: BESTÄTIGUNG. Und weiter: Aufgrund der vorgelegten Unterlagen ist Herr Kazim Erdogan / Türkei für den Grundkurs »Deutsch als Fremdsprache« an der Freien Universität Berlin vorgemerkt worden. Stempel, Unterschrift.

Ein Papier in DIN A4, leicht verblichen inzwischen. Ein Papier, mit dem Kazım Hoffnung hatte auf eine Immatrikulation, und mit einer Immatrikulation hatte er Hoffnung auf eine Aufenthaltserlaubnis. Ein Papier, das der Freund am Montag zur Ausländerbehörde brachte. Ein Papier, so unauffällig wie der Mann, der Schönen guten Tag sagte und dann seine Marke zeigte. Manchmal ändert sich das Leben schnell.

Montagnachmittag, Polizeigefängnis Schöneberg, Gothaer Straße 19. Sie können gehen, sagt ein Beamter zu Kazım.

Ohne dieses unauffällig wirkende Papier hätte die Ausländerbehörde Kazım nicht die Auflage gestellt: In vier Wochen haben Sie alle Unterlagen zusammen, sonst geht es dann wirklich zurück. Ohne dieses Papier hätte man in der Abschiebehaft nur noch einen kleinen Mann sitzen sehen können, hängender Kopf, kein Lachen. Beim Anblick dieses Mannes hätte man nur noch Scham gesehen. Ohne dieses Papier hätte er nicht am 15. Oktober 1974 mit dem Deutschkurs angefangen, zwanzig Wochenstunden, sechs Monate. Danach das Studium: Soziologie, Psychologie.

Kazım, als kleiner Mann eingereist, wollte als großer Mann ausreisen, nur an die Universität und dann zurück in die Türkei, arbeiten. Das war der Traum im Gepäck.

Wenn die Rückkehr schon einkalkuliert ist, kann es überhaupt ein Ankommen geben?

Es werden gegenwärtig viele Geschichten erzählt, die mit einem Aufbruch beginnen. Viele von ihnen sind dringlicher, erzwungener, sie sind riskanter und gefährlicher als eine Busfahrt und eine Bahnfahrt. Viele haben nicht so eine rasche glückliche Wendung. In vielen sind die Protagonisten des Aufbruchs verwundeter: Sie sind geflohen, wegen Krieg, Hunger, Unterdrückung, aus Angst um ihr Leben. Nur mit etwas Glück und mit etwas Zeit werden ihre Geschichten zu Geschichten des Ankommens. Erst die Rückschau kann darüber entscheiden. Der, der aufbricht, hat keine Gewissheit. Und eine Ankunft ist noch kein Ankommen.

Was ist Ankommen? Was soll das heißen: mit etwas Glück, mit etwas Zeit? Ist Ankommen ein Moment? Wenn ja, welcher?

Kam Kazım an, als er aus der Abschiebehaft entlassen wurde? Als er sich an der Universität immatrikulierte und in eine eigene Wohnung zog: zwei Zimmer, kein fließend Wasser, zum Duschen ins Stadtbad? Kam er an, als er zum ersten Mal Miete zahlte, siebenundsechzig D-Mark und einen Pfennig; einmal einen Pfennig zu wenig überwies und sofort eine Mahnung bekam? Kam er an, als er mit einem Freund umherlief, der mit Frauen flirtete, immer mit diesem Anmachspruch: Sind Sie telefonisch erreichbar? Kam er an, als er mit Kommilitonen in einer Studentenkneipe saß und Bier trank?

Eine gutbürgerliche Kneipe in München, am Tisch sitzen zwei alte Studienfreunde. Kazım und Harald, heute in ihren Sechzigern. Kazım, in der Türkei geboren, mit zwanzig nach Deutschland aufgebrochen, und Harald, in Litauen geboren, mit sechs nach Deutschland aufgebrochen. Man könnte sagen: zwei Angekommene. Zwei Angekommene, die nie miteinander über das Ankommen sprachen. Wie auch?

Harald, sag mal, ich höre zum ersten Mal, dass du aus Litauen kommst, das hast du nie erzählt!, sagt Kazım.

Kazım, ich habe auch erst zwanzig Jahre später erfahren, dass du Alevit bist. Und dass du Kurde bist, darüber haben wir nie gesprochen, obwohl es damit bei uns ja unterschwellig diese Gemeinsamkeit der Unterdrückung gab: Litauisch zu sprechen war ja in der Sowjetunion verboten, sagt Harald.

Harald und Kazım studierten zusammen Soziologie, beide trugen eine große Sehnsucht in sich, sie waren in einer politischen Studentengruppe und nannten sich Genossen: Genosse Harald und Genosse Kazım, Mitglieder des Kommunistischen Bundes Westdeutschland.

Es war diese Sehnsucht, die sie verband, eine Sehnsucht zu handeln, eine radikale Sehnsucht nach einer radikal anderen Gesellschaft. Kein Hunger, keine Not, kein Neid, keine Klassen. Eine Sehnsucht, in der sie nicht auf das achteten, was heute zum Thema wird: eine Herkunft, die trennt.

Als ein Kommilitone, vielleicht war es Harald, so genau wissen sie das nicht mehr, Kazım im ersten Semester zu einem Treffen des Kommunistischen Bundes Westdeutschland einlud, ging er einfach mal hin. Er teilte die politische Idee, und zugleich waren die Sitzungen, bei denen kein anderer Türkisch sprach, wie ein weiterer kostenloser Sprachkurs.

Kazım: Jedes Mal lernte ich neue Wörter, Wörter wie Ausbeutung, Arbeiterklasse, Demonstration, Revolution.

Harald: Die Wörter fielen immer wieder, du warst gezwungen, schnell zu lernen. Wir sprachen ja nicht nur Termine ab, sondern diskutierten heftig: vier, fünf Stunden lang, über Abtreibung, über ein Krankenhaus in Kreuzberg, das geschlossen werden sollte, über das Gesundheitswesen. Und unsere größte Frage war: Kriegen wir eine demokratische Bewegung in Gang, die am Ende die Gesellschaft in eine kommunistische transformiert? Das alles in einer Sprache, die du gerade erst gelernt hattest!

Kazım: Das war eine gute Übung. Ich weiß noch, wie wir Flyer zu Asbest machten: »Asbest macht krank«, stand darauf, die übersetzte ich dann vom Deutschen ins Türkische und stellte mich morgens, halb fünf, an den U-Bahnhof Turmstraße und verteilte sie an türkische Gastarbeiter. Es war Winter, ich hatte keinen warmen Mantel, und eine Frau, die die Gefahr von Asbest nicht wahrhaben wollte, beschimpfte mich auf Türkisch: Guck dir den an, der zittert wie ein Hund und verteilt noch solche Flugblätter!

Harald: Du konntest dich nicht darauf verlassen, auf der Straße nur von Türken angesprochen zu werden. Ich fand das damals so mutig von dir! Dass du das alles nach so kurzer Zeit in Deutschland mitgemacht hast. Unsere Gruppe war ja keine, die sich in ihre Komfortzone zurückzog, eine eigene, schützende Welt baute. Wir wollten das Gegenteil: rausgehen, was bewegen, immer offensiv auf die Menschen zu.

Kazım: Ohne eure Unterstützung hätte ich das sicher nicht so geschafft. Wir waren ja ständig zusammen, es war klar: Sonntag, dreizehn Uhr, trifft sich der Kommunistische Bund Westdeutschland. Das war verlässlich, wir hatten dieses solidarische Gefühl.

Harald: Ja, und wir hatten ein Ziel, eine Vision. Wie dein Deutsch war, das war uns doch ganz egal. Ich glaube, die Gruppe hat dich auch gehalten. Du wusstest: Das sind deine Freunde, auf die kannst du dich verlassen.

Kazım: Vielleicht war das damals wie eine Rettung.

Ein Gespräch mit zwei Angekommenen über Ankommen, ohne dass dieses Wort nur ein Mal fällt. Weil es auch damals nie fiel, Deutschland in den Siebzigern.

Wer aus der Türkei kam, konnte in Deutschland ein türkisches Leben leben: türkische Lieder hören, eine türkische Frau heiraten, mit türkischen Landsleuten Türkisch reden. Sie dachten ja, sie gehen wieder, Gäste nur. Ein Gast wollte auch Kazım nur sein. Und trotzdem machte er, ohne darüber nachzudenken, etwas, was viele andere nicht machten: Deutsch lernen, Deutsch sprechen, unter Deutsche gehen, mit Deutschen für etwas kämpfen.

Vielleicht fiel Kazım das leichter als einer Fabrikarbeiterin, weil er schon einmal ausgezogen war, in die Fremde des eigenen Landes. Weil er sich schon als Kind ein Netz an Beziehungen aufbauen musste. Weil er gebildet war und studierte.

Ankommen. Was lässt sich heute, vierzig Jahre später, lernen von denen, die viel über Ideologie redeten, die eine größere Vision hatten? Von denen, die keine Klassen, keine Trennung wollten, bei denen die Herkunft etwas Selbstverständliches hatte?

Ankommen. Vielleicht heißt das zuallererst, sich nicht darum zu kümmern, woher jemand kommt, sondern wohin man zusammen will.

Kazım, wie hast du das gemacht am Anfang in der Gruppe?

Ich zögerte nicht, ich mischte mich einfach ein. Alles beginnt doch mit einem ersten Schritt.

Aber du warst der einzige erkennbar Fremde, von dem alle wussten: Kommt aus der Türkei. Hast du dich mal fremd gefühlt?

Nein, ich war offen, die waren offen, ich war nie allein. Ich fühlte mich akzeptiert.

Und auf der Straße: nie ein Blick, der dich verunsicherte?

Diese Blicke, die wir heute haben, sah ich damals nicht. Keiner sprach von Intensivtätern, von Ehrenmorden. Über all das, worüber heute geschrieben wird, wurde nicht geschrieben. Der Ruf der Gastarbeiter war nicht so schlecht wie heute. Sie lebten in Arbeiterwohnheimen, unter sich, viele Bürger sahen sie gar nicht. Und wenn sie einer sah, dachten sie doch auch: Gehen wieder.

Hattest du nicht mal einen Rückschlag?

Doch. Ich arbeitete ja die ganze Studienzeit, um mich über Wasser zu halten. Nach TUSMA war ich bei den »Heinzelmännchen«, das war die studentische Arbeitsvermittlung der Freien Universität. Ich hatte zwei, drei unterschiedliche Arbeitsstellen in der Woche, dann bekam ich eine Stelle als Maschinenführer und dachte: Sechser im Lotto. Zuletzt unterrichtete ich an einer Volkshochschule Deutsch für Türken. Meine Diplomarbeit schrieb ich nachts, sechs Monate lang, auf einmal hatte ich keine Kraft mehr. Ich stand auf um sechs Uhr, aber mein Körper wollte nicht, ich war einfach ausgelaugt.

Meine Versuche, mit Kazım über all das zu sprechen, was einen hindern kann anzukommen, scheitern. Er lässt sich nicht darauf ein. Und nach einer Weile begreife ich, wieso. Weil er sich nie darauf eingelassen hat, sich von einer Verletzung verunsichern oder tief verwunden zu lassen. Weil er sich auch dann nicht darauf einlässt, wenn die Männer in der Männergruppe ihm immer wieder ihre Wunden zeigen; Wunden, so tief, dass sie nicht heilen; Wunden, davongetragen, weil sie sich nicht gesehen und nicht gehört fühlen, nicht akzeptiert, nicht anerkannt; Wunden, in denen sie wohnen; Wunden, die Halt geben und das, was sie am meisten suchen: Identität. Weil er dann sagt: Ich sehe eure Verletzungen und ich könnte auch negative Beispiele auflisten, aber bringen die uns weiter?

Ankommen. Im Vergleich zu einer Debatte, die diesen Begriff so schwer hat werden lassen, wirkt er bei Kazım so leicht.

Hattest du denn nie Sehnsucht nach der Türkei, Kazım?

Als ich Kazım diese Frage stelle, sitzen wir in einem Mietauto, E87, Westtürkei, irgendwo zwischen Özdere, einem Urlaubsort an der Ägäis, in dem Kazım sich vor einiger Zeit ein Haus gekauft hat, und Nazilli, einer Kreisstadt, in der seine Mutter wohnt. Wir haben sie gerade besucht: eine winzige Frau, ein winziges Gesicht, ein warmes Lächeln. Sie wohnt mit einer ihrer Töchter in einer einfachen Wohnung, zugezogene Gardinen, lange Sofas, an der Wand drei Rahmen mit Fotos. Darauf ihr verstorbener Mann, ihre Kinder, und ein Bild mit den zwölf alevitischen Imamen. Auf den Tisch kamen eine große Platte Obst, eine große Platte Bulgur, Hühnchen und Tee, immer mehr Tee. Essen, essen sollten wir, und während wir aßen, strich sie über unsere Hände und lachte. Sie selbst aß nichts. Wir haben ihr erzählt, dass ich ein Buch über Kazım schreibe, sie lächelte. Sie fragte nicht weiter. Es reichte, dass wir da waren, dass wir aßen, dass wir lachten. Sie erzählte, dass sie in den letzten Jahren Tiere geopfert hatte, als ihre Söhne am Herzen operiert wurden, dass sie auch dieses Jahr etwas opfern will, weil ihr Enkel den Militärdienst gesund hinter sich gebracht hat. Sie überlegte: wahrscheinlich ein Schaf. Kazım musste darüber lachen, er scherzte: Sie ist Tierfeindin Nummer eins.

Mutter und Sohn saßen auf dem Sofa. Die Mutter, die nie eine Schule besuchte, nicht lesen kann, nicht schreiben, die Türkei hat sie ein einziges Mal verlassen, um ihren Sohn in Deutschland zu besuchen. Der Sohn, der nach Deutschland ging, um zu studieren, ohne Arbeit, ohne Geld, ohne deutsche Sprache.

Also, Kazım, nie Sehnsucht nach der Türkei?

Doch. Heute noch. Wenn ich an das Dorf denke, die Landschaft, die Menschen, klar. Ich weiß, die meisten, die mein kleines Dorf sähen, würden sagen: Wie kann man sich danach sehnen? Aber ich sehne mich.

Kann man mit Sehnsucht ankommen?

Ja, sagt Kazım, Sehnsucht geht nicht weg. Aber mit Sehnsucht musst du nicht stehen bleiben. Du kannst weitergehen.

Ankommen heißt, nicht am Ziel zu sein. Heißt, nicht den Anfang zu vergessen. Heißt, einen Weg zu gehen. Ankommen heißt, sich zu erinnern. Zwischen dem Früher und dem Jetzt ein Band zu spannen, ein Band, das hält.

Kazım gab seine Diplomarbeit ab, Titel: »Arbeiter aus der Türkei in Westberlin«. Den Arbeitern, schrieb er darin, fehlen die Deutschkenntnisse. Sein Vorschlag: Deutschkurse in den Fabriken. Note: Sehr gut.

Als großer Mann, der er in Deutschland geworden war, hätte er nun zurückkehren können in seine Heimat. Er, der Studierte, bekam Angebote aus der Türkei. Er konnte wählen: Wissenschaftlicher Mitarbeiter an der Universität? Übersetzer im Auswärtigen Amt? Stellvertretender Abteilungsleiter im Ministerium für soziale Sicherheit? Kazım lehnte ab. Stattdessen fand er eine Stelle in Deutschland, bei einer Brillenfirma. Er schleifte Brillen. Mit dieser Arbeit bekam er eine Aufenthaltserlaubnis: ein Jahr.

Was sollte ich denn machen?, sagt Genosse Kazım. In der Türkei regierte eine Nationalistische Front, eine Koalition, in der es für Kazım zu viel *gegen* gab: Sie war gegen alles Westliche, gegen alles Linke, gegen alles Kurdische. Kurdische Abgeordnete wurden verhaftet, kurdische Musik war verboten, als Kurde war man ein Verräter, die Gefängnisse waren voll, viele wurden gefoltert. Wie lange, sagt Genosse Kazım, hätte ich mein Gesicht verstecken sollen? Verstecken, antwortet sich Kazım selbst, kann ich nicht.

Kazım fand eine neue Stelle an einer Hauptschule in Berlin. Er war nun Lehrer in Vorbereitungsklassen. Vor ihm saßen Kinder, die aus der Türkei nach Deutschland gekommen waren, Kinder der Gastarbeiter, Kinder, denen die Eltern sagten: Wir gehen wieder. Zu Kazım sagten diese Kinder: Wozu Deutsch lernen, Herr Erdoğan? Wir gehen wieder.

Die Stelle an der Schule war befristet. Ein Jahr durfte er

bleiben. Die Stelle wurde verlängert. Ein weiteres Jahr durfte er bleiben. Wieder verlängert, noch ein Jahr. Die Stelle wurde entfristet. Und, nach fünf Jahren, auch die Aufenthaltserlaubnis: unbefristet.

Ankommen? Aus dem Fragezeichen, sagt Kazım, war ein Ausrufezeichen geworden. Ankommen heißt, nicht infrage gestellt zu werden! Heißt, festen Boden unter den Füßen zu haben! Ankommen heißt, eine Arbeit zu haben! Bleiben zu wollen! Bleiben zu dürfen!

Neue Stelle, wieder eine Hauptschule: Kazım unterrichtete nun Mathematik, Erdkunde, Geschichte, Musik, Deutsch. Er war Lehrer einer sogenannten Ausländerregelklasse. Eine Regelklasse ist in Deutschland eigentlich das, was keine Sonderklasse ist, sie ist ja die Regel, das Reguläre. Die Regel an einer Ausländerregelklasse ist jedoch, dass sie etwas Sonderbares hat: Ausländer. Und die Ausländer sagten in der Regel: Wozu Deutsch lernen, Herr Erdoğan? Sie sagten: Wir gehen wieder, wir sind doch sowieso aussortiert, Restschule, Restklasse. Wozu, Herr Erdoğan?

Kazım schrieb die Eltern an. Er lud sie zu Elternabenden ein. Und als fast keiner vor ihm saß, nahm er sich die Klassenliste und rief bei jedem an: Merhaba, sagte er, hier ist Kazım Erdoğan, ich würde Sie gern kennenlernen, es geht um die Zukunft Ihres Kindes.

Sich eine Aufgabe zu suchen, darauf, sagt Kazıms Frau Gülşen, hat er noch nie gewartet.

Sie lernten sich 1985 kennen. Gülşen, als Jugendliche nach Deutschland gekommen, obwohl sie eigentlich in der Türkei einem Mann versprochen war, arbeitete damals als Verkäuferin. Einige Jahre hatte sie bereits allein in einer Wohnung gelebt. Sie war eine Frau, die nicht wusste, ob es einen Mann für sie gibt, denn sie wollte keinen, der sie nur an die Hand nimmt. Sie stellte schnell fest, dass Kazım so ein Mann nicht ist. Heirat 1986. Als es einen Tag nach der Hochzeit klingelte, dachte Gülşen, bestimmt Freunde mit Geschenken. Statt Geschenken hatten die Klingelnden einen Aktenordner dabei, Schreiben vom Arbeitsamt und Wohnungsamt oder ihre Lohnsteuer, sie brauchten Kazıms Hilfe.

Gibt es den einen Moment, in dem Kazım gänzlich ankam? Kam er an, als er den Job an der Schule hatte? Als er Gülşen heiratete, sie Töchter bekamen, Dilan, geboren 1990, Yonca, geboren 1993? Kam er an, als er ins beschauliche, bürgerliche Rudow zog, in ein Einfamilienhaus mit Terrasse und Garten? Ist es überhaupt entscheidend, das zu wissen? Was muss man wissen, über sich, über andere, um anzukommen?

Ich habe es bei Kazım einmal mit Kategorien versucht und ihn gefragt, was an ihm deutsch ist und was türkisch. Es dauerte etwas, bis wir eine Antwort beisammenhatten.

Er sagte: Ich habe in Deutschland mehrere Eigenschaften übernommen, über die man in der Türkei lachen würde. Meine Pünktlichkeit und meinen Kalender.

Und türkisch?, fragte ich.

Er überlegte, kniff seine Brauen zusammen und begann dann, sichtbar widerwillig, seinen Satz mit: Nee, im Grunde genommen ist das ja auch nicht nur türkisch … Es fielen dann noch Wörter wie gastfreundlich, warmherzig, hilfsbereit, und dann sagte er: Eigentlich könnte ich doch auch Hans sein.

Damit ließen wir diese Sache bleiben.

Kazım trennt nicht zwischen Hans und Kazım. Er hat sich nie gefragt, wie viel Hans in Kazım steckt, ob Hans zu viel geworden ist und Kazım wieder nachlegen muss. Vielleicht erklärt das, warum es so schwer ist, einen Moment festzulegen: Kazım hat nie nach einem Griff gesucht, an dem er sich festhalten muss. Er hat nie danach gesucht, was ihn als

Deutscher oder als Türke ausmacht, er hat mit diesen Begriffen nicht gerungen. Er hat nicht gesucht nach einer Identität, er hat sie gefunden. Als er sein Studium begann, als er seine erste Stelle antrat, als Gülşen und er heirateten, als sie Töchter bekamen. Ankommen heißt zu finden, ankommen ist ein Prozess.

Was aber gibt Halt in diesem Prozess? Was gibt Halt, wenn dir einer die Identitätsfrage stellt, immer und immer wieder: Und Kazım, bist du schon eingebürgert? Deutschland in den Neunzigern.

September 1991, Hoyerswerda. Erst fliegen Flaschen und Steine, dann fliegen Brandsätze. Applaus. Vertragsarbeiter und Asylsuchende flüchten aus ihren Unterkünften, Neonazis jubeln: »Deutschlands erste ausländerfreie Stadt!«

August 1992, Rostock-Lichtenhagen. Steine, Molotowcocktails, »Wir kriegen euch alle«, »Gleich werdet ihr geröstet«. Hundertzwanzig Menschen im Wohnhaus ehemaliger DDR-Vertragsarbeiter aus Vietnam retten sich in letzter Minute auf das Dach, »Deutschland den Deutschen, Ausländer raus«, skandieren bis zu dreitausend Rechtsextreme, Anwohner, Jugendliche. Es gibt Bratwurst und Bier, als wäre Volksfest.

November 1992, Mölln, Brandanschlag auf ein Haus, in dem türkische Einwandererfamilien wohnen. Bahide Arslan, einundfünfzig, Ayşe Yılmaz, vierzehn, Yeliz Arslan, zehn, sterben.

Mai 1993, Solingen, Brandanschlag auf ein Haus, in dem türkische Einwandererfamilien wohnen. Gürsün İnce, siebenundzwanzig, Hatice Genç, achtzehn, Gülüstan Öztürk, zwölf, Hülya Genç, neun, Saime Genç, vier, sterben.

Und, sagt Kazım zu Gülşen, sollen wir? Wollen wir uns einbürgern lassen? Können wir hier alt werden?

Das waren die Fragen in Dauerschleife, wochenlang. Im

Hintergrund, auch auf Dauer gestellt: Bilder, die im Fernsehen liefen. Die brennenden Häuser, das Gegröle, der Applaus, Ausländer raus. Siebzehn, achtzehn, neunzehn Jahre geht man nach vorn, sagt Kazım, und auf einmal so eine Wucht an Ärger, an Enttäuschung.

Gülşen, wollen wir? Geben sie nicht doch etwas auf, wenn sie Deutsche werden? Ist es dann doch zu viel Hans und zu wenig Kazım? Und dieses Band, gespannt zwischen dem Früher und dem Jetzt: Schneiden sie das nicht doch durch? Jeden Abend die gleichen Fragen, sagt Kazım. Dabei sollte unsere Welt doch nur größer werden.

1. August 1995, ein Mitarbeiter im Standesamt, Bezirksamt Kreuzberg, schreibt: »Herr Kazım Erdoğan hat mit dem Zeitpunkt dieser Urkunde die deutsche Staatsangehörigkeit durch Einbürgerung erworben.«

8. August 1995, Kazım und Gülşen bekommen ihre Einbürgerungsurkunde ausgehändigt, mit Stempel und Bundesadler.

Ein Blatt Papier nur, in diesem Moment war es Halt, war es Sicherheit. Kazım war nun deutscher Bürger, hatte einen deutschen Ausweis. Ohne deutschen Ausweis, sagt Kazım, kannst du bei einem Verstoß immer noch verpflichtet werden auszureisen. Mit Ausweis musst du nicht mehr zur Ausländerbehörde gehen, du musst für viele Länder kein Visum mehr beantragen.

Ankommen hieß in diesem Moment Absehbarkeit. Hieß nicht, weiterhin Zugehörigkeit beweisen zu müssen. Nicht, immer wieder zu hören: Willst du doch zurückkehren? Ich erinnere den Moment, sagt Kazım, in dem ich mir sagte: Erst jetzt kannst du dich richtig einsetzen, etwas bewegen, kämpfen. Ankommen hieß, noch weiter zu gehen.

Ankommen. Gibt es dafür eine Formel? Eine Allgemeingültigkeit?

Er hat sich einen Anzug angezogen, dunkel, Hemd hell, der Schlips altrosa. Auftritt Kazım: Wie immer bekommt ihn kaum einer mit. Er ist zu früh da, mindestens eine halbe Stunde muss es sein, an diesem Tag ist es fast eine Stunde. Er betritt einen Saal, eine Dame vom Protokoll begrüßt ihn und zeigt ihm seinen Platz: vorderste Reihe, auf einem Stuhl liegt ein Zettel mit seinem Namen.

Er setzt sich erst einmal nicht, sondern schaut nach hinten: Der Saal, festlich erhellt, geordnet, Stuhl an Stuhl, alle leer. Er schaut nach vorn: Rednerpult, deutsche Flagge, ein Chor probt »We Are the World«. Während sich neben ihm Gülşen setzt, schaut er ihr dabei zu, bleibt aber stehen, schaut zur Tür, ob jemand kommt, aber es kommt erst einmal keiner, bis auf eine weitere Dame vom Protokoll. Sie rücken noch ein paar Stühle, er steht und schaut. Es ist einer der wenigen Momente, in denen Kazım mit diesen beiden Tätigkeiten vollkommen beschäftigt zu sein scheint.

Kazım schüttelt den Kopf. Wer hätte das gedacht, sagt er, dass ich nun hier stehe. Er schaut zurück: 3215 Kilometer, zweiundvierzig Jahre. Er schaut in den Programmablauf: Zentrale Einbürgerungsfeier im Berliner Parlament, 25. November 2016, Festsaal des Abgeordnetenhauses von Berlin.

Nachdem eine knappe Stunde vergangen ist, nachdem sich auf die Stühle Menschen gesetzt haben, die vor Kurzem ihre Einbürgerungsurkunde erhielten, nachdem der Chor gesungen hat, »We are the ones who make a brighter day / So let's start giving«, nachdem der Präsident des Abgeordnetenhauses geredet hat, nachdem der Chor noch einmal gesungen hat, bleibt Kazım erst einmal kurz sitzen. Der Präsident stupst ihn leicht von der Seite an, er ist jetzt dran, der Festredner. Kazım steht auf, geht zum Rednerpult, einen kurzen Moment noch ist er still, steht und schaut.

Sehr geehrter Herr Präsident Wieland, sehr geehrte Damen und Herren, liebe Freunde, liebe Gäste, liebe Mutbürgerinnen und Mutbürger, ich erzähle Ihnen, wie es mir im Februar 1974 am Münchener Hauptbahnhof ging ... Eine Dreiviertelstunde zitterte ich, weil ich nicht in der Lage war, eine Fahrkarte nach Berlin zu kaufen. Nach fünfundvierzig Minuten kam ich auf die Idee: Such dir einen Schwarzhaarigen, einen Schnurrbärtigen, einen Gastarbeiter der ersten Generation, den habe ich auch gefunden ... Er kam mit mir zum Schalter, ich war von seinen Sprachkenntnissen begeistert, ich dachte: Dieser Mann spricht die deutsche Sprache besser als seine Muttersprache. Erst nachdem ich Deutsch gelernt hatte, merkte ich, was für ein miserables Deutsch er gesprochen hat, nach dem Motto: Fahren, Berlin, Karte, Stück, wie viel? Doch dieser Mensch war mein Retter, mein Brückenbauer, und damals schon beschloss ich im Zug nach Berlin: Solltest du jemals in der Lage sein, anderen Menschen helfen zu können, zögere nicht mal eine Sekunde. Das war der Anfang meiner ehrenamtlichen Arbeit, ununterbrochen seit zweiundvierzig Jahren ... Meine Bitte an Sie ist, dass Sie sich einmischen ... Jeder von uns kann ein Minibrötchen backen. Mischen Sie sich ein, organisieren Sie sich in Vereinen, in politischen Parteien, in Gewerkschaften, in allen gesellschaftlichen Kreisen, warten Sie nicht, dass die anderen einen Schritt auf Sie zu machen. Jede Veränderung beginnt mit einem ersten Schritt.

Ankommen heißt, anderen beim Ankommen zu helfen.

Während ich ihn anschaue, diesen kleinen unauffälligen Mann, die Haare grau, Halbglatze, stelle ich ihn mir vor, wie er ankommt in München, am Hauptbahnhof; wie er ankommt in Berlin, am Zoologischen Garten; wie er auf den Mann trifft, der ihm seine Marke zeigt, der sagt: Abschiebehaft. Ich stelle mir vor, wie er sich als Versager fühlt, was werden die anderen sagen?

Wie sehr entscheidet doch der Blickwinkel, aus dem man auf einen Menschen schaut: Kazım, Verbrecher in diesem Land, illegaler Arbeiter. Kazım, Psychologe, Vorsitzender eines Vereins, Träger des Bundesverdienstkreuzes.

In welchem Augenblick entscheidet sich ein Leben?

Ich stelle mir vor, wie es gewesen wäre, wenn Kazım seinen Freund am Telefon nicht erreicht hätte. Wenn er ihm nicht hätte sagen können: Bitte hol die Zusage für den Sprachkurs aus der Wohnung. Ich stelle mir vor, dass der Freund die Bestätigung nicht in der Wohnung findet und sie nicht rechtzeitig zur Ausländerbehörde bringen kann. Dass bei der Ausländerbehörde keiner sitzt, der entscheidet: Die Abschiebung ist ausgesetzt. Ich stelle mir vor, wie Kazım im Flugzeug sitzt, kein Lachen.

Ich schaue ihn an, wie er da steht. Ich kann es mir nicht vorstellen.

Anerkennung

»Es hat keinen Sinn, dass man rumjammert«

Wenn Kazım einen Gast in seine Männergruppe einlädt, und alle, denen er davon erzählt, entgegnen: Wie kannst du nur?, ist es für ihn die ideale Bestätigung: Dieser Gast ist der Richtige. Wieso sollten sie sich mit jemandem treffen, mit dem sie ohnehin einer Meinung sind? Der Gast, den er an diesem Tag erwartet, ist Thilo Sarrazin. Er hat 2010 mit seinem Buch *Deutschland schafft sich ab* die größte Debatte darüber ausgelöst, wer in diesem Land willkommen ist und wer nicht. Viele mit Zuwanderungsgeschichte, die jahrelang in Deutschland gelebt hatten, fühlten sich durch Sarrazins Thesen fremd – abgewertet, ausgemustert, nicht anerkannt. In diesem Fall auch Kazım. Es war eine der wenigen Situationen, in denen er sich fragte: Hat das alles noch einen Sinn? Kazım fand das, was Sarrazin in der Sache beschrieben hatte, nicht unbedingt zu radikal, es sind auch Probleme darunter, die er sieht: zu viele Schüler mit Zuwanderungsgeschichte, die die Schule ohne Abschluss verlassen, zu viel Gewalt, zu viele, die von Transferleistungen leben. Würde es all diese Probleme nicht geben, hätte er in seinem Leben ein paar Stunden mehr geschlafen. Kazım war vor allem der Ton zu rabiat, die

Haltung zu einseitig. Als hätte er die ganze Zeit daran gearbeitet, einen Weg zu pflastern, und über Nacht hätte jemand eine Mauer aufgezogen: Nun musste man brüllen, um einander zu hören.

Nachdem Kazım sich kurz geärgert hatte, beschloss er, etwas zu tun. Er sprach mit seiner Gruppe über den Aufschrei im Land, und aus Angst vor rassistischen Gefühlen organisierten sie eine Pressekonferenz, bei der einige Männer über sich redeten: darüber, wie sie sich all die Jahre bemüht hatten, und darüber, was sie noch nicht geschafft hatten. In der Einladung stand: »Sarrazin spricht über uns – aber kennt er uns?«

Es war eine leise Reaktion auf das, was bei vielen rüberkam: Ihr seid hier nicht gewollt. Ihre Antwort: Hier sind wir. Lasst uns reden. Bald nach der Pressekonferenz lud Kazım Sarrazin in seine Männergruppe ein, damit sie miteinander reden. Noch immer ist dies Kazıms wichtigstes Werkzeug, vor allem jetzt, wo mit der Angst vor Fremden Politik gemacht wird, wo es mehr von dem gibt, was vielen schon immer wehtat: Populismus, Nationalismus, Rassismus. Daher nun eine zweite Einladung an Thilo Sarrazin. Bevor er da ist, sagt Kazım zu den Männern: Gerade jemanden wie ihn, dessen Sätze uns verletzt haben, dürfen wir nicht ignorieren. Dann würden wir ihn zum Unmenschen machen, zum Monster. Kazım bittet darum, darauf zu achten, ihn nicht zu beleidigen, ihm zu begegnen, so wie sie es sich auch wünschen. Als Thilo Sarrazin einige Minuten später den Raum betritt, nicken ihm alle freundlich zu, die Stimmung ist höflich, ruhig, nur Tarkan ist gereizt, seinen Schmerz über das, was Sarrazin bei ihm auslöste, kann er nicht verbergen. Er trinke gern einen Tee, sagt Sarrazin, und Tarkan, provozierend: Wie – Sie wollen wirklich einen türkischen Tee?

Kazım: Ich begrüße Sie ganz herzlich, Herr Sarrazin. Unabhängig davon, dass wir unterschiedlich denken, rechnen wir es Ihnen hoch an, dass Sie unserer Einladung gefolgt sind. Meine Helden, die hier sitzen, wollen mit Ihnen ins Gespräch kommen, als Erstes würde ich Sie aber gern fragen, ob Sie seit der Veröffentlichung Ihres ersten Buches eine Verbesserung sehen?

Sarrazin: Die Probleme, die ich benannt habe, bestehen unverändert fort und haben sich durch die Zuwanderung in den letzten zwei Jahren verschärft. Es ging mir in meinem Buch ja um die sozialen Verhältnisse in Deutschland, im Kapitel über Einwanderung und Integration schrieb ich, dass sich die unterschiedlichen Einwanderungsgruppen unterschiedlich gut integrieren: Die Vietnamesen haben viel größere Erfolge als die Türken. Da ich keinem ins Herz schauen kann, hantierte ich mit dem, was man messen kann, wie Arbeitsmarktbeteiligung, Bildungsgrad, Kriminalität. Dabei hätte ich vielleicht deutlicher machen müssen, was an sich selbstverständlich sein sollte: Eine Aussage über eine Gruppe ist nie eine Aussage über einen Einzelnen. Es ist nicht so, dass ich alle aus der Gruppe für radikal, kriminell, ungebildet halte, aber wenn es Häufigkeiten in einer Gruppe gibt, muss man fragen, warum. Letztlich ist es so, dass die Auffälligkeiten einer Gruppe auf das Image abfärben.

Kazım: Natürlich, Herr Sarrazin, es gibt Probleme. Es gibt aber auch viele, die sich anstrengen, die sich einsetzen, es gibt viele Erfolge der Einwanderungsgesellschaft. Diese Aspekte vermisse ich bei Ihnen. Sehen Sie wirklich keine Verbesserung, wenn Sie sich anschauen, dass mehr Menschen mit Zuwanderungsgeschichte Abitur machen, dass mehr studieren, dass sie Ärzte sind? Es kommt mir vor, als stellten Sie alles nur aus der Perspektive dar, aus der es nicht klappt.

Sarrazin: Es ist richtig, dass es sehr gute türkische und arabische Schüler gibt, und es ist richtig, dass es mehr Abiturienten mit Migrationshintergrund gibt, aber ich habe auch mit diesen Abiturienten verstörende Erlebnisse gehabt. Ich war zu Gast in einem Gymnasium, eine Berufsberatung für den öffentlichen Dienst eigentlich, es wurde vor allem eine politische Diskussion. Unter den Schülern trugen achtzig Prozent der Frauen Kopftuch, die Wortführer waren strikte Verteidiger von Recep Tayyip Erdoğan. Es kam heraus, dass sie sich in Deutschland ungerecht behandelt fühlen, und ich dachte: Die mögen hier Abitur machen, doch in die westliche Gesellschaft sind sie nicht integriert.

Tarkan: Was verstehen Sie darunter, dass man integriert ist?

Sarrazin: Wenn man die westlichen demokratischen Werte teilt, am Arbeitsleben teilnimmt und sein Geld selbst verdient. Man ist nicht integriert, wenn man am Abend im Wesentlichen türkisches und arabisches Fernsehen schaut, dann lebt man in einer kulturellen Parallelgesellschaft.

Alişan: Die Millionäre in Hamburg leben auch in einer kulturellen Parallelgesellschaft.

Celal: Herr Sarrazin, ich möchte mich kurz vorstellen: Ich bin 68er-Jahrgang, lebe seit 1970 in Berlin, ich bin hier zum Gymnasium gegangen, zur Universität, ich habe in großen Unternehmen gearbeitet. Bis ich dahin kam, hatte ich viele Probleme mit meinen Bewerbungen. Sie wurden oft nicht aufgemacht, sondern ungeöffnet in einem Umschlag zurückgeschickt. Natürlich vermute ich, dass allein mein Name den Ausschlag gegeben hat. Bei Einstellungsgesprächen wurde ich gefragt: Haben Sie schon mit Deutschen gearbeitet? Können Sie mit Deutschen umgehen? Egal wie viel ich tat, mir wurde vermittelt, dass man mich nicht will, dass ich anders bin.

Sarrazin: Grundsätzlich gilt, dass einer, der woandershin kommt, auf Distanz und Abwehr stößt, selbst für einen Berliner in München ist das so. Einwanderer, die anders aussehen und sich anders benehmen, werden nur schwer akzeptiert. Das ist normales Einwanderungsschicksal.

Adem: Sehen Sie da Lösungsansätze, oder gibt es keine? Sollen die, die sich nicht ausreichend integrieren, wieder zurück?

Sarrazin: Die Integrationsaufgabe liegt allein bei denen, die gekommen sind, nicht bei der Gesellschaft und nicht beim Staat. Der Staat macht mit seinem Schulsystem und seinem Ausbildungssystem ein Angebot, und dieses Angebot ist weitgehend frei von Diskriminierung. Alle anderen Dinge müssen Sie selbst regeln.

Adem: Wenn wir Menschen mit türkischen Wurzeln nach mehr als fünfzig Jahren nicht angekommen sind, dann liegt es doch nicht allein an uns.

Sarrazin: Es gibt Ungerechtigkeiten gegenüber Fremden und anderen, das ist so. Einige Gruppen bewältigen die besser als andere.

Tarkan: Sie stellen sich hin und sagen: Ihr seid an allem schuld. Macht mal, und wir schauen zu. Finden Sie nicht, dass Deutschland auch daran mitwirken muss?

Sarrazin: Ich spreche nicht von Schuld, aber ich wehre mich gegen den Gedanken, dass es an uns als aufnehmender Gesellschaft liegt. Der Erfolg liegt immer an der Gruppe, wie bei den Vietnamesen, sie sind besonders fleißig und besonders gut in der Schule. Wenn eine andere Gruppe abfällt, liegt das an ihr selbst und an nichts anderem.

Mehmet: Herr Sarrazin, Sie haben auch erwähnt, dass Türken nur Obst und Gemüse verkaufen. Haben Sie sich keine Gedanken gemacht, dass Sie damit Leute beleidigen?

Sarrazin: Das bezieht sich nicht auf mein Buch, sondern auf ein Interview, das 2009 im *Lettre International* erschien, und dieses Interview muss man im Zusammenhang sehen: Ich habe dort erklärt, wie Integration erfolgt, nämlich durch Bildung. In diesem Kontext äußerte ich, dass viele Türken und Araber in Berlin von Obst und Gemüse leben.* Das war ein bisschen polemisch, aber an sich eher lustig gemeint.

Mehmet: Denken Sie, Deutschland hat sich schon abgeschafft?

Sarrazin: Sagen wir so, der Prozess und das Risiko, das ich beschrieb, beschleunigen sich. Der Anteil der Kinder mit muslimischem Glauben in den Schulen steigt, und er wird weiter steigen, weil Muslime deutlich eher heiraten und die Generationenfolge dadurch dichter ist. Für Deutschland stellen sich dadurch in der Summe noch mehr die kulturellen Fragen.

* »Eine große Zahl an Arabern und Türken in dieser Stadt, deren Anzahl durch falsche Politik zugenommen hat, hat keine produktive Funktion, außer für den Obst- und Gemüsehandel, und es wird sich vermutlich auch keine Perspektive entwickeln.« In: *Lettre International* 86, S. 197–201.

Tarkan: *(schnippisch)* Dann sollen sie mehr Kinder machen.

Celal: *(ermahnend)* Tarkan, nicht in dem Ton.

Sarrazin: Ich kann weder die Deutschen dazu bringen, mehr Kinder zu kriegen, noch die Muslime dazu, dass sie weniger kriegen. Das liegt nicht in meiner Macht.

Alişan: So, wie Sie die Probleme dargestellt haben, lassen Sie vermuten, es geht bei Menschen mit türkischen Wurzeln nur um kopftuchtragendes Schmarotzertum; das ist eine selektive Darstellung. Es ist, als würde man ausländische Touristen in Berlin am Kottbusser Tor herumführen und sagen: Das ist ein deutscher Bahnhof, das sind deutsche Obdachlose, das sind deutsche Alkis, alles, was du siehst, ist deutsch. Mit diesem Deutschlandbild schickt man sie dann nach Hause und hat keine Verantwortung dafür. Wissen Sie, mir fehlt der Kontext und dass Sie nicht die Vorgeschichte zeigen: Die Menschen, die aus der Türkei nach Deutschland kamen, hatten hier in den Sechzigern eine fast hundertprozentige Erwerbsquote, auch in den Siebzigern gab es wenige Fälle von Sozialhilfebezug. Erst Mitte der Neunziger verändert sich das Bild erheblich, denn sie haben große Opfer beim Wiedervereinigungsprozess vollbracht.

Kazım: Sie gehörten zu den größten Verlierern, als bei der Wiedervereinigung in der Berliner Industrie eine hohe Zahl an Arbeitsplätzen verloren ging. Das hatte Auswirkungen: Der Erfolg eines Kindes, das wissen wir doch, hängt stark von der sozialen Herkunft ab. Auch ich hätte mir gewünscht, dass Sie diese Entwicklung in Ihrem Buch thematisiert hätten. Und ich hätte mir gewünscht, dass Sie ausdrücklich geschrieben hätten: Sie haben Sorge, dass eine deutsche Unterschicht entsteht – ich sage ausdrücklich: eine deutsche. Viele Menschen, von denen Sie reden, sind keine Türken oder Araber, sie sind Deutsche. Können Sie nachvollziehen, dass diese Menschen durch Ihr Buch denken, dass sie nicht dazugehören?

Sarrazin: Ein halbes Jahr nach Erscheinen meines Buchs gab es eine Studie, die zeigte, dass achtzig Prozent der Türken und Araber den Namen Sarrazin noch nicht gehört hatten. Es war also keine Sache, die die türkische oder arabische Masse bewegt hat. Was die Formulierung anbelangt, sage ich anfangs erst, um der Korrektheit Genüge zu tun, Deutsche türkischer und arabischer Herkunft, dann rede ich von Türken und Arabern, das hat Gründe der sprachlichen Ökonomie. Ich habe übrigens oft die Erfahrung gemacht, auch an dem Gymnasium, von dem ich berichtete, dass sich viele Fans von Recep Tayyip Erdoğan als Türken fühlen. Ich kann sie auch Deutsch-Türken nennen.

Kazım: *(schmunzelnd)* Besser Türken-Deutsche.

Sarrazin: Letztlich zeigte sich, dass sich diese Schüler Deutschland nicht zugehörig fühlen. Ich finde, Fakten muss man ausdrücken, selbst wenn der eine oder andere gekränkt ist. Da sollten wir mal die ganze Empfindlichkeit rausnehmen. Mein Kapitel über Einwanderung und Integration habe ich vor einigen Wochen noch einmal gelesen, und ich finde, der Ton ist maßvoll, es gibt keine Beleidigungen, keine Kränkungen.

Alişan: Die verheerendsten Folgen, die Ihr Buch hat, haben Sie wahrscheinlich gar nicht beabsichtigt – oder Sie interessieren sich nicht für sie: Hoch qualifizierte Menschen kehren in die Türkei zurück, das sind die Menschen, die es satthaben, immer auf der Anklagebank zu sitzen. Vor allem bei den Erfolgreichen haben Sie mit ihren abwertenden Analysen für Irritationen gesorgt.

Adem: Ich bin Naturwissenschaftler, ich sage Ihnen, was mir fehlt: die menschliche Seite. Hinter Ihren Zahlen, die ich mal so, wie sie sind, entgegennehme, stehen Menschen, und die kann man nicht einfach ignorieren. Ich hätte gehofft, dass Sie uns heute sagen, würden Sie das Buch noch einmal schreiben, würde es humaner ausfallen. Ich stelle aber fest, dass sich Ihre Haltung nicht verändert hat. Ich hätte den Wunsch, dass man uns als Gruppe ein bisschen Zeit lässt – und auch die Hand reicht.

Sarrazin: Wenn ich uns einen Vorwurf mache, dann nicht, dass wir zu den Türken und Arabern nicht nett genug sind, sondern dass wir falsche Anreize setzen. Wir haben hier einen Sozialstaat, der falsch konstruiert ist: Die Faulen kommen, die Guten gehen. Hätten wir keine Sozialhilfe, wären die Arbeitnehmer aus der Türkei, die nach dem Gastarbeiterstopp arbeitslos wurden, zurückgegangen, so wie Gastarbeiter aus Italien oder Spanien auch. Dann wären sie nun nicht da, und wir hätten kein türkisches Problem. Stattdessen holten sie aber ihre Frauen mit Kopftuch und sehr viele Kinder, dann begann das Elend in den Schulen. Ich möchte Ihnen einmal was aufmalen. *(Er nimmt einen Stift und zeichnet eine Pyramide auf ein Blatt Papier)* Das ist die deutsche Pyramide nach ihrer Verteilung von Berufsabschlüssen – unten die niedrigen, oben die hohen. Und nun male ich Ihnen die türkische Pyramide auf *(malt innerhalb der anderen Pyramide eine zweite Figur, deren Form keine Pyramide mehr ist: Die Basis ist breit, aber auf ihr baut sich ein schmaler Turm auf).* Das Problem ist nicht, dass Sie keine Ärzte haben, das Problem ist, dass Ihre Hartz-IV-Empfänger zu viele sind: zu viele Ungelernte!

Alişan: Herr Sarrazin, diese Interpretation ist unzulässig und ahistorisch! Diese Spitze des Turms *(zeigt auf die türkische Figur)* war in den Siebzigern ein Strich, ganz schmal, in den Achtzigern wurde sie breiter, sie wird immer noch breiter. Im Grunde zeigt diese Skizze eine Erfolgsgeschichte. So, wie Sie es sagen, ist es Demagogie.

Sarrazin: Ich verstehe, dass es den, der eine Art von Stolz hat, einen Stolz auf den muslimischen Glauben oder sonst irgendwas, kränkt, wenn man sagt: Deine Gruppe ist nicht gut. Wenn Hertha in Leipzig verprügelt wird, fahren die Hertha-Anhänger auch tief gekränkt nach Hause. Zu Recht, sie haben ja verloren. Aber ist das die Schuld von Leipzig? Wohl nicht. Man muss doch in der Lage sein, mit den Fakten umzugehen, Fakten können nicht kränkend sein.

Tarkan: Ich glaube, Sie fahren hier einfach nur Ihre These. Nehmen Sie überhaupt auf, was wir sagen?

Sarrazin: Ich habe versucht, alles aufzunehmen und zu antworten, ich habe Ihnen nur nicht oft recht gegeben.

Celal: Ich denke, Sie verkennen die Dynamik, die sich entwickelt. Schauen Sie mal, es gibt in der Tagesschau Pinar Atalay. Es gibt Fatih Akin, Mehmet Kurtuluş. Und im Sport gibt es Mesut Özil.

Sarrazin: Er singt aber nicht die deutsche Nationalhymne.

Celal: Na und? Das heißt doch nicht, dass er nicht integriert ist.

Sarrazin: Doch, das sagt eine Menge.

Celal: Er hat sich für die deutsche Nationalmannschaft entschieden. Das sind Figuren, die eine Masse nach sich ziehen, der Multiplikationseffekt wird kommen.

Sarrazin: Ich finde jedes Integrationszeichen gut. Was die türkische und die arabische Community betrifft, habe ich den Eindruck, dass es eine Zweiteilung gibt: Ein Teil integriert sich, und ein Teil entfernt sich von der Mehrheitsgesellschaft.

Celal: Diese radikale Entwicklung gibt es aber auf allen Seiten, denken Sie doch nur an Pegida und an die AfD. Ich bin früher Unternehmer gewesen. Es gibt Manager, die sehen erst mal nur die Kostenseite und versuchen, Kosten zu reduzieren. Und es gibt Manager, die sehen das Potential und lassen die Kosten erst einmal außer Acht. Es geht doch um die Art der Herangehensweise.

Kazım: Ein entscheidender Fehler ist für mich, dass die Bundesrepublik Deutschland lange kein Einwanderungsland war und sich auch demonstrativ weigerte, eines zu sein. Diese Haltung hat dazu geführt, dass Menschen mit Zuwanderungsgeschichte sich selbst als Gäste gesehen haben und so gesehen wurden, das Bewusstsein konnte sich nicht entwickeln. Mein Wunsch ist, dass wir in den Vordergrund stellen, was klappt, damit sich einige Menschen nicht aussortiert fühlen, damit sie nicht das Gefühl haben, sie werden hier nicht anerkannt. Zusammen können wir dann schauen, was nicht so gut klappt, und am gleichen Strang ziehen.

Sarrazin: Ich bin damit weitestgehend einverstanden, was Sie sagen, Herr Erdoğan. Aus meiner unternehmerischen Erfahrung weiß ich aber, dass Chefs, die sich mit dem aufhalten, was klappt, scheitern, nur Chefs, die auf das schauen, was nicht klappt, gehen voran.

Kazım: Da sind wir anderer Meinung. Wir alle haben eine gemeinsame Aufgabe, eine gesamtgesellschaftliche Aufgabe, keiner kann sie allein schaffen.

*

Es sind nur ein paar Schritte, ein paar Stufen nach unten, in den Keller. Ein langer Weg für jemanden, der nicht gern nach unten geht. Unten liegt der Dreck, der Schmerz, das Gift, die Wunde; unten liegt der Zement, der das Fundament schuf. Als Kazım und ich nach unten gehen, ist es Sonntagmorgen, draußen: bedeckt, rau, kein Licht, es ist gegen elf, nach dem Sonntagsfrühstück. Ein paar Schritte in Hausschuhen, eine Kurve, links eine schwere Tür zum Heizungskeller, im Heizungskeller ein Regal mit Aktenordnern, abgeheftet sind Kazıms Diplom, die ersten Arbeitserlaubnisse in Deutschland, beim Wienerwald als Griller, in einer Fleischwarenfabrik als Arbeiter, in einer Lebensmittelfabrik als Arbeiter, als Maschinenarbeiter. Neben den Ordnern stehen Karl-Marx-Bände, Lenin-Werke, Engels, Rühmann, *Die Feuerzangenbowle*, Türkisch-Deutsches Wörterbuch, *Deutsch Schlüssel 2*. Und Bücher von Anfang der Achtziger, Titel: *In Deutscher Fremde. Zur Lage unserer Gastarbeiter*; *Fremde raus?* Wir blättern in *Ausländer. Die verfemten Gäste*, ab Seite 157 finden wir Auszüge aus Bürger-Schmähschriften an deutsche Politiker. »Was muß ich tun, um Asylant zu werden, dann bekäme ich von Ihnen auch Staubzucker aus der Tut in den Arsch geblasen, ohne selbst was zu tun.«

Ich schaue Kazım an, der schweigt, die Stirn kraus zieht, was er selten tut, weiter schweigt. Weiterblättern, wir sitzen wieder oben, am Frühstückstisch, Seite 162. »Die Ausländer sollen sich alle zum Teufel scheren. Die ekeln uns alle an. Die nehmen den Deutschen die Arbeit und die Wohnungen weg. Die sind nicht wert, mit Wildschweinen aus einem Krug zu fressen. Die Ausländer sind Ratten, Dreck und Ungeziefer!« Ich weiß, dass ich ihn herausfordere, von sich aus hätte Kazım den Keller nicht gezeigt, er geht da nicht hin, er öffnet das nicht, er hat das verschlossen. Er sitzt aufrecht am Tisch, bewegt sich kaum, schaut mich an, während ich die Sätze zitiere, die an ihm abprallen, er stößt sie ab, ohne viel Aufsehen, ohne zu zucken. Als ich stoppe, sagt er: Nun hast du alle Wunden aufgerissen. Bevor so etwas aufkommen kann wie Verletztheit, gibt er ihr ein Ventil: Er lacht. Es ist ein Scherz und, zugleich, ist es auch kein Scherz. Gülşen, seine Frau, ruft aus der Küche: Damals ging es dir damit aber nicht so gut, Kazım, das darfst du nicht vergessen! Kazım: Nun gehe ich anders mit den Problemen um. Sein Lachen ist kein Weglachen, kein Kaschieren, ist nicht nur Maske, mit dem Lachen nimmt er dem Schmerz den Schock, die Starre. So hat er gelebt und immer gearbeitet: dem Schmerz eine andere Form geben, das eine ins andere gießen, etwas schaffen.

Kazım, warum hast du dir diese Bücher gekauft?

Kazım: Ich wollte verstehen, was die Deutschen denken. Damals, ich arbeitete schon als Lehrer, fühlte ich mich von solchen Anfeindungen angesprochener als jetzt, ich dachte: Sie meinen dich! Du zahlst Steuern, trägst zum Bruttosozialprodukt des Landes bei und bleibst Ratte, Wanze, Parasit.

Gülşen ist hinzugekommen: Und auf der Straße sagten sie, die haben Kinder wie die Karnickel.

Kazım: Es ist ja nicht so, dass ich nur Anerkennung bekommen habe, auch Mails und Briefe mit vielen Beleidigungen, in denen stand: Sie können machen, was Sie wollen, in diesem Land haben Sie keine Zukunft! Verschwinden Sie bloß!

Gülşen: Wir wollten mal ein Haus in Spandau kaufen, in einer Siedlung, ein Freund von uns wohnte dort. Wir hatten schon einen Kredit von der Bank, Kazım machte einen Termin bei der Genossenschaft, er ging hin, stundenlang stand er draußen, wartete, man rief ihn nicht rein, weil man sah: Er ist nicht einer von uns, er ist kein Deutscher. Damals habe ich auch gedacht: Sind wir doch nicht angekommen?

Kazım: Ja, das war '88.

Gülşen: Sie haben gesagt: Knoblauchfresser wollen wir nicht haben.

Kazım: Der Vorstand schrieb in einem Brief, unsere Essgewohnheiten, der Knoblauch, passten nicht. Und wir bekamen auch anonyme Anrufe: Ihr Kanaken, ihr Schweine.

Gülşen: Die Genossenschaft wollte wegen uns sogar ihre Satzung ändern: nur Mitglieder deutscher Staatsangehörigkeit. Wir haben das nicht auf uns sitzen lassen, sind zur Ausländerbeauftragten. Der Druck auf die Genossenschaft wurde groß, später sagten sie doch zu, wir zogen aber nicht mehr ein. Ich wollte nicht das Gefühl haben: Ich gehe vor die Tür, und was denken die?

Kazım: Wenn wir empfindlich gewesen wären, hätten wir gesagt: Meuterei gegen uns. Aber ich sehe es nicht so. Menschen sind reserviert gegenüber dem, was sie nicht kennen, sie haben Angst. Ich möchte so etwas nicht überbewerten. Es hat keinen Sinn, dass man rumjammert und denkt: Niemand mag uns.

Ich habe später noch ein bisschen in den Schmähschriften gelesen: »Wieso ist die BRD verpflichtet, all den Dreck auf Kosten der deutschen Steuerzahler zu ernähren und obendrein zu bezahlen? – Wenn das so weitergeht, haben wir nur noch Gesindel und Abschaum der Erde in unserem Lande – Die Journalisten der zwei ›deutschen‹ Fernsehanstalten bringen aus allen Ecken der Welt deren Probleme in das deutsche Bewußtsein, für deutsche Probleme gibt es da keinen Platz mehr – Euch Dreckschweinen wünsche ich jedem zwanzig Terroristen an den Hals, damit euch wieder einmal so schön der Arsch kocht – Wie viele Ausländer wollen Sie eigentlich noch nach Deutschland reinholen? – Schmeißt das Ausländerpack raus, bevor sie uns an die Wand drücken. Es wird zu einem Bürgerkrieg kommen – Unsere Kinder müssen wir vor den Messerstechern schützen – Wir haben uns unsere Henker ins eigene Land geholt.«

Es sind Sätze, drei Jahrzehnte alt, beim Lesen kann man das schnell vergessen. Sie wirken nicht antiquiert, nicht verstaubt, fast alle könnten in dieser Zeit geschrieben worden sein. Die Formulierungen, die Diffamierungen, die Beleidigungen, die Entwertungen, Demütigungen, die Hetze, sie sind wieder da und sie sind laut. Wie schafft man es, dass man all der Angst, dem Hass nicht auch mit Angst und Hass begegnet? Dass es einem nicht die Energie nimmt, sondern Energie gibt, dass man sich nicht versteckt, sondern nach vorn geht? Wie schafft man es, trotz der Ablehnung nach Anerkennung zu suchen? Wie hast du das gemacht, Kazım?

Kazım sagt: Wenn man nur nörgelt, schimpft, meckert, denke ich: Schauen wir mal, ob man sich nicht von diesem Joch befreien kann.

Nachdem Kazım viele Jahre als Lehrer gearbeitet hatte, danach als Schulpsychologe in Schöneberg, bewarb er sich 2003 bei der Erziehungsberatungsstelle des Jugendamts Neukölln, im Klischeebezirk der Abgehängten, Abgewerteten, Aussortierten. Fast sein ganzes Leben in Deutschland hatte er in Neukölln gewohnt, erst im Norden, Nähe Hermannplatz, dann im bürgerlichen Süden, in Rudow. Nun endlich, sagte er sich, könne er etwas tun gegen das schlechte Bild, den schlechten Ruf des Viertels. Zu der Beratungsstelle kommen Eltern, Jugendliche, Kinder, allein oder zusammen, wenn es Streit gibt zwischen ihnen oder in der Schule. Wenn ein Kind Angst hat, eine Trennung nicht verkraftet, oder den Tod, wenn ein Kind nichts isst, nicht schläft, schlägt, schreit, wenn es in einer Weise auffällt. Das Angebot richtet sich an Familien, die in der Umgebung wohnen, in Neukölln sind das fast zur Hälfte Menschen, die aus einem anderen Land eingewandert sind, deren Kinder und Enkelkinder. Von diesen Menschen wiederum kommen die meisten aus der Türkei. Das Erstaunliche ist, dass bis zu Kazıms Bewerbung an dieser Stelle, die allein aus Gründen der Bevölkerungsstatistik auch Menschen aus der Türkei beraten sollte, kein Berater arbeitete, der selbst aus der Türkei kam.

In einem Café in Neukölln, nicht weit von der Beratungsstelle, sitzt der damalige Leiter Karl Wahlen und setzt zu einer Erzählung an, die im Nachhinein wie Satire klingt. Er erzählt sie bedacht und direkt, unterbrochen nur durch Schmunzeln. Die Erzählung beginnt mit der Hintergrundinformation, dass es nicht nur in der Beratungsstelle, sondern im gesamten Bezirksamt lediglich einen Mitarbeiter mit einem sogenannten Migrationshintergrund gab. Kurze Pause, erste Pointe: Im Bauamt! Es sei ein Desiderat gewesen, das man lange gesehen habe, man habe oft darüber gesprochen, dass sie doch jemanden bräuchten, der durch sein Wissen und sein eigenes Erleben Brücken baut zwischen den Gruppen in der Bevölkerung und dem staatlichen Amt. Übrigens, sagt Wahlen dann, in der Beratungsstelle hatten wir sogar einen Kollegen, den wir unseren Türken nannten. Zweite Pointe: Das Problem war, er war gar kein Türke! Dieser sogenannte Türke galt schon als Türke, bevor Wahlen Leiter der Beratungsstelle wurde, man dachte, er könne besonders den Familien mit türkischer Geschichte helfen, weil er ihre Traditionen verstehe, ihre Sitten, ihre Sprache. Nach einer Weile häuften sich die Beschwerden von Familien, die er beriet, es fing schon bei der Sprache an. Der Türke, fand Wahlen heraus, konnte nur ein paar Sätze Türkisch, er war nicht weit entfernt von der Türkei aufgewachsen. Allerdings hieß das Land Iran.

Die Erzählung vom getürkten Türken ist die einer Täuschung, sie begann mit einem Missverständnis: Der vermeintliche Türke soll sich nie als Türke vorgestellt haben, aber auch nie widersprochen haben, als man ihn so bezeichnete. Türke zu sein war in der Beratungsstelle seine Legitimation. Als er Wahlen sagte, dass er sich vor dieser Arbeit nie mit der Türkei beschäftigt hatte, hatte er Angst, dass er nun als Lügner dastehe. Für Wahlen ist diese Erzählung daher ebenso eine, die mit einem misslichen Verständnis begann: Die Verantwortlichen stellten jemanden ein, der nicht in Deutschland aufgewachsen war, damit er sich um alle kümmere, die auch nicht in Deutschland aufgewachsen waren. Der Türke war somit ein Mitarbeiter für das gute Gewissen, eine Ausrede, Wir-müssen-uns-nicht-mehr-kümmern. Er ist, so sieht es Wahlen, in dieser Erzählung daher nicht der Alleinige, der vor der Wahrheit die Augen zumachte. Die Lüge war eine institutionelle.

Als die Lüge platzte, war die Lücke, die Wahlen ohnehin gesehen hatte, noch größer geworden. Bald darauf stellte sich Kazım vor. Auftreten: höflich, bescheiden, verhalten. Jemand, der unter anderen Bewerbern nicht mit seinem Lebenslauf auffiel, sondern, so formuliert es Wahlen, weil er mitten aus dem Leben kam. Kazım sagte beim Gespräch Sätze, die in etwa so klangen: In Neukölln gibt es nicht nur eine soziale, sondern auch eine kommunikative Armut.

Wenn wir nicht endlich miteinander reden, leben wir uns auseinander. Dann entsteht in den Kindertagesstätten, in den Schulen immer mehr Verbitterung. Es geht ums Wollen, auf beiden Seiten. Meine deutschen Landsleute sagen über meine türkischen Landsleute: Die kommen ja eh nicht zu Treffen. Und meine türkischen Landsleute sagen über meine deutschen Landsleute: Wir fühlen uns nicht willkommen. Sie brauchen Wertschätzung, damit sie sich willkommen fühlen, sie brauchen Anerkennung, dann kommen sie auch. Wir müssen rausgehen. Wenn wir nur im Büro sitzen und Akten bearbeiten, fluchen und warten, werden wir die Probleme von Neukölln nicht lösen. Wir müssen etwas ändern, aber es wird dauern.

Für eine Beratungsstelle mit dem Selbstverständnis, diejenigen zu beraten, die zur Beratung kommen, waren diese Sätze wie eine Revolution. Er bekam die Stelle.

Karl Wahlen hatte nun einen Brückenbauer: einen, der die schwer Erreichbaren erreichbar machen sollte. Er erinnert sich an eines der ersten Gespräche mit seinem neuen Mitarbeiter, in dem sie darüber sprachen, dass die dringlichste Aufgabe darin bestünde, diejenigen zu gewinnen, die auch mit anpackten. Kazım habe nicht einen Moment gezögert. Er rief bei Kindertagesstätten und Schulen an und fragte: Haben Sie türkeistämmige Erzieher, Lehrer? Wie heißen sie? Er schrieb eine Liste und lud alle ein. An einem Abend trafen sie sich im Rathaus, unter ihnen viele Akademiker. Kazım sagte zu ihnen: Wir können Vorbilder sein für die, die sich abgehängt fühlen, nicht anerkannt, wir müssen sie mitnehmen. Er gründete eine Initiative und gab ihr den Namen »Für ein noch besseres Neukölln«.

Wenn er das aussprach, wurde er ausgelacht. Du willst Neukölln retten? Neukölln kann man nicht retten! Haha, höhnte die türkische Community, schade um deine Zeit! Die

Türken wirst du niemals kriegen, höhnte die deutsche Community, was glaubst du denn? Die kommen nicht, die kommen nie zu einer Veranstaltung, vergiss es!

Kazım schien es, als hätten alle ihre Probleme abgelegt, weggeschmissen auf den Müll. Und da sich niemand ums Recycling kümmerte, wuchs der Müll zu einem Berg, ein Problemberg im Bezirk, der vor sich hin stank. Die einen fühlten sich, als seien sie unter dem ganzen Müll begraben, die anderen sagten igitt und machten einen Bogen drum.

Wie habt ihr sie denn eingeladen?, fragte Kazım die Erzieher in den Einrichtungen, habt ihr mal versucht, sie anzurufen? Als sie verneinten, schlug er vor: Dann fangen wir damit jetzt an. Und übrigens, haben Sie Lust, mehrsprachige Elternversammlungen zu machen? Sie stellen den Raum zur Verfügung, ich stelle die Übersetzer. In seiner Initiative hatte er achtzig Menschen versammelt, einige sprachen Türkisch, einige Arabisch, einige Kurdisch. Sie gingen ehrenamtlich in die Kindertagesstätten und an die Schulen, brachten nicht einfach nur die Sätze in eine andere Sprache, sondern erzählten von sich, wie sie es in Deutschland geschafft hatten, sie sagten: So könnt ihr es auch schaffen. Sie bauten ein Stück Brücke.

Ein Abend im Herbst 2016, Kazım hat ein großes Buffet bestellt, in der Hofperle, seinem Stammrestaurant in Neukölln. Am Tisch sitzen seine Kollegen, die ehemaligen. Vor ein paar Tagen hatte Kazım seinen letzten Arbeitstag in der Beratungsstelle, es ist seine Abschiedsfeier. Die jetzige Leiterin redet: Wir wissen, du hättest gern noch mehr bewegt. Kazım redet: Es ist wahr, ich hätte gern noch mehr gemacht, ich bin um halb fünf aufgestanden, und würde ich es noch einmal machen können, würde ich noch früher aufstehen. Ich weiß, ich habe mich damit nicht bei allen beliebt gemacht, einige fragten sich: Was macht der Depp aus Anatolien?

Es gibt Sekt zum Anstoßen, Kazım will das Buffet eröffnen. Dann steht Karl Wahlen auf, er würde gern auch noch etwas sagen, Kazım setzt sich. Wahlen holt aus, er beginnt bei einer Dokumentation, die er sah, *Halbmondwahrheiten*, sie porträtiert Kazım und seine Männer. Er erzählt von der Schlussszene: Kazım steht am Meer, er geht über den Sand, nah am Wasser, geht nach links, dreht um, geht nach rechts. Es ist ein Schlendern, sagt Wahlen, ein energisches Schlendern an der Grenze entlang, und während er an der Grenze ist, denkt man, er bekommt kaum etwas mit, weil er sich nicht umschaut, er bekommt aber alles mit. Er, allein an der Grenze, dieses Bild sei bezeichnend: Kazım, der Grenzgänger, sagt Wahlen, habe immer Grenzen verschoben, und das in einem Bezirk, in dem man Furcht hatte vor diesen Menschen aus dem Milieu der Migranten. Kann man sich auf die einlassen, die einstellen? Sind das nicht Wölfe im Schafspelz? Kazım habe trotz der Skepsis das gemacht, was keiner gemacht habe: Er ging aus dem Haus, er ließ Angst nicht gelten, er suchte Kontakte. Das sei unkonventionell gewesen. Vielleicht, sagt Wahlen, könne man nur so etwas erreichen – bei uns hat er dafür nie Anerkennung bekommen und sich dennoch nie entmutigen lassen. Deswegen sei er für ihn kein Depp, sondern ein Held aus Anatolien. Applaus, Prost, Kazım sagt: Danke, Karl. Es ist eine Situation, die er nicht lange stehen lassen will, fix weiter: Los, das Buffet ist eröffnet.

Eine Revolution ist Widerstand gegenüber einer gegebenen Ordnung. Sie sorgt allein dadurch für Unruhe, dass sie die Ordnung infrage stellt. Wenn man diejenigen bei der Abschiedsfeier fragt, die damals schon da waren, als Kazım in die Beratungsstelle kam; wenn man sie fragt, wie sie ihn damals erlebten, dann geben sie Antworten, die zusammengeschrieben wie ein Kanon wirken. Ein Kanon darüber, warum eine Revolution selten ohne Widerstand verläuft.

Er kam mir am Anfang sehr überheblich vor – Wir dachten, der nimmt uns etwas weg – Es war Angst und Misstrauen – In Sitzungen hatte er immer die Haltung: Das ist doch Zeitverschwendung, wie ihr diskutiert. Er wurde sehr ungeduldig und auch ungehalten – Er verstand nicht, warum ein System schwerfällig ist – Er bekam die Stimmung gegen ihn mit, es muss sehr kränkend für ihn gewesen sein. Er erzählte dann nicht mehr so viel – Seine Klienten kamen einfach ohne Termin, sie kamen manchmal mit der ganzen Familie und standen alle Mann vor der Tür rum – Eine Beratung dauert gewöhnlich eine Stunde, bei ihm gingen nach fünf Minuten alle raus. Man fragte sich: ins Café? – Man wusste nicht: Was macht der eigentlich? – Ja, was macht der? – Man dachte: Arbeitet der wirklich? – Wir anderen gingen nicht raus. Wir hatten sowieso so viele Fälle. Wir brauchten nicht noch neue zu rekrutieren – Wir verdrehten schon die Augen, wenn wir neue Fälle bekamen, Kazım nahm aber genauso viele an wie wir und hatte dann noch seine ehrenamtliche Arbeit. Ich verstand: Ach so, der macht das alles zusätzlich! – Er versuchte einen immer für seine Projekte zu gewinnen, das war eine Mischung aus werbend und fordernd: Man musste sich dem entziehen. Ich schaffe so etwas nicht in meinem Alltag – Hatten wir einfach zu viel Arbeit? – Wir waren nicht so weit – Hatten wir Ängste, oder war es Desinteresse, etwas zu verbessern?

Es ist ein Kanon über Unsicherheit und Ungewissheit, ein Kanon über Fremde, die Angst macht, wenn sie nahe kommt. Über Fremde, die vor allem eins ist: anstrengend.

Karl Wahlen hat viel über die Abneigung und die Aggression nachgedacht, die für ihn so unverhofft gekommen waren, nachdem man untereinander ständig wiederholt hatte: Wir brauchen jemanden mit einem sogenannten Migrationshintergrund. Dann war Kazım da, und man tat, als wolle man ihn nicht. Einige Erklärungen, die er gefunden hat, sind simpel, sichtbar. Er nennt sie zusammenfassend die Faulheit des Angestellten, der nicht gern außerhalb der Form, außerhalb der üblichen Zeit arbeitet. Kazım war nicht so angepasst wie der getürkte Türke. Er ging raus, dadurch kamen mehr türkeistämmige Familien in die Beratung, man könnte es auch so sagen: Es kam mehr Arbeit, mehr Belastung. Andere Erklärungen sind unsichtbar: Die Angst vor dem Unberechenbaren, die Angst davor, wie der denn tickt, führte zu Beunruhigung und Abwehr. Was Kazım machte, wurde gewertet, sagt Wahlen, als würde der Arzt für einen Straßenfeger einspringen. Manchmal, wenn Wahlen unterschwellig den Unwillen spürte oder die Abneigung explizit wurde, indem ein Kollege warnte: Du wirst dich noch umgucken, Karl, hier wird alles umgekrempelt, die ganze Identität; wenn ihn dann die Erklärungen nicht zufrieden stimmten, sagte er sich: Menschen sind wohl einfach so.

Wahrscheinlich ist es sogar so, dass Karl Wahlen mehr über die Ablehnung nachgedacht hat als derjenige, der sie erfuhr. Kazım hat sich nicht an ihr aufgehalten, was nicht heißt, dass er sie nicht spürte. Einmal sagte er nach einer Sitzung zu einer Erzieherin auf Türkisch: Hast du die Einladung bekommen? Wegen dieses Satzes saß er bald darauf einer Mitarbeiterin des Bezirksamts gegenüber und musste begründen, warum er kein Deutsch gesprochen hatte, als wäre er beim Verhör wegen des Austauschs von Geheimnissen. Szenen wie diese haben ihn nicht gelähmt, sie haben ihn getrieben.

Geackert wie ein Verrückter hat Kazım, sagt Wahlen, ich dachte, er bricht zusammen, ich bat ihn, er solle ruhiger machen, an seine Gesundheit denken. Das konnte er nicht. Er müsse das machen, sagte Kazım, eine Sonderrolle zu haben, weniger Fälle als die anderen und sich dafür mehr um Prävention zu kümmern, schlug er immer aus. Als er hörte, dass die anderen sich beschwerten, er mache zu viel draußen, nahm er drinnen noch mehr an. Er hätte resignieren können, emigrieren, innerlich, er hätte das machen können, was viele machen, um die Leiden der Kränkungen zu lindern: einen Wall um sich bauen, Rückzug in Traditionen, in Gewissheiten, die Halt geben können. Er machte das Gegenteil: Er zog die Kreise weiter, ging noch mehr raus, übernahm einen Verein, den es gab, der aber zum Erliegen gekommen war. Der Verein nannte sich »Aufbruch Neukölln«. Kazım brachte ihn zum Leben. Und als alle sagten, in Neukölln liest doch keiner, gründete er eine Woche der Sprache und des Lesens, bei der im ganzen Bezirk Lesungen veranstaltet wurden, später organisierte er diese Woche für ganz Berlin. Kazım selbst trug Gedichte seines Lieblingslyrikers Nâzım Hikmet vor. Dieses zum Beispiel: Wenn ich nicht brenne/ wenn du nicht brennst/ wenn wir nicht brennen/ wie wird je aus Dunkelheit Licht?

Statt zu emigrieren, expandierte er. Und was er drinnen nie bekommen hatte, bekam er draußen. Ständig riefen Journalisten an, fragten nach seiner Meinung, er schlug kaum eine Medienanfrage aus. Er wurde ausgezeichnet: Bürgerpreis der Bürgerstiftung, Band für Mut und Verständigung, Integrationspreis, Neuköllner Ehrennadel, Botschafter für Demokratie und Toleranz.

Es war ein Kampf um Anerkennung. Nicht nur um seine. Am 3. Dezember 2012 saß er im Schloss, Spreeweg 1, Kammermusik, eine Querflöte, ein Fagott, ein Horn, eine Oboe, Applaus, »Verdienstorden für Herrn Kazım Erdoğan aus Berlin ... erwähnenswert ist auch seine beispielgebende Arbeit mit türkischstämmigen Männern im Rahmen seines Vereins ›Aufbruch Neukölln‹, dessen Vorstandsvorsitzender er ist, herzlichen Glückwunsch.« Joachim Gauck und Kazım steckten die Köpfe zusammen und lachten.

Kazım, was hast du ihm da erzählt?

Der Bundespräsident sagte, ich hätte den Preis schon viel früher verdient gehabt. Da antwortete ich: Ich habe gewartet, bis Sie im Amt sind.

Nach der Verleihung im Schloss Bellevue ging Kazım zu seiner Männergruppe, den Orden in der Tasche: ein Kreuz mit roter Schleife. Kazım gab es rum, die Männer machten Fotos mit dem Handy, Kazım sagte: Es ist nicht aus Gold, also braucht niemand damit wegzurennen. Ich habe den Preis, das Bundesverdienstkreuz, bekommen, sagte er, aber der Erfolg ist eurer. Dann sprachen sie von einem Blutbad. Ein Landsmann, ein Türke, erzählte einer, habe seine Frau und ihre Schwester getötet.

Wo sind eigentlich die Männer?, hatte sich Kazım schon Mitte der achtziger Jahre gefragt, als er noch Hauptschullehrer war und zu den Elternabenden, wenn überhaupt, Frauen erschienen. Sitzen sie nur in Teehäusern, vor dem Fernseher, wieso sehe ich keine Väter? Statt Vätern sah Kazım, wie Gewalt zunahm, und er las in den Zeitungen immer öfter was von Ehrenmord, von Zwangsheirat. Man musste ja denken, diesen türkischen Männern brennen nur noch die Sicherungen durch, sagt Kazım. In der Beratungsstelle fing er dann an, sich mit ihnen zu treffen. Am Anfang waren sie zu dritt, im Samowar kochte das Wasser, sie tranken Tee, saßen um einen Tisch, und am Ende fragte er: Sehen wir uns nun öfter?

Von Montag zu Montag wurden es mehr. Wenn sie in Kazıms Büro kamen, dachte eine seiner Kolleginnen: Jetzt kommen sie, die Schläger. Ich hatte Furcht, erinnert sie sich, ich starrte die regelrecht an, oh Gott, was haben wir uns da nur eingekauft? Andere beschwerten sich, dass die Männer ihre Kinder mitbrachten und diese Kinder Krach machten, dass die Männer Schmutz reinbrachten und man, immer nachdem sie da waren, ein paar Sonnenblumenkerne fand. Die Stimmen wurden so laut, dass Karl Wahlen mit Kazım sprach, und sie beschlossen, dass er die Gruppe in seinen Verein »Aufbruch Neukölln« verlegte, für den hatte er gerade Räume gefunden. Die Kollegin allerdings, die gedacht hatte: die Schläger kommen, hatte da schon mit den Männern gesprochen und festgestellt: Die sind ja gar nicht so. Man kann ja reden mit denen. Genau deshalb hatte Kazım sie eingeladen.

Männer, die ein Pauschalabo als Proleten hatten: Produzenten häuslicher Gewalt, Holzklötze Anatoliens, am Fließband übler Taten. Kazım wollte mit ihnen darüber reden, was dran ist an diesen Geschichten. Damit sie selbst verstehen: Wir können auch anders. Damit die anderen verstehen: Die sind gar nicht so. Zu oft hatte er erlebt, dass man gar nicht wissen wollte, wie diese Männer denn sind. Kazım hatte sie eingeladen, damit sie daran arbeiten, den schlechtesten Ruf aller Zeiten zu verlieren.

Am Anfang trauten sie sich nicht, etwas zu sagen. Dann ein lautes Durcheinander, keiner ließ den anderen ausreden. Inzwischen heben die Männer die Hand, wenn sie etwas sagen wollen. Und als einmal einer dazwischenredete, sagte einer der Älteren: Erst der eine, dann der andere. Sie sprachen über Vorbilder, die ihnen gefehlt hatten, Vorbilder, die sie nun selber sein konnten; über Enkel, die man besser erziehen wolle, als man es bei den eigenen Kindern getan hatte. Sprachen darüber, ein besserer Mann für die Frau zu sein. Dursun beispielsweise. Kazım fragte ihn einmal: Hast du jemals für deine Frau Blumen gekauft? Dursun sagte: Was, Blumen, was ist das? Kazım gab ihm eine Hausaufgabe, Dursun sagte, er werde sie erledigen, er schwöre bei Allah. Kazım sagte: Du gehst zur Oranienstraße, Ecke Adalbertstraße, du gehst zu Blumen Dilek und kaufst für deine Frau einen Strauß. Dursun ging hin, kaufte ein, ging zu seiner Wohnung, zog die Schuhe aus, und seine Frau Hayriye sagte: Dursun, was ist das? Und Dursun sagte: Ein Blumenstrauß, den habe ich für dich gekauft. Und Hayriye sagte: Das war doch die Idee von Kazım Erdoğan. Doch seitdem bekommt Hayriye nun öfter Blumen von Dursun, und ist er nicht da, ruft er auch mal die Kinder an: Besorgt Blumen.

Die Männer putzten Schulen, renovierten Vereinsräume, riefen zu Demonstrationen. Als ein Vater die Mutter seiner sechs Kinder umbrachte, sagten sie: Nun ist unser Ruf wieder beschädigt. Nun sind wir alle wieder so. Nun will keiner mehr wissen, wie wir wirklich sind, in den Zeitungen steht ja alles.

Kazım hörte ihnen zu, unterbrach nicht, er sah, wie sie litten, wie es sie kränkte. Sah zugleich, wie Männer, die Gewalt schöngeredet hatten, Gewalt abschworen, wie sie sich selbst halfen, wie sie, die nie gelernt hatten, über Probleme zu reden, sagten: Das war mein Fehler. Wie sie selbstbewusster wurden, dadurch, dass sie zusammen etwas schufen, dass Medien schrieben: Sind nicht nur Machos. Dadurch, dass sie sich T-Shirts anzogen, mit Schnurrbart und Engelsflügeln drauf, und sagten: Wir Männer sind gegen Gewalt. Kazım sah, was es mit ihnen machte, dass sie nicht Ablehnung spürten, sondern etwas, das sie nicht kannten: Anerkennung.

Man kann sagen, dass Kazım diese Männer von Neukölln erzog. Er brachte ihnen etwas bei, was sie nicht gelernt hatten: über sich zu reden. Der deutschen Gesellschaft wollte er auch etwas beibringen: nicht nur über die Männer zu reden.

Als alle über Sarrazins Thesen sprachen, luden Kazım und die Männer zu einer Pressekonferenz und sprachen über sich. Einige der Männer saßen vorn, erzählten von ihrem Leben, einige saßen am Rand, sie konnten nicht von sich erzählen, nicht auf Deutsch. Nachdem die Journalisten gegangen waren, kamen ihnen Tränen. Wir haben etwas falsch gemacht, sagten sie, was sollen wir nur machen? Nun sind wir zu alt, um etwas zu ändern. Nein, sagte Kazım, nächsten Montag kommt ihr eine Stunde früher. Bevor die Männergruppe begann, trafen sie sich, bildeten deutsche Sätze und lernten, wie durch den Wechsel der Silbe ein neues Wort entsteht. An die Tafel schrieben sie zwei Verben untereinander: »aussteigen« und »aufsteigen«. Etwas, das einfach so *ist*, akzeptiert Kazım nicht. Er denkt dann sofort darüber nach, wie es *werden* soll.

Kazım geht nicht gern in den Keller, im Keller ist der Schmerz, die Wunde, im Keller liegt auch das Buch, das die Debatte auslöste, *Deutschland schafft sich ab*. Das Buch, das vielleicht, denkt Kazım, auch dafür sorgte, dass diese Sätze von den Ratten, Wanzen, Parasiten nicht alt wirken, sondern erschreckend aktuell. Das Buch verletzte Kazım, weil es für ihn zu viel ums *Ist* geht. Dieses *Ist* wirkt auf Kazım wie: Ist schlecht. Ist nicht zu ändern. Ist nicht zu retten. Ihm fehlt das *Werden,* wenigstens ein *Könnte,* wenigstens Konjunktiv. Die Beschreibung eines Zustands ist etwas, das Kazım nicht versteht. Zur Beschreibung gehört immer auch ein Vorschlag, eine Lösung.

Immer, wenn ihm in der Öffentlichkeit zu wenig *Werden* ist; wenn die Männer sagen: Nun sind wir wieder so; wenn Thilo Sarrazin sagt: Deutschland schafft sich ab; wenn Heinz Buschkowsky, Neuköllns ehemaliger Bezirksbürgermeister, sagt: Neukölln ist überall, spürt Kazım die Kränkung. Es ist, als höre er dann kurz auf, hielte inne, als schaute er auf den Berg, den Problemberg, den stinkenden. Unaufhörlich ackert er an ihm, Schicht für Schicht versucht er ihn abzutragen, und statt dass einer mit anpackt, fühlt es sich dann an, als kämen die anderen nur vorbei, hielten sich die Nase zu und sagten der Reisegruppe: Voilà, sehen Sie, der berühmte Problemberg.

Einen Moment, einen kurzen, spürt Kazım die Wunde. Dann geht er nach oben. Raus aus dem Keller. Und macht die Wunde nutzbar.

Wunden

Aufwachsen

»Du warst verrückt, ich war verrückt, wir leben noch«

Kazım: Liebe Freunde, in den Achtzigern, als ich Hauptschullehrer war, erschienen zu den Elternabenden immer nur Frauen. Wo sind die Männer?, fragte ich mich damals. Wo sind die Väter? Ich habe seither viele Geschichten gehört, in denen Männer in ihrer Rolle als Vater fehlten. Ich denke an Ahmet, der einmal in der Gruppe erzählte, dass sein Vater krank wurde, Krebs, und in dieser Zeit zu Ahmet sagte: Mein Sohn! Ahmet heulte daraufhin einen Monat lang. Zum ersten Mal war er von seinem Vater so angesprochen worden. Ich denke an Dursun, einen Gastarbeiter der ersten Generation, mit fünfzehn holte er seine Tochter nach Deutschland, inzwischen ist sie erwachsen. Als er sie mal zum Flughafen Tegel brachte, konnte er sie zum Abschied nicht umarmen, nicht küssen, er hatte es nie geschafft, eine Verbindung aufzubauen. Wenn ich mir Biografien von Intensivtätern und Biografien von Dschihadisten anschaue, stelle ich oft fest: Väter als Vorbilder haben gefehlt. Väter, die da sind, während die Kinder groß werden. Ich würde gerne mit euch über das Aufwachsen sprechen. Erinnert euch doch mal an euren Vater.

Adem: Mein Vater hatte uns Kinder lieb, aber nur aus der Ferne. Eine Berührung war ihm nicht männlich genug. Nähe und Wärme gab es bei uns nicht.

Hamit: Das kenne ich. Ich lernte meinen Vater erst mit acht kennen, er lebte damals in Deutschland, ich in der Türkei. In seinem Urlaub kam er zu uns. Man sagte mir: Dein Vater ist da. Und ich: Hä, Vater? Ich guckte: Ach so, na dann ist das also mein Vater. Dann ging ich wieder spielen. Später zogen wir zu ihm nach Deutschland. Er war ein Casanova. Im gleichen Haus, in dem wir wohnten, hatte er eine Geliebte. Als kleines Kind bekam ich das mit. Nach meiner Mutter warf er mal mit einem Pantoffel, mich schlug er manchmal. Als meine Lehrer meinten, ich soll Abitur machen, sagte mein Vater: Was willst du damit? Mach eine Ausbildung, damit hat sich's. Eine Zeit lang habe ich ihn richtig gehasst. Noch heute ist ein großer Abstand zwischen uns.

Alişan: Drei Jahre lebte ich allein mit meinen Geschwistern und meinem Vater in der Türkei, meine Mutter arbeitete damals schon in Deutschland. Er erfüllte seine Pflichten, kochte sogar für uns, sehr ungewöhnlich für türkische Väter. Meine Mutter war eher die Tyrannin, sie beherrschte alle.

Tarkan: Ich wuchs bei meinem Opa auf: eine sehr, sehr autoritäre Person. Mit Blicken konnte er töten. Als kleiner Junge hatte ich ganz viel Respekt. Bevor er nach seinem Mittagsschlaf aufstand, legte ich ihm immer sein Feuerzeug und seine Gebetskette bereit. Ich erinnere mich aber auch an diese Seite: Er nahm mich auf die Schultern und alberte mit mir herum. Später, als ich zur Schule ging, zeigte er mir seine Liebe durch Geld, das er auf dem Tisch liegen ließ. Bevor er starb, tranken wir oft Tee zusammen, einmal saßen wir am

Tisch, und er bot mir sogar an, mit ihm eine Zigarette zu rauchen!

Mehmet: Als Kind wusste ich von meinem Vater immer, er verdient Geld, das Nötige für uns, den Rest gab er an die Sippe weiter. Zeit hatte er nicht, gar keine.

Kazım: Was macht ihr anders als eure Väter?

Mehmet: Ich versuche viel zu machen, was meine Eltern nie machten. Ich gehe auch zu den Elternabenden in die Schule.

Adem: Als meine Kinder klein waren, spielten wir Verstecken. Ich weiß noch, wie ich mich mal im Schrank versteckte, wir malten Bilder. Meiner Frau war das zu viel. Ein Vater, so kannte sie es von ihrer Familie, geht morgens aus dem Haus und kommt abends mit Lebensmitteln zurück.

Alişan: Ich hatte mir als Jugendlicher gesagt: Wenn ich selbst Kinder habe, werde ich liberal sein. Damals hatte ich lange Haare, und meine Eltern regten sich darüber auf. Ich regte mich auf, weil sie sich aufregten, und beschloss, mich bei meinen zukünftigen Kindern nicht einzumischen, egal wie lang die Haare sind. Mein Sohn hatte aber keine langen Haare, nie! Was machte er stattdessen? Er trug die Hose unterm Arsch! Damit hatte ich nicht gerechnet, dass Menschen die Hose unterm Arsch tragen können. *(Er springt auf, gestikuliert, spricht bestimmt und laut)* Jede Epoche hat ihren Zeitgeist, aber in diesem Moment habe ich auf den Zeitgeist geschissen! Man kann die Hose doch nicht unterm Arsch tragen!

Adem: *(schmunzelnd)* Ist gut. Jetzt setz dich mal wieder hin. *(Alişan setzt sich)*

Hamit: Ich befasste mich nie mit der Erziehung, ich arbeitete in Schichten: sieben Tage früh, zwei Tage frei, sieben Tage spät, zwei Tage frei, sieben Tage Nacht. Ich bekam nicht mit, wenn mein Sohn in den Kindergarten ging oder wenn er nach Hause kam. Ich habe gearbeitet oder geschlafen. Das ist eben so, dachte ich: Ich bringe das Geld nach Hause und habe meine Ruhe.

Ismail: Das war der Fehler.

Hamit: Ich war kaputt, wenn ich nach Hause kam, ich hatte ja viel zu tun.

Ismail: Ich habe auch Schicht gearbeitet. Man kann sich trotzdem um die Familie kümmern.

Kazım: Manchmal reicht eine halbe Stunde oder eine Stunde aus. Wenn man in der kurzen Zeit, die man hat, ganz da ist, kann man viel erreichen.

Hamit: Ja, ich sehe ein, dass das auch eine Ausrede ist. Wenn ich freihatte, war ich mit Freunden unterwegs, wir waren im türkischen Café, haben Karten gespielt. Manchmal ging ich mittags los, kam am nächsten Morgen nach Hause. Das ging mehr als zehn Jahre so. Danach hatte ich eine Phase, in der ich mich stundenlang vor den PC gesetzt habe, Videospiele. Meine Frau warnte mich: Hilf auch mal bei der Erziehung. Ich habe das nicht so registriert. Materiell haben meine Kinder alles bekommen. Wenn mein Sohn sich etwas wünschte, kaufte ich es ihm schon ein halbes Jahr vor seinem Geburtstag. Ich denke, bei mir hat einfach die Würze gefehlt. Die Liebe halt. Wenn du eine Suppe ohne Salz kochst, schmeckt sie nicht. So war es bei mir in der Familie. Ich sagte immer nur: Das wird so und so gemacht, und dann sollte es so gemacht werden. Wenn ich am Wochenende freihatte und alle zu Hause waren, meinte ich zu meiner Frau: Weck die Kinder, ich möchte mit euch frühstücken gehen. Sie: Nein, lassen wir sie besser schlafen. Ich hatte aber doch einen Tag frei und wollte mal frühstücken mit meiner Familie! Es kam auch vor, dass wir was machten. Ich war mal mit ihnen im Park, im Kino, wir sind essen gegangen, so etwas hatte mein Vater gar nicht mit uns gemacht. Meine Kinder aber sagten irgendwann: Wir haben keine Lust, wir kommen nicht mit. Wenn mir das nicht passte, schrie ich sehr viel rum. Zugeschlagen habe ich nie.

Kazım: Aber mit der Zunge zugeschlagen?

Hamit: Ja, mit der Zunge. Damit macht man noch ...

Adem: ... größere Wunden.

Kazım: Neunundneunzig Prozent der Männer, mit denen ich rede, sagen, ohne dass ich sie frage: Zugeschlagen habe ich nie. Schlagen? Niemals. Aber die Zunge kann sehr, sehr hart zuschlagen. Wir müssen einsehen, was es bewirkt, wenn wir unsere Kinder anschreien.

Hamit: Ja, ich weiß, dass ich sehr viele Fehler machte, sehr große Fehler. Ich frage mich im Nachhinein auch: Was machte ich eigentlich die ganze Zeit im Café? Wir saßen da und spielten Karten, stundenlang. Wofür? Ich kann es nicht fassen. Das war wirklich eine Sucht. Ich habe erst vor einigen Monaten hier in der Männergruppe begriffen, wie ich mit Kindern umgehen sollte, umgehen müsste, hätte umgehen müssen. Jetzt ist es zu spät, sie sind groß, zweiundzwanzig und vierundzwanzig. Da denkt jeder, sie sind doch erwachsen, sie können ihren eigenen Weg gehen. Ich finde das nicht. Ich möchte mich einmischen. Zu meinem Sohn komme ich aber gar nicht mehr durch, er hat mir nicht mal seine Freundin vorgestellt. Dabei sind sie eineinhalb Jahre zusammen. Wenn ein Kind klein ist, kannst du es erziehen, danach nicht mehr. Das habe ich zu spät begriffen.

Ismail: Dann musst du jetzt die Vaterrolle weglegen und ihnen ein Freund sein. Ich habe das so gemacht, nachdem meine Frau uns verließ und ich drei Kinder allein aufzog. Wir unterhalten uns viel, auch über Fehler, die wir machen.

Hamit: Das habe ich auch versucht. Aber sie sagten: Was willst du? Du warst doch fast nie da!

Kazım: Wenn ihr im Nachhinein in eurer Rolle als Vater etwas ändern könntet, was wäre das?

Mehmet: Ich schäme mich für einen Streit mit meiner Tochter. Sie hatte mein Handy versteckt. Sie sagte: Ich habe das Handy nicht. Ich: Gib mir das Handy. Sie gab es nicht. Ich sagte wieder: Gib mir das Handy. Sie gab es nicht. Ich habe dann die Nerven verloren, mir rutschte die Hand aus. Das war falsch.

Adem: Ich werde mir mein Leben lang vorwerfen, dass ich meinen Kindern, je älter sie wurden, immer mehr von oben diktiert habe. Meinem Sohn sagte ich, wann er seine Hausaufgaben zu machen hat, wann er mit der Familie zusammen zu sein hat. Aus Wut auf ihn habe ich mal sein Handy mit einem Hammer kaputt geschlagen. Die Konsequenz war am nächsten Tag: Er hat sich eins gestohlen. Ich begriff nicht, dass ich zuhören, ihn mal in den Arm nehmen muss. Ich hätte viel lockerer sein müssen. Und dem Kind stattdessen beibringen sollen, kritisch zu sein, sich zu fragen: Was ist gut für mich? Sodass er nicht nur aus Respekt oder aus Angst oder aus Liebe zu den Eltern handelt. So war es nämlich bei mir, und diese Denkweisen gibt es oft in der türkischen Kultur. Eltern wollen oft bis zur Rente Eltern sein, das aber ist eine schädliche Liebe.

Kazım: Bei dem, was du ansprichst, lieber Adem, geht es um Grenzen. Lasst uns darüber reden, ob Grenzen eine Absicherung für uns selbst sind, oder steckt in ihnen auch die Angst, dass unsere Kinder etwas falsch machen könnten? Was denkt ihr über Grenzen beim Aufwachsen?

Alişan: Mein Sohn war zwölf, als er zum ersten Mal geraucht hat und ich ihn erwischte. Ich ging sehr liberal damit um, klärte ihn über die gesundheitlichen Schäden auf und versuchte mit ihm ein partnerschaftliches, freundschaftliches Gespräch zu führen. Das war der Fehler meines Lebens, der zwölfjährige Knabe verstand das nicht. Er kannte dadurch keine Grenzen mehr.

Adem: Er hat noch mehr geraucht?

Alişan: Natürlich! Ich verlor dann einmal völlig die Kontrolle und habe ihn geschlagen. Das war für mich in dem Moment eine Grenzziehung, für ihn aber nicht: Indem ich die Hand erhob, griff ich ihn an.

Adem: Was hättest du für eine Grenze ziehen können?

Alişan: Ich denke, ich hätte ihm als Autoritätsperson frühzeitig knallhart eine Grenze ziehen sollen. Und wenn er sie übertritt, hätte ich das sanktionieren müssen. Ich nannte ihm auch Sanktionen, nur setzte ich die nicht durch. Ich nahm mal das Handy weg, dann bekam ich deswegen Streit mit meiner Frau und gab ihm das Handy zurück. Ich war nie konsequent. Vielleicht hätte ein Umgangsverbot mit den Freunden etwas gebracht, oder ein Ortswechsel.

Adem: Woanders rauchen Jugendliche auch.

Alişan: Ja, ich rede mich natürlich damit raus, dass er nur seinem inneren Programm gefolgt ist. Aber ich finde, hier habe ich als Vater versagt. Grenzen zu setzen ist wichtig, denn Grenzen geben Orientierung, und die brauchen wir.

Kazım: Ich finde den Begriff der Grenzsetzung falsch. Ich würde ihn ersetzen wollen durch den Begriff Grenzvereinbarung. Wir können nicht über den Kopf hinweg Regeln machen, das führt zu Trotz. Ich glaube, wir sollten rechtzeitig mit unseren Kindern sprechen, eine Abmachung treffen. An diese, da hast du recht, Alişan, müssen wir uns dann halten. Viele Eltern tun das nicht. Sie sagen: Wenn du nach zwei Minuten den Fernseher nicht ausmachst, kappe ich die Leitung. Es vergehen fünfundvierzig Minuten, noch immer ist der Fernseher an.

Tarkan: Sag mal Alişan, raucht dein Sohn eigentlich heute noch?

Alişan: Wie ein Schornstein! *(Alle lachen)*

Tarkan: Ich habe in meiner Jugend auch geraucht, und gekifft. Ich sag mal, ich habe rebelliert, ein bisschen mehr als andere. In dieser Zeit kam es mir so vor, dass mein Onkel, zu dem ich mein ganzes Leben eine enge Beziehung habe, den Kontakt zu mir abbrach. Er rief nicht mehr an, und ich konnte ihn nicht erreichen. Das traf mich. Ich begann darüber nachzudenken. Mein Onkel sagte mir nie: Das und das finde ich scheiße, er lebte mir stattdessen vor, wie ein gutes Leben geht. Ich glaube, eine Grenze aufzuzeigen muss nicht immer radikal sein.

Tarkan

Warum, fragt er und zögert, denn wenn es in diesem Augenblick eine Gewissheit gibt, dann die, dass sein Warum immer auch ein Warum bleiben wird. Sein Warum hat keine einfache Antwort, keine eindeutige, und vor allem: nicht nur eine. Sein Warum ist eine Frage, und ihm ist bewusst, dass diese Frage auch ein Fall von Glück ist, das nicht jeder bekommt, der danach strebt; andere, das hat er gesehen, fielen vom Seil, sitzen in Zellen, liegen unter der Erde. Warum, wiederholt er, bin ich nicht im Knast, wie die aus meiner Klasse? Warum bin ich nicht tot?

Warum, fragt er, der immer auffällig war. Der auffiel, sobald man fragte: Wie heißt du? – Tarkan Lohde. Und wieso hast du einen türkischen Vornamen und einen deutschen Nachnamen? – Weil meine Mutter deutsch ist. Aber deine Mutter sieht doch türkisch aus? – Das ist nicht meine Mutter, die mich abholt, das ist meine Oma. Und wieso kommt nicht deine Mutter?

Er wollte Profifußballer werden. Taekwondo-Weltmeister. Box-Weltmeister. Formel-1-Weltmeister. Träume, etwas Besonderes zu sein. Träume, die fast jeder Junge hatte. Doch er hatte eben nicht das, was fast jeder Junge hatte. Er wollte etwas Besonderes sein. Und er wollte sein wie jeder andere. Dieser Satz ist wichtig. Er wollte eine Mutter haben, aber seine war gestorben, da war er zwei. Er wollte einen Vater haben, aber seiner war in der Türkei. Er wollte Deutscher sein, wie seine Mutter Conny. Er wollte Türke sein, wie sein Vater Ümit. Er wollte Gangster sein, wie die auf der Straße, er wollte Gangster sein, wie die im Film. Er wurde Schulschwänzer, Kleinkrimineller, Fallschirmjäger, Lastwagenfahrer, Schauspielschüler.

Was hält einen, der aufwächst ohne Eltern; aufwächst in einem Viertel, in dem er schon als Grundschüler sieht, wie man Drogen dealt; aufwächst in einer Klasse, in der alle ein Messer tragen; aufwächst mit einem Freund, erstochen wegen Eifersucht; aufwächst mit dem Verständnis, Opfer zu sein, und der Versuchung, Täter zu werden; aufwächst unter Jungs, die von der Polizei gesucht werden; aufwächst mit dem Drang, das ganz Große zu wollen, und dem Gefühl, keinen Platz zu bekommen, immer aussortiert zu werden? Warum stürzte er nicht ab?

Eigentlich fängt alles an, bevor sein Herz zu schlagen beginnt. Eigentlich fängt alles mit einem Ende an.

Tarkans Onkel erzählt

Als Conny mit Ümit ankam, sagte ich: Okay, gut, du willst der Freund meiner Schwester sein? Bist du interessiert zu trainieren? – Ja, sagte er. Dann kämpften wir. Ich wollte wissen, was er draufhat und ob er meine Schwester beschützen kann. Er erwies sich als würdig. Sie wurden ein Paar. Er: ein sehr, sehr stolzer Mann, ein junger Ochse im Grunde, und sie: eine intelligente, fleißige Frau, meine Schwester. Sie war lebenslustig. Disco, Freunde, Tanzen, Spaß, das war ihr Leben, sie stand aber auch frühmorgens auf und ging arbeiten. Das, was sie wollte, hatte sie im Kopf, er wollte mit seinem Kopf durch die Wand.

Einmal erwischte ich ihn in einer Disco mit Typen, von denen ich wusste, da läuft viel mit Drogen. Er zu mir: Was willst du? Ich zog ihn daraufhin an den Ohren raus, draußen ging er auf mich los, ich blieb ruhig. Lass, Ümit, sagte ich, die sind nicht gut für dich, wir gehen nach Hause. Er war ein Halbstarker, der schon was draufhatte, aber nicht wusste, wo Grenzen sind. Als er mit meiner Schwester die Treppe zur U-Bahn herunterging, Osloer Straße, und ein Typ sie anglotzte, zögerte er nicht und griff ihn an. Der Typ schrie noch: Ey, ich bin auf Bewährung, ich will mich nicht prügeln! Ümit aber hörte nicht auf, er wollte sich durchsetzen: immer mit dem Kopp durch die Wand. Er hatte einen großen Stolz, ich dachte oft: Komm mal runter. Im Training übten wir Tritte zum Schienbein, er traf mich richtig hart. Ich dachte, okay, Ümit, wenn du es hart willst, bekommst du es hart. Ich trat zweimal richtig zu, er konnte nicht mehr laufen, ich nahm ihn huckepack. Das hat ihn geerdet.

Er wollte auf den geraden Weg. Immer wieder probierte er, auf dem geraden Weg zu laufen, aber er hatte keine Ruhe im Kopf. Er, der Sohn eines Gastarbeiters, wusste nicht, wohin er gehört, er suchte. Und dann dachte er, er würde sie finden, die Ruhe, seinen Platz. Ich sehe sie noch vor mir, meine Schwester und ihn, sie sitzen beide eng beieinander auf einem Stein, und Ümit sagt: Wir sind schwanger. Ich muss lachen. Ümit, sage ich, wir? Und er, ernst und strahlend: Ja, wir. Er meinte das so: Wir. Er lebte das. Ich glaube, er hätte es geschafft, seine Ruhe zu finden mit diesem Wir. Seine Familie hätte ihm gezeigt, wo er hingehört, seine Frau Conny und sein Sohn Tarkan. Tarkan Bruce – den Zweitnamen beschlossen wir zusammen. Wir, zwei Kampfkünstler, zwei große Bruce-Lee-Fans.

Ümit wurde immer sicherer, als Tarkan auf der Welt war. Weniger krumme Dinger. Er war auf dem Weg, das, was ihn entzweite, zusammenzufügen, doch was dann passierte, riss ihn weg. Meine Schwester kam ins Krankenhaus, ihre Beine waren ganz dick, voller Wasser, die Nieren wurden untersucht: Da war ein Riss. Sie sagte mir, sie habe sich gestoßen bei der Arbeit. Sie lag im Krankenhaus, und die Beine schwollen weiter an, Operation, Dialyse. Die Ärzte sagten, sie darf keinen Hustenanfall bekommen. Und was bekam sie eines Abends? Husten. Sie drückte den Knopf, die Schwester kam zu spät, die Lunge klappte zusammen, sie fiel ins Koma. Zwei Mal blieb das Herz stehen, zwei Mal wurde sie wiederbelebt. Ümit und ich saßen an ihrem Bett, und wenn wir die Hand nahmen, sah man ein bisschen Regung, ganz leicht, die Augen. Ich sagte: Conny, mach wat!

Dann kam die Nacht. Ich war in Westdeutschland, ich schaute auf die Uhr, eins, ich sagte: Mit meiner Schwester stimmt was nicht. Sie starb, um Punkt eins. Ümit saß an ihrem Bett. Er war einundzwanzig, sie dreiundzwanzig. Und Tarkan Bruce war zwei. Einen Tag später gingen Ümit und ich abends in die Hasenheide. Auf der großen Wiese standen wir, nahmen uns in die Arme, er heulte wie ein Schlosshund. Ich erinnere mich nicht mehr an meine Tränen, ich glaube, da kam nichts. Alles war dunkel, der Himmel wurde dunkel, und ich habe dann gesagt: Ich werde alles tun.

Tarkan Bruce, den kriegen wir gemeinsam groß. Ümit sagte: Ja, gemeinsam schaffen wir das.

Das war der Plan, aber er hielt ihn nicht durch. Er wusste, das Sorgerecht würde er nicht bekommen, denn er war schon ein paarmal auffällig gewesen. Er wohnte ein paar Tage bei mir, und von einem Tag auf den anderen war er weg, alles häufte sich an: Er fuhr geklaute Autos zu Schrott, verprügelte Leute. Es waren alles keine schlimmen Sachen, aber genug, dass sie für einen Haftbefehl reichten. Er war in der Türkei, als er davon erfuhr, er blieb dort und baute sich ein neues Leben auf. Nie wieder kam er zurück nach Deutschland. Er war ein Mensch, der immer das Richtige probierte, aber keine Ruhe hatte, zu viel Ablenkung, zu viele falsche Freunde. Tarkan, mein Neffe, wuchs ohne Vater und ohne Mutter auf. Ich war jemand, der ihm immer mal wieder die Ohren lang zog, aber einen Vater oder eine Mutter kann man nicht ersetzen.

Schau mal, sagt Tarkan, das ist meine Familie, die es nur auf Bildern gibt. Der Küchentisch, an dem er sitzt, ist überdeckt mit Fotos. Auf einem ist Ümit im Krankenhaus zu sehen, wahrscheinlich kurz nach der Geburt. Ein junger, zarter Mann in einem übergroßen Sweatshirt, das seine Statur breiter macht, als sie tatsächlich ist, zwischen Mund und Nase ein bisschen Bartflaum. Er hält seinen Sohn in die Kamera, der Blick ist ungläubig, als passe da etwas nicht zusammen: Ich bin doch noch Kind, und nun Vater? Ein anderes Foto, vermutlich ein paar Monate später in einem Studio aufgenommen: Die junge Familie hat sich schick gemacht, sie tragen alle Schwarz-Weiß. Ümit auf einem schwarzen Bistro-Stuhl, die Beine gekreuzt, auf dem Schoß den kleinen Tarkan im Strampler, daneben Conny, in Stöckelschuhen, weiße Söckchen, ihr rechter Arm liegt auf Ümits Rücken. Beide wirken wie Kinder. Sie steht, alles an ihr lacht, der Mund, die Augen. Sein Mund verzerrt sich, zu einem Lächeln fast, ein bisschen schelmisch wirkt es, tastend, stolz: Wir sind jetzt eine Familie. Und noch immer dieses Ungläubige, als wolle er wispern: Entschuldigung, darf ich mal fragen, bin ich hier richtig, gehört das zu mir, dieses Glück?

Mein Vater, sagt Tarkan, war keiner, der Verantwortung übernehmen konnte, er hatte vor allem mit sich zu tun. Er konsumierte Alkohol, wahrscheinlich Drogen, was

Jugendliche halt so machen, er war hin und her gerissen zwischen den Kulturen, fühlte sich als Zweite-Klasse-Mensch, dann verlor er noch seine Frau, lebte fernab von seinem Kind. Das muss ihn kaputtgemacht haben.

Hätte Tarkan die Sätze nicht mit »mein Vater« begonnen, würde man nicht ahnen, dass sie in einer Verbindung zu ihm stehen. Er sagt sie nüchtern, als rekonstruiere er sachlich einen Tathergang, den er von Weitem beobachtet hat. Zwischen den Fotos zieht er eine Postkarte hervor, von seinem Vater aus der Türkei. Er war damals Soldat beim Militär, und Tarkan, sechs Jahre alt, lebte zusammen mit seiner türkischen Oma, seinem türkischen Opa und deren jüngstem Sohn, seinem türkischen Onkel, in Neukölln, Rollbergviertel. Der Vater schrieb: »Euch allen schöne Grüße aus Mardin – ich liebe euch sehr.« Daneben ist mit Kugelschreiber ein Herz gemalt, in das Herzinnere sind drei Buchstaben geschrieben. Links »Ü«, Ümit, rechts »C«, Conny. Und in der Mitte, mit Kugelschreiberstrichen umrahmt, »T«.

Tarkan denkt daran, wie sein Vater einen seiner Briefe mit Yin-und-Yang-Zeichen schmückte, vier Yin-und-Yang, in jede Ecke des Briefes eines. Er wusste nicht, was der Kreis und die geschwungenen Bögen bedeuten, aber er mochte dieses Symbol, immer wieder begegnete es ihm. Bruce Lee benutzte es, er sah es beim Taekwondo, beim Kung-Fu. Er erfuhr, dass dieses Zeichen Gegensätze vereint. Schwarz/Weiß. Himmel/Erde. Feuer/Wasser. Als er seinen Vater in der Türkei besuchte und in einem Laden einen Yin-und-Yang-Anhänger entdeckte, wollte er unbedingt, dass sie beide einen tragen. Es war etwas, das sie verband. Da, schau, sagt Tarkan, und zeigt auf ein Foto. Er, konzentriert, in einem Klassenzimmer, mit Yin-Yang-Armband.

Erinnerungen, die Tarkan noch hat, wenn er an gemeinsame Tage in der Türkei denkt: Sein Vater, der ihn unaufhörlich umarmte, kaum losließ, der ihn küsste, am Haar roch. Sein Vater in militärischer Uniform, im Hintergrund Panzer.

Als er älter wurde, ließ Tarkan sich ein Tattoo stechen, auf die Brust, die linke, nahe am Herzen: ein Yin-und-Yang-Zeichen. Er hatte verstanden, was seinen Vater und ihn wirklich mit diesem Symbol verband. Der Wunsch, in den Gegensätzen ein Gleichgewicht zu finden. *Himmel und Erde.*

Tarkans Onkel erzählt

Tarkan war ein kleiner Junge, der immer lachte. Er lachte auch, wenn er traurig war, wenn er eigentlich weinen wollte. Wenn ich böse wurde und ihn zurechtwies – Tarkan, mach das nicht; Tarkan, hör auf damit –, selbst dann lachte er. Mit diesem Lachen versuchte er, etwas zu überspielen. Er wollte immer stark sein, auch wenn es ihm scheiße ging. Außer lachen konnte er noch etwas gut: lügen. Im Kindergarten gab es mal einen Streit, alle Kinder hatten gesehen, Tarkan hatte angefangen, Tarkan hatte gehauen. Er aber sagte: Nee, war ich nicht. Tarkan, sagte die Erzieherin, wir haben das doch gesehen. Und er: Nö. Egal was er gemacht hatte, er log sich immer durch.

Tarkan erzählt

Ich weiß noch, wie ich mich vor den Fernseher stellte und Faxen machte, bis alle schrien: Tarkan, geh weg! In der Klasse war ich der Clown. Ich kippelte, schmiss mit Stühlen, störte den Unterricht. Ich sehnte mich nach Aufmerksamkeit. Was ich von den Lehrern bekam, war ein Wort: auffällig. Tarkan ist ein auffälliges Kind, sagten sie, Tarkan tanzt aus der Reihe. Das stimmte ja auch, ich sah ausländisch aus und hatte eine Berliner Schnauze.

Weil ich auffällig war, beriefen die Lehrer Konferenzen ein, und man beschloss, mich abzuschieben. So fühlte es sich an. Das erste Mal, in der Zweiten, sollte ich in die Parallelklasse gehen. Wenn man mich eh nicht will, habe ich dann gedacht, muss ich ja nicht hin. Statt zur Schule ging ich morgens ins Kaufhaus und spielte dort auf einer Konsole. Ich wurde dann noch zweimal auf eine andere Schule abgeschoben. Immer wenn ich in eine neue Klasse kam, musste ich von Neuem erklären: Meine Mutter ist tot, mein Vater in der Türkei, ich lebe bei den Großeltern. Als kratzte ich mir immer wieder diese Wunde auf, verheilen konnte sie nie.

Es war, glaube ich, Zeugnistag, fünfte Klasse, alle bekamen Zeugnisse, und auf mich wartete danach noch eine Nachricht. Ich war zu Hause und spürte so eine Hektik. Es hieß, ich soll in meinem Zimmer bleiben, das verstand ich nicht. Ich ging in den Flur und lauschte. Ich hörte, wie mein Opa fürchterlich anfing zu weinen. Ab diesem Moment weiß ich nicht mehr genau weiter, ich erinnere alles nur in Trance, es war, als schaue ich mir selbst zu, ohne zu handeln, wie in einem Film. Ich sehe mich auf der Leinwand, und ich sehe meine Oma, wie sie Krämpfe bekommt, ganz starr wird, ganz bleich, wie sie die Zähne nicht mehr auseinanderbekommt, wie wir versuchen, ihr Beruhigungsmittel zu geben, wie sie es nicht schafft, die zu schlucken. Ich sehe uns, meine Großeltern und mich, wie wir nach Istanbul fliegen, wie wir in den Bus steigen, wie sie das mit dem Grab erledigen, ich sehe den Sarg. Er starb an Herzversagen. Was der Tod meines Vaters mit mir macht, wollte ich keinem zeigen. Ich wollte nicht, dass es einer sieht, auch in der Schule nicht, ich überspielte es: Ach, nicht schlimm, kümmert mich nicht so. Aber wie kann einen das nicht berühren, wenn der eigene Vater stirbt? Der Tod meines Vaters machte mich ganz schön kaputt.

Tarkans Onkel erzählt
Es begann dann die Zeit, wo er sich immer vor mir aufpumpte, er klappte seinen Jackenkragen hoch und meinte: Isch bin Türke, misch kann keiner, ich schlag alle, der Rest kann mich mal. Er spielte diese Rolle so unglaubwürdig, dass ich mich manchmal fast weggeschmissen hätte vor Lachen. Ich dachte, in welchem Film ist der gerade? Da arbeitete ein großer Konflikt in ihm: Was ist türkisch, was ist deutsch, was bin ich? Das Gleiche hatte sein Vater gehabt, dieses ständige: Wo gehöre ich hin? Er wollte dazugehören – und wusste nicht, wozu. Er hatte immer eine große Klappe, er triezte mich. An einem Tag, wir gingen an der Spree entlang, sagte ich: Wenn du so weitermachst, schmeiß ich dich in die Spree. Er machte natürlich weiter und forderte mich heraus: Machst du eh nicht, traust du dich nicht! Dann sagte ich: Okay, jetzt reicht es, Handy raus. Er grinste, ich packte ihn, hielt ihn über das Wasser, na dann tschüs, und platsch. Er sollte einen kleinen Schreck kriegen, er tauchte auf, schnappte nach Luft, keuchte. Ich: Na, alles in Ordnung? Er: Ich glaub nicht, dass du das gerade gemacht hast! Ich zog ihn raus, ab nach Hause, unter die Dusche. Er hat damals sicher über mich gedacht: Was für ein Arschloch. Für mich war es ein Wachrütteln. Wenn er es reflektierte, dachte ich, würde er begreifen, dass ich all das nur aus Liebe zu ihm tat. Ich sah ja die Dummheiten, die er machte, es erinnerte mich an seinen Vater. Ich dachte: Nicht noch einmal, bitte.

Tarkan hat einen Bart, einen Flaum eher, wie sein Vater. Neunundzwanzig Jahre alt ist er inzwischen, die Haare kurz, er trägt einen Parka, olivgrün, und auf den Schultern einen Rucksack, auch olivgrün. Er bewegt sich, als hätte er unter dem Stoff eine Rüstung, die ihn dazu zwingt, aufrecht zu gehen. Die Oberarme berühren nicht den Körper, er hält sie von sich weg wie ein Michelin-Männchen, nur sind die Arme im Gegensatz zum Michelin-Männchen sehr trainiert. Sein Gang hat zugleich etwas Gesteuertes, eine Mechanik, und etwas Kraftvolles, eine Spannung: Er ist bereit, er kann losrennen, wenn er will, und wenn er muss, kann er auch zuschlagen. Welche Erfahrungen haben ihn geformt, diesen Körper?

Tarkan geht durch das Viertel, in dem er aufwuchs, Rollbergviertel. Ein Name, der eine Zeit lang so berühmt war wie Rütli, ein Synonym für zu viele Sozialwohnungen, zu viele Schlägereien, zu schwierig. Ein Name wie ein Container, in dem sich sämtliches Scheitern sammelte: Armut, Gewalt, Perspektivlosigkeit. Aufwachsen im Rollbergviertel, das sind für Tarkan zwei Wohnblöcke aus Beton, dazwischen ein Platz, auf dem er Fußball spielte, in der Mannschaft nur Jungs aus türkischen und arabischen Familien. Wenn er sich umschaute, sah er die Schläger, die Kiffer, die Dealer. Er lernte: Ware trägt man nicht am Körper, erst Geld nehmen, dann Ware aus dem Versteck holen. Er hörte von den Gangs und ihren Kriegen. Die Typen passten auch nicht in die Gesellschaft, sagt er, die waren auch alle anders, ich dachte: Ich gehöre zu denen. Er durfte bei ihnen im BMW mitfahren, manchmal ging's zu einer Schlägerei: Zuschauen, kannste was lernen, Kleiner. Und wenn er auf Inlineskatern kam, sagten sie: Bist cool.

Zwischen den Hauswänden, in den Hinterhöfen, in den Passagen und auf den Pausenhöfen, auf den Spielplätzen und in den Spielhallen liegt Tarkans Kindheit. Er geht von Station zu Station wie von Ausstellungsstück zu Ausstellungsstück. Sauber und akkurat liegen sie da, alle nur ein paar Hundert Meter voneinander entfernt. Nüchtern betrachtet er sie, gibt eine Einführung, eine Erklärung, was zu sehen ist und was dahintersteckt. Die Sammlung ist nicht vollständig, und doch sind seine Erklärungen eine Annäherung an das Werden von Tarkan, dem Kleingangster.

Erstes Ausstellungsstück, Kindl-Boulevard, eine Passage mit einem Supermarkt, Cafés und einem Hotel: Wir schlichen uns in die Küche des Hotels und stahlen die Pfandflaschen heraus, dann gingen wir nebenan in den Supermarkt und gaben sie ab. Wir waren Kinder, vom Geld kauften wir uns Eis, Chips, Cola.

Zweites Ausstellungsstück, vor dem Eingang seiner Grundschule, daneben ein Gebüsch: Wir standen auf dem Schulhof, als uns ein Oberschüler anquatschte, er nannte meinen Freund Hurensohn. Mein Freund sagte: Das sage ich meinem Bruder, du kriegst Ärger. Am nächsten Tag kam der Bruder meines Freundes, zog den Oberschüler hinter sich her, an den Haaren bis zu diesem Gebüsch, dort lag ein abgesägter Baumstamm, er schlug seinen Kopf mehrmals gegen den Baumstamm, alles voller Blut, krankenhausreif, so was war normal.

Drittes Ausstellungsstück, Hasenheide: Hier holten wir uns einen Fünfer Gras, voll aufregend, das erste Mal. Ich war der Kleine, wollte mich beweisen und kaufte das Zeug. Dann sind wir zum Hermannplatz, kam ein Streifenwagen: Personenkontrolle. Ich warf das Päckchen hoch in die Luft. Wenn sie es nicht finden, dachte ich, können sie es nicht beweisen. Scheiße war nur: Es landete direkt vor ihren Füßen.

Viertes Ausstellungsstück, ein Kiosk und ein Separee mit Spielautomaten, früher ein Internetcafé: Hier hingen wir oft rum, prügelten uns ein bisschen, machten Quatsch. Ich hörte, wer in eine Tankstelle reinging, Einbrüche machte, Kokain nahm, Heroin, diese harten Kicks brauchte ich nicht. Hier war es auch, wo eines Morgens die *B.Z.* die Runde machte. Alle waren aufgebracht. Habt ihr das gesehen?, fragten sie. Ich: Jo, zeig mal her, schaute auf das Bild, es war riesengroß. Boah, dachte ich, den Jungen kenn ich doch, Alter, das ist doch Emre! Ich begann zu lesen: Hier liegt Emre, weil er zu sehr liebte. Emre ist tot? Emre, erstochen, wegen eines Mädchens, von ihrem eifersüchtigen Ex.

Fünftes Ausstellungsstück, Flughafenstraße: Ich habe eine Zeit lang viel am Automaten gespielt, Pubertät halt, ich hatte viel Geld dabei. Ein paar Jungs, die das sahen, folgten mir, es kam erst zum Wortgefecht, dann wollten sie Einzelkampf, ich ließ mich drauf ein. Sie stellten sich dann aber alle um mich und droschen auf mich ein, ich sah nur Hände, hatte nichts im Griff, wie im Zeichentrick flogen ein paar Scheine durch die Luft, die zogen mich knallhart ab.

Am Ende der Führung steht Tarkan in seinem Parka zwischen den Häuserwänden und sagt: Das war noch nicht alles. Aber ich habe nichts gemacht, womit ich hier in Neukölln angeben kann.

Tarkan und Kazım

Tarkan: Meinen Lehrern war scheißegal, was mit mir ist, und in meiner Familie dachten einige auch: Ach, Ümits Sohn, was soll schon aus dem werden? Ich hatte meine Oma, die mich liebte, meinen Opa, einen strengen Mann mit einem sauberen Herzen, meinen Onkel, den Deutschen, bei dem ich Kampfkunst lernte, und immer wieder wechselnde Pädagogen. Einzelfallhilfen nannte sich das, vom Jugendamt, die waren ein Jahr da, gingen mit mir schwimmen und ins Kino. Sie waren wirklich nett, aber nachdem sie ihre Pflicht getan hatten, waren sie weg. Ich fühlte mich ohne Orientierung. Und dann war auf einmal Kazım da.

Kazım: Ich erhielt einen Anruf vom Jugendamt: Da ist ein junger Mann, dreizehn Jahre, fällt immer in der Schule auf, ein Tadel nach dem anderen, kann ich ihn schicken? Ich sagte: Klar. Kurze Zeit später stand er vor mir: Tarkan, selbst ernannter Prügelknabe der Nation. So fühlte er sich. Er sagte:

Ich bin auf einer Hauptschule, auf dieser Restschule, weil ich Türke bin. Und Ermahnungen und Tadel bekomme ich auch nur, weil ich Türke bin. Er suchte die Schuld immer bei den anderen, in seinen Augen war er nur Opfer. Opfer der Gesellschaft, Opfer des Lehrers.

Tarkan: Kazım sagte zu mir, wir treffen uns einmal die Woche, und immer wenn ich komme, soll ich erzählen, was in der Schule vorfiel, wie die Lehrer reagierten und wie ich mich fühlte. Ich dachte: Krass, der nimmt sich einfach Zeit, mir zuzuhören? Das machte doch sonst keiner. Dann machten wir einen Plan.

Kazım: Ich sagte: Schau mal, Tarkan, es ist nicht schlimm, wenn du auffällst, aber wir versuchen, deinem Lehrer mal einen anderen Tarkan zu zeigen. Vielleicht schaffen wir es, dass du nicht mehr jeden Tag auffällst, sondern nur noch ein, zwei Mal die Woche. Und dann ziehen wir mal Vergleiche: Spricht der Lehrer dich an den Tagen, wo du ruhig bist, auch schuldig? Ich bat ihn, seinen Lehrern ein Hausaufgabenheft vorzulegen. Sie sollten darin unterschreiben, wenn es ein guter Tag war. Jede Woche zeigte er mir das Heft. Ich lobte ihn, und wenn ein Tag nicht gut war, fragte ich: Was war los, Tarkan?

Tarkan: Ich erzählte, weil ich dachte: Es interessiert ihn, er arbeitet mich nicht nur ab. So wurde er zu einem Onkel, zu dem ich offen und ehrlich war, dem ich vertrauen konnte. Sonst hörte ich immer nur: Tarkan baut Scheiße. Ich dachte, ich bin nichts wert. Mein Opa reagierte auf die Tadel ganz schön zornig, er hielt sich eigentlich raus aus meiner Schule, er war überfordert und lebte in seiner eigenen Welt. Wenn aber etwas nicht lief, schrie er: Sohn eines Esels! Dann sagte mir Kazım auf einmal: Du bist ein unentdeckter Schatz. Wow. Ich dachte erst: Hä, wie soll das denn gehen? Ich konnte das nicht abgleichen. Aber es war ein schönes Gefühl. Ich vergaß es nie.

Kazım: Wenn er sagte: Herr Erdoğan, ich hab schon wieder einen Tadel bekomme, ich bleibe doch der Buhmann!, versuchte ich ihn aus der Ecke zu holen und zeigte ihm den Schritt, den er gegangen war, selbst wenn er klein war. Ich sagte: Zwischen dem einen Tadel und dem anderen sind schon drei Wochen vergangen. Ich sagte nie: Tarkan, warum schon wieder? Warum häufen sich die Ungereimtheiten? Was bist du bloß für ein Junge? Mit diesen Fragen hätte ich ihn für immer verlieren können. Ich habe auf unser Vertrauen gesetzt, dass er selbst seine Fehler sieht und diese Erkenntnis dann Gültigkeit hat.

Tarkan: Kazım war sehr geduldig mit mir. Er ließ mich meine Erfahrungen machen und verurteilte mich nicht, auch wenn ich Sachen tat, bei denen ich eigentlich versprochen hatte, sie nicht zu tun. Er war nie böse. Ich hatte das Gefühl, wir sind ein Team. Ich erzählte ihm aus der Schule, aber nicht alles, was auf der Straße los war. Er konnte es sich sicher ungefähr vorstellen, ich wollte es ihm nicht auf die Nase binden. Ich denke, ich hatte Angst, dass er mich doch ablehnt – so wie alle anderen.

Tarkan hat für einen Videonachmittag eingekauft. Auf einem Tisch stehen Schalen mit Chips, Puffreis, Butterkeksen, Sonnenblumenkernen. Er schaltet den Fernseher ein, *Scarface*, der Mafiaklassiker aus den Achtzigern. In der Hauptrolle Al Pacino als Tony Montana, ein Einwanderer aus Kuba. In Miami arbeitet er als Tellerwäscher und steigt auf, in die Welt der Gangsterbanden. Er wird auch wieder fallen, doch bis es dazu kommt, wird Tarkan ausgeschaltet haben. Nicht aus Langweile. Seine Freundin, die neben ihm auf dem Sofa sitzt, muss nach Hause.

Tarkan kennt jeden Satz in dem Film, er bemerkt, was in der gekürzten Fassung herausgeschnitten wurde, kann

Monologe mitsprechen. Vorspulen, eine seiner liebsten Szenen: Tony Montana steht an der Glasfront einer Villa und blickt in den Himmel, ein Zeppelin zieht vorbei, und auf dem Zeppelin der Airline-Slogan: »The world is yours.« Montana, vernarbtes Gesicht, zieht an der Zigarette. Er mag einen Augenblick zweifeln, aber gleich im nächsten rattern die Dollarscheine durch die Zählmaschine, in Reisetaschen müssen sie zur Bank geschleppt werden. Diese Szene, sagt Tarkan, machte mir damals Mut: Alles ist deins, du musst es dir nur nehmen, die Welt gehört dir.

Er weiß nicht, wie oft er den Film gesehen hat. Er schaute ihn mit seinen Jungs, sie fühlten sich gut, sie fühlten sich gesehen, weil das, was sie sahen, zu ihnen passte, zu dem, was draußen war, bei den Typen, die härter waren: Drogen, Stechereien, Morde – Gangster sein. Zuerst, mit dreizehn, war es nur eine Verkleidung: Picaldi-Hose, Bomberjacke, Boxerschnitt. Es war ein Umriss, ein Stil, den sie mit immer mehr Leben füllten. Sie hörten Ghetto-Musik, Tupac, Snoop Dogg, Ice Cube. Sprachen Ghettosprache: Ey Kanake, komm mal her, Kanake, lass mal das machen, Kanake. Kanake durfte nur sagen, wer Kanake war, wer kein Kanake war, sagte nicht Kanake.

Die Rütli-Schule wurde berühmt, weil Lehrer einen Brandbrief schrieben, sie hätten keine Kraft mehr, die Gewalt nehme zu, Schüler würden Türen eintreten, Knallkörper zünden, Gegenstände auf sie werfen. Tarkan und seine Jungs lachten darüber, einige von der Rütli-Schule gehörten zu ihren Patienten. Einen Patienten rief man: Hast du mal zwei Euro? Haste mal 'ne Zigarette? Sobald man die Euro oder die Zigarette hatte, schickte man den Patienten wieder weg.

Als die Reporter nach Neukölln kamen, sagt Tarkan, fanden wir es auch cool, Aufmerksamkeit. Es war ein Spiel unter Kindern, Kinder, die in die Schule gingen und alle ein Messer dabeihatten. Messer war Standard, sagt Tarkan, hatte jeder, auch wenn wir nicht wussten, warum. Es ging um Spaß haben, Kohle haben, Tony Montana spielen – und wer nicht aufpasste, ging zu sehr auf in dieser Rolle.

Warum ist Tarkan nicht tot, wie Emre, warum ist er nicht wegen einer schweren Straftat im Knast?

Ich hatte einen Freund damals, sagt Tarkan, wir passten aufeinander auf. Als alle Tilidin nahmen, ein Schmerzmittel eigentlich, sagten wir uns: Lass die Finger davon. Wenn ich dich mit so etwas erwische, scheiß ich auf dich.

Tarkan wurde wegen zweier Taten verurteilt: Weil sein Hund, eine Mischung aus Rottweiler und Schäferhund, bei einem Beamten der Verkehrsbetriebe zugeschnappt hatte. Und, wie er sagt, wegen Erschleichung von Leistung: Er fuhr mehrmals ohne Ticket. Ich machte aber nichts, wiederholt er, wovon ich in Neukölln mit Stolz erzählen kann.

Tarkans Onkel erzählt

Eine Zeit lang hatten Tarkan und ich nicht so viel Kontakt. Wir sahen uns beim Kampfkunsttraining, er kam allerdings sehr unregelmäßig. Von seiner Oma wusste ich, dass er mit den falschen Leuten rumhing, dass er rauchte. Ich fragte: Tarkan, hast du geraucht? Ich hatte nichts dagegen, er war sechzehn, alt genug. Ich wollte aber, dass er zu dem steht, was er macht. Er sagte: Nein. Ich daraufhin: Ich glaube, du hast dir einen Tritt verdient. Er lachte. Im Training, als er meinen Satz schon vergessen hatte, trat ich dann einmal blitzschnell gegen seinen Kopf, nicht mit voller Kraft natürlich, aber es sollte schon wehtun. Wie eine Backpfeife. Nur hätte ich eine Backpfeife nicht ins Training einbinden können, sie wäre zu aggressiv gewesen. So war es ein kurzer Schock, ein leichter Schmerz. Das war die Sprache, mit der ich ihn erreichte. Er war damals sehr misstrauisch, wollte alles allein machen. Ich wollte ihm zeigen, wo er steht, dass er zu sich steht, dass er aufhört zu lügen.

Die erste Frage, die er am Telefon stellt, ist forsch: Hat Tarkan etwas angestellt? Vor fünfzehn Jahren war Ralph Gregorius sein Klassenlehrer an einer Hauptschule im Norden von Neukölln. Gregorius sagt: Ich war im Auge des Orkans. Er erzählt von Schülern, die seinen Mercedes-Bus zerkratzten und Spiegel abbrachen, von Vätern, beruflich tätig als Drogenbarone oder Kampfboxer, und von einer Schülerin aus Tarkans Klasse, die einmal einen Kanonenschlag unter den Tisch seiner Kollegin schmiss. Es knallte laut, und die Lehrerin beantragte die Frühpensionierung. Gregorius sagt über sich, er sei keiner, der gekniffen habe. Wenn einer drohte: Ich erschieße Sie!, entgegnete er: Das traust du dich nicht. Sobald er sicher ist, dass ein Treffen mit Tarkan nicht von Bosheit motiviert ist, stimmt er zu. Es wirkt wie eine kleine Absicherung: Es gibt ja üble Finger.

Begrüßung in einem Café: Sie geben sich die Hand, duzen sich. Gregorius hat Tarkan etwas mitgebracht, ein DIN-A4-Blatt, auf dem neunzehn Köpfe abgebildet sind, die ehemalige 9b mit ihrem Klassenlehrer. Krass, sagt Tarkan und sucht seinen Kopf auf dem Bild, ein zartes Jungengesicht, Kurzhaarfrisur: Wir waren ja Kinder! Sie überlegen zusammen, was aus wem geworden ist, es fallen Begriffe wie Messerstecherei, Intensivstraftäter, Gefängnis, und Tarkan fragt: Habt ihr Lehrer das eigentlich mitbekommen, dass die Schüler an der Hasenheide Geld und Ware hin und her geschoben haben? Gregorius zuckt mit den Schultern, ein Schulterzucken, mit dem er antwortet: Vielleicht, vielleicht nicht, vielleicht war es nicht so wichtig. Jedenfalls ist es nichts, was ihn, der heute in Pension ist, schockt. Er sagt, seine Lehrerrolle habe er immer so gesehen: Er ist kein Sozialarbeiter und er ist kein Freund der Schüler. Wäre er ein Freund, könnte er auch mal kriminell werden und die Note fälschen.

Wo wir schon bei Noten sind!, springt Tarkan ein: Warum bekam ich in Geschichte eine Zwei und keine Eins? Das habe ich bis heute nicht vergessen!

Gregorius: Stimmt, wir beide haben immer über Noten diskutiert. Vielleicht wollte ich, dass du dich nicht ausruhst, dich weiter anstrengst. Wenn Schüler bei mir im Geschichtsunterricht etwas draufhatten, hieß das, dass sie allgemein etwas in der Birne hatten. Du warst relativ schlau.

Tarkan: Ich war so sauer über diese Note, dass ich nur noch schwänzte. Nur wegen dieser Note! Du hattest mir doch vor der Zehnten gesagt, ich habe gute Chancen auf eine mittlere Reife, dann hatte ich in der Zehnten aber keine Lust mehr, bekam nur noch Fünfen und Sechsen und schaffte es nicht.

Gregorius: Na, wenn du nicht kommst und die Stunden versäumst, ist doch klar! Was hast du denn in der Zeit gemacht?

Tarkan: Wir haben an einer anderen Schule rumgehangen, da waren Mädels.

Gregorius: Na, siehst du, Freizeitgestaltung. Aber die Note kann doch nicht der alleinige Grund für den Absturz sein.

Tarkan: Doch, das war so traurig! Das hat mir das Genick gebrochen! Sonst wäre ich motivierter gewesen.

Tarkans Ton ist aufgebracht, er stürzt sich in die Diskussion, als würde ihm eine nachträgliche Änderung der Note Frieden bringen. Gregorius' Ton ist trocken, er wischt die Sätze weg, steigt nicht ein. Da sitzen zwei, Schüler und Lehrer, die sich auf eine Art schätzten, auch wenn es keiner von ihnen so direkt formuliert. Zwei, die sich aneinander rieben, deren Beziehung keine Balance hatte und irgendwann kippte.

Auf der einen Seite Tarkan: Aus der Sicht von Gregorius

kein schwieriger Fall, nicht kriminell; er war intelligent, verstand Witze und Satire wie kaum ein Schüler. Hätte er etwas Hartes angestellt, ist Gregorius überzeugt, hätte er es so geschickt gemacht, dass es nicht aufgefallen wäre. Tarkan selbst wollte nicht immer nur Tadel, wollte eine gute Note und spüren: Er kann was, und das, was er kann, wird gesehen, er ist was wert, nicht nur Buhmann.

Auf der anderen Seite Gregorius: Aus der Sicht von Tarkan ein Lehrer, von dem er sich gewünscht hätte, dass er ihm unter die Arme greift, hinter die Sprüche guckt. Gregorius selbst sagt, es gab so viele Hardcorefälle, ständig Riesenprobleme, er konnte nicht für jeden da sein, so viel Zeit hätte er nicht gehabt, und so viel Sozialtouch auch nicht. Er kann die Welt nicht retten, ohne sich selbst zu verbrauchen, und diese Tadel, sie waren alltägliches Werkzeug, um zu warnen. Warum Tarkan sie bekam, erinnert er sich nicht: Kann nichts Hartes gewesen sein, er ist keinem an die Wäsche gegangen, wahrscheinlich hat er gestört.

Was hält einen, der aufwächst in einer Klasse, in der Täter zu sein eine Ehre ist? Was hält den, der auffällig ist, aber unter den Auffälligen zu unauffällig? Was hält den, der unter den Auffälligen durchfällt? Und vor allem: Wer hält ihn?

Tarkan erzählt

Ich hing auf der Straße rum und hab mich mit Türstehern geschlagen. Ich machte Sachen, auf die ich alles andere als stolz bin. Es fällt mir schwer, darüber zu sprechen. Ich habe mal einen Jungen bedroht und ihm sein Handy abgezogen. Ich spielte danach eher den Coolen, aber es war ein ekelhaftes Gefühl, ist es bis heute. Ich habe damit einem Menschen geschadet, und ich frage mich, wie ich diese Sachen verantworten soll, vor mir, vor Gott. Ich verzeihe mir das nicht.

Ich stieg auch mal in eine Wohnung ein. Die anderen meinten danach: Tarkan hat solche Eier! Es war wie ein Triumph. Ich wurde gefeiert, fühlte mich geschätzt. Es ging mir nicht ums Geld, diese hundert Euro, es ging um dieses: Boah, der macht das, diese Bestätigung, die ich sonst nicht hatte, holte ich mir. Ich war mit den coolen Jungs unterwegs, aber kein Anführer, eher der Typ Mitläufer. Es kam nie dazu, dass jemand zu mir sagte: Tarkan, wir wollen ein großes Ding mit dir durchziehen. Ich weiß wirklich nicht, was ich dann gemacht hätte.

Nach der Hauptschule begann ich eine Lehre als Elektriker, die ich schnell abbrach. Ich saß zu Hause und fragte mich, was ich mit meinem Leben anfangen soll. Im Internet stieß ich auf ein Video der Bundeswehr: Fallschirmjäger. Das faszinierte mich. Ich dachte an Filme, die ich gesehen hatte, *Der Soldat James Ryan, Full Metal Jacket, Jarhead*. Ich wollte dabei sein, ich wollte ein Held sein. Wenn du zum Militär gehst, sagte meine Oma, wirst du ein Mann. Für mich war es tatsächlich eine Wende: Ich brach das Gangstersein ab, verließ Berlin, unterschrieb für dreiundzwanzig Monate, neun Monate Grundwehrdienst, vierzehn Monate freiwilligen zusätzlichen Wehrdienst, und begann ein neues Leben in der Kaserne. Als ich das erste Mal ankam, hatte ich Kopfhörer im Ohr und Sonnenbrille auf, ein Soldat machte mich sofort an: Was läufst du hier so rum? Ich dachte: Toll, Tarkan, verkackt, sofort ein Anschiss. Dadurch hatte ich aber schnell Respekt. Ich merkte: Wenn ich hier aus der Reihe tanze, machen sie mich fertig. Das brachte mich auf den Boden. Mich, den Soldaten.

Ich fand es cool, eine Uniform zu haben, ich hatte Respekt vor den Waffen, ich wurde ausgebildet an der Pistole P8, am Sturmgewehr G36 und am Maschinengewehr MG3. Ich hörte: Als Fallschirmjäger bin ich etwas Besonderes, bin ich Elite. Eigentlich hatte ich zum ersten Mal in meinem Leben eine Aufgabe. Ich war sehr stolz, aber ich fühlte mich auch scheiße behandelt – weil ich nicht komplett Deutscher war. Die anderen sahen in mir den Türken. Ich weiß keine Sprüche mehr, und viele trauten sich auch nicht, direkt etwas zu sagen, aber ich spürte den Subton: Einige hassten mich, weil ich schwarze Haare hatte, weil ich kein Schweinefleisch aß, und dann bekam ich mit, dass sie rechtsradikale Lieder hörten. Ich war zur Bundeswehr gegangen, weil ich zeigen wollte: Ich bin ein Teil dieser Gesellschaft, ich gehöre zu euch. Damit scheiterte ich. Ich fühlte mich schikaniert. Nach neun Monaten hörte ich auf. Ich stand mit meinen Sachen vor der Kaserne, es war Winter, ich fühlte mich leer.

Tarkans Onkel Thomas schaut immer wieder auf die Uhr, und auch wenn erst zwei Minuten vergangen sind, ruft er noch einmal an. Aber Tarkan geht nicht ran. Vor einer Viertelstunde waren sie an der U-Bahn-Station verabredet, von dort wollten sie in die Halle zum Trainieren, nun ist sein Handy aus. Früher, sagt Thomas, war das immer so: Sie hatten etwas ausgemacht und Tarkan kam nicht. Er gewöhnte sich ab, nach einem Grund zu fragen oder eine Entschuldigung zu verlangen. Als Tarkan nach fünfundzwanzig Minuten ankommt, lächelt er verschlafen, keine Entschuldigung, stattdessen der Satz: Ich hol mir noch ’nen Kaffee, okay?

Thomas ist nicht nur sein Onkel, Tarkan nennt ihn auch seinen Meister. Er lernte bei ihm Kampfkunst. Als Thomas ihn mit in die Halle nahm und Tarkan die ersten Fauststöße übte, war er vier. Es geht bei der Kampfkunst ums Kämpfen, klar, um Technik, Fitness, Stärke, und zugleich geht es um die Kunst: das Gefühl, die Analyse des Gegenübers, den Umgang miteinander, den Geist. Zu Beginn jedes Trainings setzen sie sich auf den Boden, schließen die Augen, atmen tief ein, meditieren, stehen auf und verbeugen sich: ein Zeichen des

Respekts und eine präventive Entschuldigung für das, was nun wehtun könnte. Es geht, sagt der Meister, um die Verteidigung, nicht um den Angriff.

Es ist ein paar Jahre her, dass Thomas und Tarkan an der Ostsee waren, sie saßen auf der Promenade, beobachteten Männer, die vorbeiliefen, und überlegten, wer von ihnen etwas draufhat. Sie prahlten, sie seien die Stärksten, ihnen könne keiner was. Sie flachsten: Den schaffen wir, den auch. Dann forderte der Meister Thomas seinen Schüler Tarkan auf: Na los, zeig's mir, geh hin, hau ihn um. Tarkan schaute einen Augenblick fragend, aber der Meister, dachte er, hat gesprochen, also stand er auf und ging festen Willens los. Spinnst du?, rief Thomas ihn zurück: Du kannst hier doch nicht einfach jemanden angreifen!

Tarkan sagt, es war der Moment, in dem er verstand, dass er einer Anweisung nicht blind folgen sollte.

Tarkan erzählt

Es waren verschiedene Zahnräder, die ineinandergriffen und mich zum Nachdenken brachten. Auf einmal hatte ich dazu noch mehr Zeit – ich kam in den Knast. Vier Wochen Untersuchungshaft wegen einer dummen Sache: Ich hatte getankt, meine Karte war nicht gedeckt, das kam zwei oder drei Mal vor, ich erhielt eine Anzeige, eine Ladung vor Gericht. Den Termin verpasste ich, und so gab es einen Haftbefehl. Bei einer Routinekontrolle zogen sie mich aus dem Verkehr und führten mich in Handschellen ab. Die Leute im Knast lachten mich aus, dass ich wegen so einer Lappalie drin bin. Mich hat die Zeit dort sehr geprägt. Du weißt nicht, was passiert, keiner sagt dir was, du bist weggeschlossen, wie ein Tier. Ich dachte, ich werde verrückt. Um nicht durchzudrehen, trainierte ich die meiste Zeit, machte in der Zelle Sit-ups. Als ich rauskam, dachte ich: Nie wieder in diese Klapse. Es machte klick.

Tarkans Onkel erzählt

Ich war froh, als er in Haft war. Na endlich, dachte ich. Als ich ihn besuchte, sah ich sein abgemagertes Gesicht und in seinen Augen: Hilf mir. Ich besorgte einen Anwalt. Nach einer Weile sagte der zu mir: Wir können ihn jetzt rausholen, oder wir warten bis nächste Woche, dann wird er noch einmal verlegt. Ich sagte: Besser nächste Woche, lassen wir ihn noch drinnen. Tarkan hatte sich verrannt, keiner hatte ihn aufhalten können. Das Gefängnis war wie eine Notbremse, stopp jetzt. Als Tarkan rauskam, wurde er ruhiger. Er begann eine Ausbildung zum Lastwagenfahrer, erzählte mir immer mehr von der Männergruppe mit Herrn Erdoğan und von einem Theaterstück am Ballhaus Naunynstraße, bei dem er mitmachen wollte. Ich dachte erst: Sind das wieder Spinnereien? Doch es hatte sich etwas verändert. Tarkan sagte Sätze, die Hand und Fuß hatten. Er war ja immer ein Träumer gewesen: Ferrari fahren, Ronaldo werden. Auf einmal hatte er Träume, die realistisch waren. Da saß einer, der langsam wusste, was er will. Vor allem Herr Erdoğan hat ihn zu diesen neuen Träumen geführt. Er zeigte ihm, wo er steht, zeigte ihm, dass er an ihn glaubt. Ich habe oft von Tarkan gehört, wie stolz er ist, dass Herr Erdoğan in ihm immer das Positive gesehen hat.

Tarkan und Kazım

Tarkan: Kazım, weißt du, was ich mich manchmal frage: Warum hast du mich eigentlich nie rausgeschmissen?

Kazım: *(lacht)* Tarkan, nachdem du mit der Schule fertig warst, hast du mich nie in Ruhe gelassen: Du warst ständig da, und wenn du ohne Termin vor der Tür standst, wusste ich, es geht dir dreckig. Da machte ich ja nicht die Tür zu, sondern sagte: Ich habe nur zehn Minuten, aber dann lass uns diese zehn Minuten sprechen.

Tarkan: Manchmal hattest du dann ein Brot in der Hand und hast es mit mir geteilt. Weißt du noch, wie ich völlig fertig bei dir saß? Meine Ex-Freundin hatte sich gemeldet: Sie war schwanger. Ich dachte, ich werde Papa, fühlte mich schuldig und wollte alle Verantwortung übernehmen. Wenn ich ein Kind habe, dachte ich, soll es unbedingt bei seinem Vater groß werden. Ich wusste nicht, was ich glauben sollte, sie spielte mit mir. Eine Woche hieß es, das Kind ist von mir, dann hieß es wieder, das Kind ist vom anderen.

Kazım: Du warst dabei, alles zu überstürzen. Sofort wolltest du in eine neue Wohnung ziehen. Wir haben uns erst einmal über den Kalender gebeugt und die Wochen nachgezählt, ob das Kind von dir sein kann. Wir stellten fest: Es kann nicht sein.

Tarkan: Letztlich war das Kind ja auch nicht von mir, das hat ein DNA-Test bestätigt. Die Wochen bis dahin waren aber Psychoterror. Du hattest immer Geduld, du sagtest nie: Tarkan, was ist denn nun schon wieder?

Kazım: Ich muss dir an dieser Stelle meine Anerkennung aussprechen, Tarkan. Ich nehme an, dass du dich manchmal geschämt hast, du kamst aber trotzdem wieder und hast gebeichtet, obwohl du nicht sicher sein konntest, was ich denken würde. Ich habe andere erlebt, die nach ein paar Gesprächen abtauchten, weil sie nicht den Mut hatten, etwas zu verändern.

Tarkan: Ich habe nie gefühlt, dass du mich ändern willst. Es war eher so, dass du aus mir was herausgeholt hast, was kein anderer sah. Ich habe letztens Flüchtlingskinder in Kampfkunst trainiert und gemerkt: Ich kann denen viel geben. Ich bin nicht geflüchtet, aber ich war auch viel auf mich allein gestellt. Man muss diese Kinder früh genug dazu bringen, dass sie etwas anderes kennenlernen, damit sie rauskommen aus ihrem Viertel, damit sie nicht reingehen in den Knast. Ich musste daran denken, dass du mir sagtest, ich sei ein Schatz. Bei den Kindern achtete ich immer darauf, dass ich ihnen spiegelte, was gut war. Hey, sagte ich, die Beinarbeit ist gut, mach weiter so, probier noch das. Ich wollte ihnen das Gefühl geben, dass sie es schaffen. Genau so habe ich es bei dir gelernt, Kazım. Vielleicht war dieser Satz so etwas wie ein Kieselstein, der ins Wasser fiel und Wellen verursachte.

Wenn Tarkan von dem türkischen Imbiss, in dem er sitzt, über die zweispurige Straße schaut, sieht er das Haus, in dem er bei seinen Großeltern aufwuchs. Rechts der Kindl-Boulevard, mit dem Hotel, aus dem er Pfandflaschen klaute, daneben das Kaufhaus, in dem er Konsole spielte, statt zur Schule zu gehen. Vor ihm auf dem Tisch ein Kaffee und ein Buch, das Tarkan sich ausgeliehen hat: Es handelt von Lee Strasberg, dem legendären Schauspiellehrer, der von seinen Schülern James Dean, Dustin Hoffmann, Robert De Niro, Al Pacino forderte, nicht eine Figur zu spielen, sondern sie zu sein. Schauspielerei ist eigentlich das verkehrte Wort, sagt Tarkan, es geht nicht darum, etwas zur Schau zu stellen, sondern darum, sich von innen heraus zu verwandeln. Er hat erst ein paar Seiten gelesen, aber seine Tage, sagt er, beginnen und enden mit derselben Frage: Wie werde ich ein guter Schauspieler?

Es begann vor vier Jahren, in einer Zeit, die sich für Tarkan emotional sehr stumpf anfühlte. Seine Freundin und er hatten sich getrennt, ein Freund wurde in der Türkei abgestochen, sein Opa starb, er selbst sei wie eine Leiche gewesen. An einem Montag saß er in Kazıms Männergruppe, zu Besuch war die Schauspielerin İdil Üner, die genervt war vom schlechten Bild, das in den Medien über den türkischen Mann gezeichnet wurde. Sie arbeitete an einem Theaterstück, das diesem Bild Lebensgeschichten entgegensetzen sollte, und suchte Männer, die offen über sich reden. Tarkan erinnert diesen Moment als einen, in dem er wieder etwas spürte. Er hatte sofort Lust.

Ein paar Monate später stand Tarkan das erste Mal auf der Bühne, Ballhaus Naunynstraße in Kreuzberg, zusammen mit drei anderen Männern aus der Gruppe. Er hatte einen schwarzen Anzug an, weißes Hemd, einen Schlips umgebunden. Der Text, den er aufsagte, war auswendig gelernt, doch Tarkan musste kaum spielen. Er musste vor allem er selbst sein. Denn das, was er erzählte, war seine eigene Geschichte. Er sagte zum Publikum: »Ich bin stolz, Tarkan Bruce Lohde zu sein, weil ich dadurch das Glück habe, so viele Einflüsse, Ideologien, Menschen, Werte kennengelernt zu haben. Ich bin stolz, ich zu sein, weil es mich wie alle anderen Menschen, wie alles Lebendige im Universum, zu einem besonderen Individuum macht, mit meiner Geschichte und meinem Schicksal.«

Nach dem Stück kam eine Intendantin zu ihm: Studier doch Schauspiel. Tarkan dachte: Geht das? Brauche ich kein Abi? Ich – echt jetzt? Er dachte nach und kam zu dem Entschluss, dass sie eigentlich recht hatte. Wieso brauchte er gute Noten? Sein Leben hatte ihn geschult. Er weiß ja, wie das geht, Drogen zu dealen, sich zu prügeln, weiß, wie man sich in Haft bewegt, weiß, wie man eine Waffe trägt. Das alles müsse er sowieso nicht spielen, das sei in ihm.

Vor Kurzem hatte er einen Aufnahmetest an einer privaten Schauspielschule, er hat bestanden, aber Tarkan war nicht zufrieden mit seiner Leistung. Zu nervös sei er gewesen und zu viel bei sich, zu wenig in die Figur gekrochen.

Die Figur, die er spielte, hatte er sich selbst aussuchen dürfen, es sollte ein Monolog sein, der ihm nah ist. Er wählte Tony Montana in *Scarface*, den Moment, in dem er, der aufgestiegene Gangster, in einem feinen Restaurant diniert und mit der Gesellschaft um ihn herum abrechnet. Wenn man Tarkan fragt, warum diese Szene, fängt er an zu erzählen, von verlogenen Menschen, die in ihm nur sehen, was sie sehen wollen. Er spricht von dem, was ihm zu oft unter den vermeintlich Besseren begegnet ist: Abwertung. Die Sätze, die er sagt, zeigen Tarkan in einem Kampf, der lange perspektivlos schien, ein Kampf, den er noch heute führt: Tarkan Bruce Lohde vs. die Gesellschaft.

Es ist für ihn ein Kampf um seine Geschichte, um Deutungshoheit. Er will sein wie alle anderen, nicht das Opfer, aber zu oft fühlt er sich so, fühlt sich nicht gesehen, fühlt sich abgestempelt. Es braucht nicht viel, dass er seine Wunden aufreißt, manchmal ist es nur der Blick eines mürrischen Beamten am deutschen Flughafen, der ihm zeigt: Er ist hier nicht willkommen. Er schimpft dann auf deutsche Studenten, die nie kämpfen mussten, auf deutsche Medien, die Schlechtes über die Türkei berichten, damit das Land schlechtmachen, er fühlt sich deshalb persönlich gekränkt. Wer die Türkei kritisiert, kritisiert mich, sagt er. Er schimpft auf deutsche Ärzte, die sich nur im Kittel kümmern und ohne Kittel blind für ihre Mitmenschen sind, schimpft auf deutsche Institutionen.

Er hat in seinem Ärger einmal gesagt, dass er nichts an Deutschland mag. Ein Satz, der wie eine Festung klang, und nach einem kurzem Moment kroch Tarkan langsam durch einen Spalt in dieser Festung: Ich mag die Sicherheit. Ich mag, dass ich hier die Möglichkeit habe, eine Ausbildung zu machen, die mir Spaß macht. Ich mag, dass ich dabei vom Staat unterstützt werde.

Es ist ein Kampf, den er mit anderen führt, und mit sich: Ich glaube, jeder Mensch hat seine Leichen im Keller, sagt er.

Ich will meine nicht verstecken. Ich brauche das nicht. Hier bin ich: mit meinen Taten, mit meinen Fehlern.

Tarkan ist aufgestanden, er geht durch das Viertel, in dem er alles kennt, die Häuserwände, die Hinterhöfe, sein Buch in der Hand, und im Gehen beginnt er die Sätze zu zitieren, die er vor ein paar Tagen in der Schauspielschule sagte, die Sätze von Tony Montana: »Was glotzt ihr denn? Ihr seid doch nur ein Haufen abgefuckter Arschlöcher! Wollt ihr wissen, wieso? Ihr habt doch nicht mal den Mut, das zu tun, was ihr wollt. Ihr braucht doch Typen wie mich. Ihr braucht Typen wie mich, damit ihr mit euren vollgeschissenen Fingern auf mich zeigt und sagt: ›Das ist der Bösewicht da!‹ Und? Was seid ihr denn dadurch? Gut? Ihr seid nicht gut. Ihr wisst nur, wie ihr euch versteckt und wie ihr leben könnt. Aber ich, ich hab solche Probleme nicht. Denn ich sag immer die Wahrheit, sogar wenn ich lüge.«

Tarkan erzählt

Ich habe an der Schauspielschule gelernt, dass die Art, wie ich laufe, viel aussagt, und ich glaube, bei mir kann sie auch missverständlich wirken. Man denkt, ich wäre ein Macker, ein Macho. Klar passt das: Es war für mich lange eine Tarnung, ein Schutz vielleicht, den ich mir antrainiert hatte. Nun überlege ich: Was möchte ich behalten von diesem Tarkan, der ich war, wer bin ich heute? Ich habe oft das Gefühl, dass ich etwas an mir habe, dass sich andere gegen mich verbünden. Wenn ich mit meinem Onkel unterwegs bin, passiert das nicht, alle sind nett. Mit meiner Freundin war ich in einem Restaurant am Ku'damm, und wir wurden sehr unfreundlich behandelt. Weil wir nicht deutsch aussehen, wegen ihres Kopftuchs, nehme ich an. Meine Freundin ist abgehärtet, sie hat so viel erlebt, dass sie cool darübersteht, ich nicht. Letztens, wir waren im Schwimmbad und sie trug einen Burkini, wurden wir zum Bademeister gerufen, weil es eine Beschwerde gab. Der Bademeister war lässig, entschuldigte sich bei uns, ihm machte der Burkini nichts aus. Ich konnte mich danach aber nicht mehr entspannen. Wer in diesem Bad macht sich die Mühe, wegen uns aus dem Wasser zu gehen? Warum fühlt man sich so gestört? Warum ist ein Kopftuch Spaltung?

Tarkan und Kazım

Kazım: Tarkan, in den vergangenen Monaten waren oft Menschen auf den Straßen in Deutschland, die die türkische Fahne schwenkten. Viele von ihnen, nehme ich an, kennen die Türkei aber gar nicht, sie waren für ein paar Wochen da, nur für den Urlaub. Was meinst du, warum das so ist, warum sind sie so verbunden mit dem Land?

Tarkan: Ich fühle mich auch sehr verbunden, ich würde auch die türkische Fahne schwenken, ich bin patriotisch, ich würde auch für die türkische Republik kämpfen.

Kazım: Manchmal bin ich überrascht. Eigentlich sollte ich mehr Bindung an die Türkei haben. Für dich ist es das Land, aus dem deine Großeltern stammen, ich bin dort geboren und habe einundzwanzig Jahre da gelebt.

Tarkan: Ich bin in Berlin geboren, aufgewachsen, ich fühle mich aber in dieser Gesellschaft nicht richtig wohl. Wenn Deutschland sagen würde, du gehörst zu uns, würde ich es doch mit Kusshand nehmen, das ist aber nicht so. Wir sind seit mehr als fünfzig Jahren hier, aber immer noch möchte man nicht mit uns zusammenleben. Ich frage mich: Soll ich wirklich hier bleiben, hier mal meine Kinder aufziehen?

Kazım: Was sagst du, wenn ich dich frage, was ist deine Heimat?

Tarkan: Gute Frage, das ist kompliziert.

Kazım: Okay, dann stell du mir die Frage, los, stell sie mir.

Tarkan: Was ist deine Heimat?

Kazım: Meine Heimat ist die Welt. Ich kann mich überall wohlfühlen. Weißt du, warum? Weil ich nicht auf das achte, was uns trennt, sondern auf das, was uns verbindet.

Tarkan: Aber wenn ich immer ausgegrenzt werde ...

Warum ist er nicht tot? Warum ist er nicht im Knast? Dieses Warum hat keine einfache Antwort, und nicht eine Antwort allein. Nach einer Antwort bleibt immer die Frage: Was hat ihn letztlich gehalten?

Tarkans Onkel erzählt

Das, was Tarkan gehalten hat, ist die Liebe seiner Großeltern, bei denen er aufwuchs, ein Onkel, der ihn immer mal wieder zugetextet hat, und Herr Erdoğan, bei dem er sah: Wow, der meint es ehrlich mit mir. Er traf auf ihn, weil er so viel Scheiße gebaut hatte. So läuft das Leben.

Kazım erzählt

Das Wichtigste war sein Wille. Tarkan kann wieder fallen, aber er hat gelernt aufzustehen.

Tarkan erzählt

Wenn ich heute durch Neukölln laufe, sehe ich manchmal ein bekanntes Gesicht aus der Gangsterzeit. Wir nicken uns zu von Weitem, dann kommt ein Lächeln, und man weiß: Du warst verrückt, ich war verrückt, wir leben noch. Wenn ich die Leute sehe, die rein und raus aus dem Knast gehen, weiß ich,

ich hätte auch tief abrutschen können. Wahrscheinlich hatte ich ein paar Schutzengel mehr – das war Glück. Ich stehe und ich gehe. Eine Garantie habe ich trotzdem nicht. Ich kann immer abrutschen. Ich werde aufpassen. Denn wenn mein Herz aufhört zu schlagen, wünsche ich mir, dass um mein Sterbebett Menschen stehen und sagen: War ein guter Typ.

Ehre

»Geh ich in den Knast, oder kümmere ich mich um die Kinder?«

Kazım: Liebe Freunde, ich habe mich mit vielen Mädchen unterhalten, die mir erzählten, dass sie zu Hause bleiben sollen. Draußen, sagen die Väter, sind zu viele gefährliche Menschen. Sie kriegen Ärger, wenn sie einen Freund haben, das dürfen sie nicht. Die Söhne hingegen haben Narrenfreiheit. Sie dürfen rausgehen und können Frauen am Fließband nach Hause schleppen. Woher kommen diese Denkmuster? Ich erinnere mich gut an meinen Großvater, als Heranwachsender war ich mit ihm auf dem Feld, und er sagte: Du bist ein Mann, du hast Ehre. Er dachte sich vielleicht gar nicht viel dabei, er hatte diesen Satz von seinen Großeltern übernommen, also gab er ihn an seine Nachkommen weiter. Ihr habt diese Sätze sicher auch gehört: Achte auf deine Ehre, achte auf deine Frau, achte auf deine Tochter. Wir müssen uns fragen, was das heute für uns bedeutet: Schützen Frau und Tochter den guten Namen eines Mannes? Hamit, was würdest du machen, wenn deine Frau fremdgeht?

Hamit: Ich trenne mich von ihr und gehe. Was soll ich groß machen?

Kazım: Wäre sie für dich eine Hure?

Hamit: Ansichtssache, jeder denkt anders.

Kazım: Wie denkst du, Adem?

Adem: Für mich wäre sie auf keinen Fall eine Hure. Ich würde auch gehen.

Tarkan: Ganz ehrlich, ich könnte nicht einfach sagen: Gut, ich trenne mich von der Frau, wenn ich von zwei Menschen hintergangen werde. Ich kann nicht garantieren, dass ich dem Typen nichts antun würde.

Alişan: Ich weiß auch nicht, ob ich gewaltlos auf die Situation reagieren würde. Für mich würde die Welt untergehen.

Kazım: Warum?

Alişan: Weil alles verletzt wäre, mein Stolz, meine Würde. Ich erzähle euch die Anekdote eines Bekannten. Es ist fünfundzwanzig Jahre her, da war ein Türke, Lehrer von Beruf, im Krankenhaus, er sollte psychiatrisch behandelt werden. Der deutsche Psychiater kam zu ihm, der türkische Patient lehnte das Gespräch ab. Warum?, fragte der deutsche Arzt. Daraufhin stellte ihm der türkische Patient eine Frage: Wenn du nach Hause kommst und du findest deine Frau im Bett mit einem fremden Mann, was machst du? Der deutsche Psychiater antwortete: Ich würde mit ihr reden und fragen, warum sie das macht. Da sagte der türkische Patient: Siehst du, du kannst mich nicht behandeln. Ich würde beide umlegen. *(Alle lachen)*

Kazım: Lasst uns wieder ernst sein. Vor einem halben Jahr traf ich einen Mann, der von seiner Frau betrogen wurde – mit seinem besten Freund, drei Jahre ging das schon.

Hamit: Ganz schön dreist!

Mehmet: Ich denke, die Frau wollte dem Mann absichtlich Schmerzen zufügen. Wenn sie unbedingt fremdgehen will, hätte sie doch auch einen anderen Mann nehmen können, nicht den besten Freund.

Kazım: Der Mann litt so darunter, dass er sechs Monate in eine Klinik kam, noch immer ist er nicht gesund. Er sagte zu mir: Meine Ehre ist beschmutzt. Seht ihr das auch so?

Hamit: Mit Ehre hat das nichts zu tun.

Kazım: Ismail, was denkst du?

Ismail: Wenn die Frau den Mann mit seinem besten Freund verrät, ist es noch schlimmer als der Verlust von Ehre.

Hamit: Seh ich auch so, da kann man nichts anderes zu sagen.

Kazım: An einem Montagabend in der Gruppe habe ich mal Zettel und Stifte verteilt. Ich fragte alle Männer, die da waren: Was ist Ehre? Schreibt mal auf. Doch keiner schrieb. Ich sagte: Ihr steht auf mit dem Begriff, geht mit ihm schlafen, immer redet ihr von Ehre, und nun fällt niemandem ein Satz ein. Wissen wir eigentlich, was das ist: Ehre?

Alişan: Das Interessante ist ja, der Mann kann fremdgehen, so viel er will – das belastet seine Ehre nicht, es belastet sie aber, wenn seine Frau nicht treu ist, oder seine Tochter nicht keusch.

Adem: Ich kann das nicht verstehen. Meine Ehre entscheidet sich doch nicht zwischen den Schenkeln einer Frau. Ich muss selbst für sie sorgen. Durch das, was ich bin. Ich, persönlich, aus mir heraus. Meine Ehre lastet nicht auf einer Frau.

Kazım: Dachten deine Eltern auch so?

Adem: Nein, meine Eltern dachten wie alle anderen in der Generation auch. Das Verständnis meiner Mutter war: Ein Mann und eine Frau gehen um die Ecke, und sofort gibt es Sex, er legt sie flach. Bei meiner Schwester führte das zu großem Druck. Sie hatte nie einen Freund, im Urlaub nach dem Abitur lernte sie dann einen kennen und heiratete ihn sofort. Dabei ging es nicht um Liebe, sondern ganz allein um Ehre.

Tarkan: Ich habe das Gefühl, dass sich in der türkischen Gesellschaft einige Leute in den Begriff Ehre flüchten, weil sie keine Erklärung für ihre Gefühle haben, sich nicht damit befassen wollen. Sie sagen dann: Hat etwas mit Ehre zu tun, obwohl sie sich gar nicht damit beschäftigt haben, was Ehre heißt.

Mehmet: Einige denken, dass ihre Ehre verletzt ist, wenn die Frau fremdgeht, dann muss der Mann das saubermachen und sie töten. Wenn du es nicht tust, sagen andere zu ihm, hast du keine Ehre.

Ismail: Das meinten meine Freunde damals auch. Sie wollten nicht mehr mit mir reden, wenn ich es nicht mache. Sie sagten: Du musst Rache nehmen. Also, Rache ist ja eigentlich süß. Aber für mich?

Ismail

An einem Abend, alle schliefen, stand er vor dem Waschbecken, putzte sich die Zähne, spuckte die Zahnpasta aus, spuckte das Wasser aus, schaute in den Spiegel und stellte eine Frage an den Mann, den er vor sich sah. Ismail, sagte er so leise, dass keiner wach wurde: Was soll ich tun? Er schwieg, horchte und sah den Mann im Spiegel an, der entscheiden sollte über die Freiheit seines Lebens oder den Tod seiner Frau.

Das Leben von Ismail war nie eines gewesen, in dem es etwas einfach so gab. Als Junge hatte er begriffen, dass man ackern musste, sich stählen, dann wurde man ausgezeichnet mit Begriffen, angeheftet wie eine Medaille, sichtbar für das Volk. Das Erste, was Ismail verliehen wurde, war ein Abzeichen der Stärke. Ismail kann keiner was, sagten sie alle, die Ängstlichen, die sich vor ihm fürchteten, und die Cousinen, mit denen er aufwuchs, ihr Beschützer. Weil der Vater nicht wollte, dass Ismail Karate lernte, blieb ihm nichts anderes übrig, als das Muskeltraining außerhalb der Sporthalle fortzusetzen, auf dem Spielplatz und in der Schule. Seine Disziplin: Prügeln. Als Jugendlicher, siebte Klasse, schlug er Zehntklässler, nicht nur im Armdrücken. Wenn man einen Kampf hatte und ahnte, das wird schwierig, wählte man seine Nummer, denn neben Stärke trug Ismail das Abzeichen Mut.

Viele andere Starke und Mutige, sah Ismail, landeten im Knast. Er brauchte, wurde eine Stimme in ihm laut, noch etwas anderes. Damit er, der Starke und Mutige, nicht auch dort landete, musste er ein Herrscher über sich selbst werden. Die Jungs riefen an: Ey, Ismail, Schwierigkeiten, Schlägerei, kommst du, wir brauchen dich. Und Ismail übte sich in innerer Stärke: Nee, macht ihr mal, ich bin jetzt ein anderer. Mit siebzehn war Ismail zu einem jungen Mann gereift, der unterschiedliche Stärken aufwies. Die äußere: exzellent. Die innere: steigerungsfähig; sie gründete auf den Willen, ein guter Mensch zu werden, ein guter Ehemann, ein guter Vater.

Von diesem Augenblick an schien das Leben auf Automatik geschaltet: Willst du heiraten?, fragte Ismails Vater seinen Sohn. Die Auserwählte war keine Unbekannte, Ismail hatte mit ihr als Kind Blindekuh gespielt. Damals, als er in der Türkei gelebt hatte. Seine Eltern waren in Deutschland geblieben, dachten aber, sie kehrten bald zurück: Du gehst schon mal vor, hatten sie zu Ismail gesagt, bis wir kommen, lebst du bei deinem Onkel und gehst in die Schule. Da sie doch nicht kamen, zog er ein paar Jahre später zurück zu ihnen nach Berlin. Die Auserwählte war ein Jahr älter als er, achtzehn, früher ein fröhliches Kind, ein bisschen scheu, er hatte sie beschützt. Auserwählt war sie nun weder von Ismail noch von Ismails Vater, sie war auserwählt von Ismails Großmutter, die zugleich Großmutter der Auserwählten war. Zu ihren Söhnen soll die Großmutter gesagt haben: Wenn eure beiden Kinder nicht heiraten, werde ich im Jenseits nicht im Reinen sein.

Ismail flog in die Türkei, und als Ehemann flog er zurück, arbeitete Schicht in Berlin, verzichtete auf die Ausbildung, er wollte Geld verdienen, um seine Ehefrau bald zu sich zu holen. Kurz nachdem die Frau kam, kamen auch die Kinder. Eine Tochter, ein Sohn, ein Sohn, eine Tochter. Die Frau ackerte zu Hause, Ismail, ein Maschinenführer bei Ford, ackerte eine Woche früh, sechs bis vierzehn Uhr, die nächste spät, vierzehn bis zweiundzwanzig Uhr, dann die Nacht, zweiundzwanzig bis sechs Uhr. Die schlimmste war für ihn die späte Schicht, dann konnte er nicht mit den Kindern in den Park oder, wenn das Geld reichte, mit ihnen ins Kino, zum Bowling. Dann schlief er, wenn die Kinder zur Schule mussten, und wenn er von der Arbeit kam, schliefen die Kinder. Ismail, das sah das Volk, war ein ehrenvoller Mann.

Nachdem Ismail dem Mann im Spiegel zum ersten Mal die Frage gestellt hatte, wich er nicht von der Stelle. Die Minuten vergingen, doch er blieb stehen, schaute weiter den Mann an, der Mann schaute zurück, blass sah er aus, dachte Ismail, und still war er, während es in ihm schwelte. Er wiederholte: Was soll ich tun?, und der Mann im Spiegel guckte erwartungsvoll.

Am Tag, als Ismails Leben, Modell Automatik, außer Kontrolle geriet, wartete er am Flughafen Tegel mit einem Strauß Rosen. Seine Frau war einige Wochen in der Türkei, Familienbesuch. Er wartete, bis um ihn herum kein anderer mehr stand und ein Beamter zu ihm sagte: Kommt keiner mehr. Ismail rief in der Türkei an und hörte, seine Frau habe den Flieger verpasst. Er buchte ihr ein neues Ticket. Ein paar Tage später stand er wieder da, Rosen. Es kam die Schwester seiner Frau, eingereist mit dem Ausweis seiner Frau und dem Auftrag, seine neue Frau zu werden. Das ahnte er aber noch nicht.

Er nahm sie mit zu sich. Als sie sich in sein Schlafzimmer schlich, schmiss er sie raus und schloss sich ein. Als sie, ein anderer Tag, noch mal kam, sagte er: Du hast hier nichts zu suchen, verschwinde! Er schmiss sie nicht nur aus dem Schlafzimmer, sondern aus der Wohnung. Ismail bekam einen Anruf aus der Türkei: Man hatte seine Frau zusammen mit einem anderen Mann gesehen, Ismail erinnert den Moment als einen, in dem es schwarz wurde, ein bisschen. Ein zweiter Anruf: Der Mann, mit dem sie gesehen wurde, ist ihr gemeinsamer Cousin, es wurde schwarz, überall. Es war der Tag, an dem er verstand, was vor sich ging. Er, Ismail, sollte in Deutschland die Ehe brechen, damit seine Auserwählte in den Augen des Volkes nicht die Ehebrecherin war. Der Tag, an dem er verstand, wieso diese zwei Wörter nur ein Buchstabe trennt: Es ging nicht mehr nur um seine Ehe, sondern um seine Ehre.

Zur Ehre eines Mannes gehören Stärke und Mut. Stark und mutig schien er nicht, der Mann im Spiegel. Lebte er, diese Leiche von Mann?, fragte sich Ismail. Zur Ehre eines Mannes gehört, so viel Mann zu sein, dass man die Frau davon abhält, Sex außerhalb der Ehe zu haben und dadurch die Ehre zu verlieren. Sagte man. Was soll ich machen?, fragte Ismail noch einmal leise. Der Mann im Spiegel schien zu schwach für eine Antwort.

Wieder ein Anruf aus der Türkei. Sie kommt nach Deutschland, sagte eine Verwandte, die es gut mit Ismail meinte, sie will die Kinder entführen. Diese Sache war bislang eine der Familie, aber nun hatte er keine Wahl, dachte Ismail, er machte sie zu einer Sache des Staates. Es war im Dezember 2005, kurz vor Weihnachten, als er das Rathaus in Neukölln betrat. Das Gebäude an der Karl-Marx-Straße wirkt groß, schwer, geordnet, erhaben, es ist ein sehr deutscher Ort, mit einem achtundsechzig Meter hohen Turm, auf dessen Spitze eine Kupferfigur steht: Fortuna, von den Römern verehrt als Göttin des Glücks und des Schicksals. Dort, im zweiten Stock, in einem Zimmer des Jugendamts, erzählte Ismail zum ersten Mal von seiner Angst, all das zu verlieren, was er liebte. Ein paar Tage später ordnete ein Gericht an, dass allein ihm, dem Vater, das Aufenthaltsbestimmungsrecht übertragen wird. Ohne ihn durften seine Kinder Deutschland nicht verlassen.

Die Mitarbeiterin im Jugendamt machte sich in ihrer Akte folgende Notiz über Ismail: Trotz der Enttäuschung und der Verletzung habe er noch Gefühle für seine Frau, er liebe sie ein kleines bisschen. Ismail gab ihr höflich die Hand, hörte ruhig zu, brauste nicht auf, und zugleich spürte sie, dass in ihm etwas wütete, eine Mischung aus Verzweiflung und Hilflosigkeit, weshalb sie sich entschloss, Ismail nicht allein seinem Glück, dem Schicksal und dem Staat zu überlassen. Sie gab ihm eine Nummer: Rufen Sie dort an, er kann Ihnen helfen. Auf dem Zettel stand ein türkischer Name: Kazım Erdoğan. Ismail steckte den Zettel ein und überlegte: Ein türkischer Mann, helfen? Würde der ihn nicht verurteilen, ihn, dem die Frau davongelaufen war, die ihn betrogen hatte? Der Frau im Jugendamt hatte Ismail viel erzählt, über seine Ehre aber hatten sie nicht gesprochen. Dieser Herr Erdoğan, würde er nicht sagen: Los, rette deine Ehre! Diesen Satz hörte er immer wieder, wenn er seine Freunde im Café traf und mit ihnen Tee trank: Los, sagten sie. Und am Telefon: Worauf wartest du? Das ist doch deine Ehre, wie kannst du das zulassen? Sie wiederholten die Frage unaufhörlich. Da Ismail keine Antwort hatte, fragte er nachts den Ismail im Spiegel, doch auch der hatte keine.

Ismail, was ist Ehre?

Es ist eine Frage, die er sich damals nicht gestellt hat, heute begegnet er ihr erst einmal mit Schweigen. Ismail hat eine breite Statur, er sitzt an einem Tisch, die Arme liegen ruhig auf der Platte, fester Körper, feste Haltung, fester Blick, kaum Regung, kaum Mimik. Ein Mann, der wirkt, als könne ihn nichts umstoßen, und bei dem man sich zugleich fragt, wie ihm eine Änderung des Aggregatzustandes überhaupt anzusehen ist. Nach einigen Sekunden der Stille macht Ismail einen Laut: Uff, und sagt, er würde kurz eine rauchen und darüber nachdenken. Nachdem er geraucht hat, beginnt er: Ehre ... das ist ... was soll ich nun sagen? Das ist eine schwierige Frage. Er will noch einmal überlegen und in ein paar Tagen antworten. Nach ein paar Tagen, als er wieder am Tisch sitzt, fest, als könne ihn nichts ins Wanken bringen, sagt er: In der Jugend geht es noch nicht darum, in der Jugend bist du frei, aber wenn du verheiratet bist, geht es los mit der Ehre. Es wirkt wie der Dialog eines Mannes mit einem undurchschaubaren Gegenüber: ein Begriff, der ihm angeheftet wurde, ohne dass er dafür geackert hatte, ein Begriff, der viel bedeutet. Nur was?

Herr Erdoğan bat Ismail in sein Büro, gab ihm einen Tee, und statt zu sagen: Was tust du hier? Los, rette deine Ehre!, sagte er: Ich möchte dich loben, dass du hier bist und über deine Probleme redest, dass du Vertrauen hast. Ismail war verwundert, dieser Herr Erdoğan sagte etwas von Stärke und Mut. Er sagte etwas von Ruhebewahren, von Geduld statt Gewalt. Ismail hörte nicht mehr hin, die Sätze gingen rein und raus. Ruhig bleiben? Er fühlte sich wie auf der Jagd, nur dass er nicht der Jäger war, sondern der Gejagte. Bei dieser Jagd war er die Maus, und seine Frau, die inzwischen in Deutschland war, die Katze: immer hinter ihm her.

Sie kam in die Wohnung, wenn er bei der Arbeit war, sie fing die Kinder ab, sie sagte: Kommt in die Türkei, dort ist ein besseres Leben. Sie rief ihm Wörter nach, die so schlimm waren, dass ein Mann sie nicht ertragen könne, sagt Ismail, er weigert sich, sie zu wiederholen. Sie verbreitete Gerüchte: Ismail, ein Mann, der schlägt, der zockt, ein schlechter Mensch, ein schlechter Vater. Was soll ich machen, wenn sie kommt und schimpft?, fragte Ismail. Rette deine Ehre, wiederholten die Freunde. Ich weiß es nicht, wiederholte der Mann im Spiegel. Bleib ruhig, flipp nicht aus, wiederholte Herr Erdoğan. Wenn du sie siehst, wechsele die Straßenseite. Wenn sie ausholt, binde deine Hände an den Rücken. Wenn sie schlägt, duck dich weg. Wenn sie trifft, tritt nicht zurück.

Er ging nun jede Woche zu Herrn Erdoğan, weil er nicht wusste, wo er sonst hinsollte. Herr Erdoğan hörte zu, Herr Erdoğan ließ ihn ausreden, Herr Erdoğan sagte nie, schäm dich, das ist alles deine Schuld, Herrn Erdoğan konnte er auch abends um vierundzwanzig Uhr anrufen und ihm eine neue Episode aus Katz-und-Maus erzählen. Immer wenn die Katze der Maus wieder an die Gurgel wollte, sagte Herr Erdoğan: Hör nicht hin, schau nicht hin, lächle. Wenn deine Sicherungen durchbrennen, hat sie dich gekriegt. Ismail, der der Frau den Gefallen nicht tun wollte, dachte an diese Sätze, wenn sie zu anderen Waffen griff, er nahm die Hände auf den Rücken, duckte sich, bloß nicht explodieren. Einmal aber, da fühlte es sich für ihn an, als schmisse sie eine Bombe. Ein Anruf des Jugendamts. Als Ismail auflegte, zitterte er. Er, Ismail, Vater von vier Kindern, soll seine Tochter missbraucht haben. Die gejagte Maus weinte.

Wie lange willst du noch warten?, fragten die Freunde im Café und am Telefon.

Ismail formulierte es noch einmal anders. Er sagte es klar, direkt: Hör zu, lebendige Leiche, antworte nun. Soll ich meine Ehre retten? Soll ich einen Ehrenmord machen? Wieder nichts, er ging ins Bett und konnte nicht schlafen.

Ich weiß, dass meine Ehre verletzt ist, sagte Ismail zu seinen Freunden, aber wenn ich nun hinfahre und sie umbringe: Was passiert mit meinen Kindern? Wer soll sich um sie kümmern? Zwei, drei Tage kümmert sich jemand, aber was ist am vierten? Du musst es machen, sagten sie, willst du ohne Ehre bleiben? Entscheide! Ich habe Angst, sagte Ismail zu Herrn Erdoğan, ich habe Angst, dass ich sie umbringe.

Herr Erdoğan sagte nicht: Tu es nicht. Er sagte: Ehre ist nicht nur für dich wichtig, auch für mich. Lass uns mal über Ehre sprechen. Als Junge, fuhr er fort, hatte er auch immer gehört, dass er seine Ehre schützen soll, und er hört es noch immer von vielen anderen Männern, immer sagen sie: Ich schütze meine Ehre. Wenn er sie fragt, wie sie das machen, sagen sie: auf die Frau und die Tochter achten, sie können die Ehre schnell verletzen. Und wenn er fragt, woher sie das haben, sagen sie: Kommt von unseren Vätern, unseren Großvätern. Herr Erdoğan sagte, dass er sich daher selbst fragt, wieso dieser Begriff ihnen jahrelang folgt, wie ein Schatten. Denn wenn er sich anschaut, was den Schatten wirft, sieht er einen leeren Körper: alles hohl im Begriff Ehre. Nur eine Hülle, ohne Leben. Ein Begriff, der kein Leben hat, aber in dessen Namen man töten kann? Herr Erdoğan sagte, dass er beschlossen hat, den Begriff mit Leben zu füllen, und herausfand, dass seine Ehre nur von ihm selbst abhängt, nicht von seiner Tochter, seiner Frau, nicht von der Gesellschaft. Ehre muss man sich selbst verdienen. Er sagte: Ehrenhaft ist, wer einer Frau über die Straße hilft. Ehrenhaft ist, wer an einer Frau keine Gewalt ausübt. Wer Gewalt ausübt, kommt ins Gefängnis. Und wer im Gefängnis ist, kann sich nicht um die Kinder kümmern. Ehrenhaft ist, wer liebt.

Ich kann nicht mehr, sagte Ismail zum Mann im Spiegel. Geh ich in den Knast, oder kümmere ich mich um die Kinder? Knast oder Kinder, einer muss sich jetzt entscheiden.

Du bist ein schwacher Mann, sagten die Freunde, tu was. Du bist ein starker Mann, sagte Herr Erdoğan, wenn du für deine Kinder sorgst, nicht wenn du hinter Gittern bist. Ismail nickte in der einen Woche. In der nächsten Woche kam er: Ich habe Angst, dass …

Zwei Jahre nachdem die Auserwählte in die Türkei gereist war, nachdem Ismail zweimal mit Rosen in der Hand am Flughafen gestanden hatte, zwei Jahre, in denen er kaum schlafen konnte, bestätigte der Staat, dass diese Sache keine der Familie mehr ist. Urteil des Amtsgerichts Tempelhof-Kreuzberg, Januar 2007, im Namen des Volkes: Die geschlossene Ehe der Parteien wird geschieden … Die Ehe ist zutiefst zerrüttet und die Fortsetzung der ehelichen Lebensgemeinschaft unzumutbar geworden.

Ismail schaute den Mann im Spiegel an, wie ein Therapeut war er geworden. Ehrenmord?, fragte er und hörte, wie seine Stimme sagte: Ich verzichte.

Ismail, mit dem starken Willen, wieder ein Herrscher über sich selbst zu sein, ein guter Mensch, ein guter Vater, ging zu den Freunden und übte sich in innerer Stärke. Ich habe die Schnauze voll von euren Sätzen, sagte er. Es ist meine Ehre, nicht eure, und meine Ehre geht euch einen Scheißdreck an. Ich will euch nicht mehr sehen. Ich bin ein Mann. Ein anderer Mann. Verschwindet aus meinem Leben. Noch immer grüßt er sie nicht auf der Straße.

Wenn man Ismail heute, ein Jahrzehnt später, fragt, woher er diesen Mut und diese Stärke nahm, wie er das schaffte, dann sagt er kurze Sätze, die wie Fäden sind, die sich ineinanderschnüren zu einer Antwort. Die Antwort auf: Was soll ich tun?, war keine, die es einfach so gab. Es war eine, für die er Satz für Satz geackert hat, indem er sich scheiden ließ, nun wusste er: Die Auserwählte trägt nicht mehr meinen Namen; indem er die älteste Tochter gehen ließ, die zur Mutter wollte; indem er das Sorgerecht für die anderen drei Kinder bekam. Er hat für sie geackert, indem er sich jedes Mal, wenn es in ihm schwelte und er Angst hatte, dass es entflammte, an das erinnerte, was Herr Erdoğan zu ihm gesagt hatte: Du bist schwach, wenn du ... du bist stark, wenn du ... Ohne ihn, sagt Ismail und stockt, nach einigen Sekunden Schweigen nur ein Wort: Fragezeichen. Vielleicht hätte die Katze die Maus geschnappt. Oder die Maus die Katze. Vielleicht würde die Maus nun, hinter Gittern, über den Begriff Schuld nachdenken.

Wenn man Ismail heute fragt, wie man die Ehre eines Mannes verletzten kann, sagt er nicht das, was Herr Erdoğan immer sagt. Er sagt nichts von einem Begriff, der im Inneren hohl ist. Er sagt: Die Frau kann die Ehre eines Mannes durch Fremdgehen verletzen. Wenn aber ein Mann in der Männergruppe sitzt, der sagt, meine Frau ging fremd und verletzte meine Ehre, wenn Ismail merkt, dass in diesem Mann etwas arbeitet, dann geht er in der Pause zu ihm, raucht mit ihm und sagt: Ich verstehe dich, ich war wie du, kurz davor, aber bleib ruhig, bleib cool. Stell dir vor: Du machst das, und dann?

Einer dieser Männer saß bald darauf bei Herrn Erdoğan, trank einen Tee und sagte: Ismail hat mir geholfen, mich zu beruhigen. Ich verzichte.

Gewalt

»Hätte ich mir mal lieber die Hand abgehackt«

Kazım: In der Männergruppe fragte ich mal, wer in seiner Kindheit Gewalt erfuhr – von dreiundzwanzig Männern meldeten sich einundzwanzig. Ich fragte: Wer gab das, was er erfahren hat, weiter? Von den einundzwanzig Männern meldeten sich achtzehn. Wir Menschen geben oft weiter, was wir erlebt haben. Das ist das Problem, und manchmal endet es ganz grausam. Wir hatten in Berlin mehrere Fälle, wo Männer ihre Frauen regelrecht abschlachteten.

Tarkan: Was machten sie?

Adem: Einer sägte seiner Frau den Kopf ab.

Kazım: Die Gewalt in unserer Gesellschaft ist alarmierend, lasst uns darüber reden.

Tarkan: Ich lehne Gewalt ab, aber ich hätte eine rosarote Brille auf, wenn ich behaupten würde, man kommt ohne Gewalt durchs Leben. Ich mache Kampfkunst, und dort haben wir einen Grundsatz, der geht ungefähr so: Reden ist besser als Schlagen, Schlagen ist besser als Invalide machen, Invalide machen ist besser als Brechen, Brechen ist besser als Töten, Töten ist besser als getötet werden. Auf der Straße gibt es so viel Gewalt, es gibt Situationen, in denen ich Gewalt anwenden muss. Aber nur weil mir einer eine gibt, muss ich ihm nicht alle Knochen brechen, sodass er sein Leben lang im Rollstuhl sitzt.

Alişan: Ich nehme an, hier in der Gruppe sitzt kein Vertreter der Gewaltkultur.

Kazım: Natürlich, Alişan, wenn ich euch frage, wer ist für Gewalt, glaubst du, dass sich jemand melden wird? Selbst wenn ich ins Gefängnis gehe und frage, wer bereut die Tat, melden sich alle und sagen: Ich bereue. Und doch haben sie alle Gewalt angewendet. In der Justizvollzugsanstalt Tegel habe ich mal sieben Männer mit türkischer Zuwanderungsgeschichte betreut. Sie kamen aus der Türkei, um hier in Deutschland eine Frau zu heiraten, sogenannte Importbräutigame. Sie kamen mit großen Hoffnungen, fanden keine Arbeit, und die Ehefrau musste ihnen Taschengeld geben. Eine sagte zu ihrem Mann: Du hast doch gestern schon zehn Euro bekommen, ich bin nicht deine Hausbank, ich habe dich nicht geheiratet, um dich zu ernähren! Wieso also wenden Männer, die gegen Gewalt sind, Gewalt an? Diese Männer wollten der Chef der Familie werden, sie träumten davon, anatolische Helden zu sein, und dann musste sich die Frau um sie kümmern – das verkrafteten sie nicht.

Alişan: Schmach und Schande.

Kazım: Welche weiteren Gründe können in der Familie eine Rolle spielen für Gewalt?

Ismail: Finanzielle Schwierigkeiten.

Alişan: Status.

Adem: Sturheit.

Mehmet: Erziehungsfragen. Der eine sagt so, der andere sagt nein, mach so, und dann haben sich die Eltern in den Haaren.

Adem: Das war bei mir so, ich konnte mich mit meiner Frau nicht auf die Erziehung einigen, und irgendwann verlor ich die Nerven. Mir rutschte die Hand aus.

Kazım: Was ist mit Sexualität?

Adem: Ja, bei meinen Eltern gab es zweimal im Jahr einen Riesenkrach: Papa wollte, Mama nicht.

Kazım: Eine türkische Frau kam zu mir, geschwollenes Gesicht, blaue Flecken. Ich fragte: Was ist passiert? Sie sagte: Mein Mann kam nachts, zwei Uhr, völlig besoffen, er wollte, dass ich koche. Ich meinte zu ihm: Geh in die Küche, dort gibt es etwas zu essen, nimm das. Er aß, kam dann ins Schlafzimmer, wollte Sex. Ich sagte nein, du stinkst nach Alkohol, dann schlug er mich brutal zusammen. Der Pascha dachte, er amüsiert sich erst, kommt nach Hause und kann machen, was er will.

Alişan: Bei türkischen Männern ist die Hemmschwelle zur Gewalt wesentlich niedriger als bei deutschen.

Kazım: Was wir türkischen Männer nicht gelernt haben, ist, über unsere Beziehung zu reden. Frauen können das viel besser.

Alişan: Stimmt, Quatschmäuler!

Kazım: Ein Mann kam zu mir: Herr Erdoğan, ich möchte mit Ihnen reden, aber ich schäme mich. Ich fragte: Geht es um Sexualität? Er schaute auf den Boden. Ich sagte: Leg deine Schamgefühle ab, was ist los? Er sagte: Meine Frau liebt mich nicht mehr. Warum?, fragte ich. Er: Seit sechs Wochen haben wir keinen Sex. Ich: Hast du sie gefragt, ob ihr etwas fehlt? Nein, sagte er. Ich fragte: Hast du gedacht, sie ist eine Sexmaschine, sie funktioniert immer? Ich kenne Männer, die keinen Sex bekamen und dann so verletzt, so enttäuscht waren, dass sie sich nicht anders zu helfen wussten und ihre Frauen krankenhausreif schlugen.

Alişan: Einige Männer sehen Gewalt gegenüber anderen als ihr Vorrecht.

Tarkan: Warum ist das so?

Kazım: Ich erinnere euch an drei Sprichwörter, die es im Türkischen gibt. Eines ist: Im Bauch der Frau darf der Säugling nicht fehlen, auf ihrem Rücken dürfen Schläge nicht fehlen. Das zweite: Der Mann, der liebt, schlägt auch zu. Drittens: Wer seine Tochter nicht schlägt, schlägt später auf sein Knie.

Alişan: Die türkische Kultur toleriert es mehr: Gewalt gegen ein Familienmitglied wird von der Außenwelt selten geschmäht. Und der, der Gewalt ausübt, erfährt keine Sanktionen.

Kazım: Meine Erfahrung ist: Männer schlagen zu, wenn sie hilflos sind, wenn sie sich ihren Frauen unterlegen fühlen, wenn ihnen Argumente fehlen, ersetzen sie die durch

Gewalt. Liebe Freunde, wie können wir als Männer, als Väter Wut bekämpfen? Wie reagieren wir, wenn jemand uns massiv beschimpft?

Ismail: Selbstbeherrschung nicht verlieren.

Adem: Das ist leicht gesagt. Ein Beispiel: Freitag wäre ich beinah in eine Schlägerei reingeraten. Das war so: Ein Rechtsabbieger war vor mir, ich kam nicht an ihm vorbei und wurde stinkig, weil ich nicht noch eine Ampelphase warten wollte. Ich hupte und fuhr an ihm vorbei, und er, der abbiegen wollte, bog nicht mehr ab, sondern folgte mir. Ich hielt an, Scheibe runter: Was ist? Er sagte: Ich wollte rechts abbiegen, hast du was dagegen? Ich: Ja, hatte ich. Meine Freundin saß neben mir, erschrak, ich hielt mich dann zurück. Was machst du mit so jemandem? Entweder ignorierst du ihn, oder du haust ihm eins auf die Fresse. Und in der Familie ist es auch so: Wenn ich merke, ich werde nicht gehört zu Hause, ich bin nicht akzeptiert, Reden funktioniert nicht, was bleibt dir? Es kommt der Moment, da drehst du durch, basta.

Mehmet: Ja, man dreht durch, da hast du recht, aber wenn du schlau bist, versuchst du aus der Situation herauszugehen oder klein beizugeben.

Adem: Irgendwann hast du die Nase voll.

Mehmet: Am besten so machen wie die Deutschen. Versuch dich vom Problem zu entfernen. Ich sag nicht: Lauf weg wie ein Angsthase, aber mach das Beste draus.

Adem: Zu Hause, bei deiner Familie, kannst du nicht weglaufen.

Mehmet: Das ist natürlich schwer, aber wenn nicht, hast du vielleicht noch schlechtere Karten.

Alişan: Adem, ich verstehe dich jetzt so: Du behältst es dir als letztes Mittel vor, wenn alle Stricke reißen, übt man Gewalt aus?

Adem: Nein, ich behalte es mir nicht vor, das sage ich nicht! Aber ich gebe zu, dass ich in einigen Momenten keine Kontrolle mehr hatte.

Kazım: Was für Möglichkeiten gibt es, wenn die Sicherungen durchbrennen? Was machen wir, wenn wir zu Hause streiten, wie bremsen wir Gewalt?

Tarkan: Ich hatte mal einen Hund, ich ging mit ihm zu einer Hundeausbildung, zum Beißtraining. Das klingt komisch: Warum soll ein Hund lernen zu beißen? Kann er eh, er ist ein Hund, und ein Hund handelt nach Instinkt. Wenn ein Hund aber beißt und nie gelernt hat, was Stopp, was Halt heißt, dann wird er nicht aufhören zu beißen. Wenn er das Beißen lernt, kann ich ihn später kontrollieren. Was bedeutet dieser Hund für uns? Wenn wir vorher darüber reden, was passieren kann, können wir in einer Situation besser mit ihr umgehen.

Kazım: Wir müssen Techniken finden, die deeskalierend sind *(spricht jetzt leise und langsam)*: Menschen schreien sich an, sie wissen gar nicht mehr, was sie schreien, sie verstehen einander nicht mehr, Schreien wurde zur Angewohnheit. Wenn ich in einer Sitzung bin und die Töne schriller werden, immer mehr geschrien wird, versuche ich bewusst, ganz langsam zu sprechen, ganz leise.

Adem: Ich kann oft mit einem Witz die Situation retten, das geht mit Menschen, zu denen ich keine emotionale Bindung habe. Aber zu Hause, in der Familie? Mit dem Menschen, mit dem du Kinder gemacht hast, mit dem du alt werden willst? Wie willst du das machen?

Adem

Er redet darüber, klar, warum auch nicht, er steht dazu, er versteckt nichts. Erst wollte er im American Diner reden, einmal um die Ecke, vierhundert Meter weiter, dort ist es nicht so eng und dort kennt ihn keiner. Doch im Diner war es zu laut, und was soll's, er versteckt nichts, er schämt sich nicht. Nun sitzt er im Lokal, wo er immer sitzt. Stammlokal, der Kellner spricht Türkisch, es gibt Pizza, doch die isst er nicht, er trinkt Wein, Chardonnay, wie immer hier, manchmal trinkt er Tee, Pfefferminze. Er sitzt und redet. Er muss damit leben, ein Leben lang. Ich steh dazu, sagt er, und wenn es den neben mir interessiert, das interessiert mich nicht, ich leb damit. Würde es nur um ihn gehen, dann würde hier auch sein Name stehen, sein wahrer, es geht aber nicht nur um ihn, daher hat er sich einen anderen ausgesucht: Adem, geboren 1960 am Schwarzen Meer. Es geht nicht nur um Adem, es geht auch um Adems Frau, die ehemalige, die Tochter, den Sohn, ja, vor allem den Sohn.

Ich rede, sagt Adem, öffnet seine Faust, spreizt die Finger, Fingerkuppen auf der Tischplatte, und wenn ich davon rede, wenn ich daran denke, dann denke ich, hätte ich mir mal lieber die Hand abgehackt, sagt er, schweigt, und die Fingerkuppen schlagen auf den Tisch, immer schneller. Irgendwann verliert man die Kontrolle, dann verpasst man eine Ohrfeige, sagt er. Eine Ohrfeige, mit der Hand einfach, das war nicht von schlechten Eltern, die hat schon gescheppert.

Erschrakst du dabei über dich selbst, Adem?

Ach nee, ich hatte einfach so eine Wut im Bauch. Die musste raus.

Bevor es losging, habe er ja ermahnt, verbal: Tu es nicht, sagte ich, mach es nicht, zweimal, dreimal, dann hat es geknallt. Erst eine Ohrfeige, dann zwei, dann dachte ich, Ohrfeigen allein tun ihm nicht genug weh, und Ohrfeigen tun mir ja auch weh, ich nahm den Hausschuh und schlug zu.

Dass er mal die Tochter geschlagen hat, daran kann er sich nicht erinnern. Sie sagte: Ja, ein Mal. Soll sie recht haben, vielleicht hab ich das gemacht, sagt Adem, warum, weiß ich nicht. Aber den Jungen, den hab ich verprügelt, ja, regelrecht verprügelt.

Welche Körperstelle?

Hände, Füße, Bauch, alles. Alles, was mir ..., sagt Adem und bricht den Satz ab, nun tut es mir natürlich widerlich weh. Aber ich hab das gemacht. Einmal mit dem Gürtel. Mit der Schnalle.

Wie lange?

Eine Minute locker, wenn nicht länger, ich weiß es nicht. Er war im Bett in der Ecke, konnte nicht flüchten, ich schlug zu. Meine Tochter saß am Rand, schaute zu und brüllte nur.

Was hat dich gestoppt?

Dass ich selbst müde geworden bin. Ich konnte nicht mehr, das war ja anstrengend, ich konnte nicht mehr, hätte ich gekonnt, ich hätte eine halbe Stunde, den ganzen Tag nur zuschlagen können. Einfach all das, was mir nicht passte an dem Jungen, aus ihm rausprügeln wollte ich. In dem Moment hätte ich ihn umbringen können. Er war ein armes Schwein, und ich war das Schwein, das schlug.

Adem sagt: Ich bin der Täter. Was ich für Gründe hatte, interessiert das Opfer nicht. Das Opfer, meinen Jungen, hab ich misshandelt. Man hätte mich auch in den Knast stecken können.

Adem, das Schwein, ordentlich gekleidet, Hemd, Pullover, sitzt beim Italiener, auf dem Tisch sein Handy, das er ab und an nimmt, seine Brille randlos.

Adem, das Schwein, geboren am Schwarzen Meer, 1960. Er ist das jüngste Kind, die Schwester fünf Jahre älter, der Bruder acht Jahre älter, die Mutter und der Vater waren einfache Beamte.

Sein Vater, sagt Adem, war so: Passiv, hat die Mutter machen lassen, je stärker sie wurde, desto schwächer wurde er. Wenn er sich einmischte, ordnete sich die Mutter sofort unter, doch er mischte sich kaum ein, Hauptsache, er war satt. Die Kinder umarmen? War ihm unangenehm, am Feiertag mal einen Handkuss, rechts, links, mehr nicht.

Seine Mutter, sagt Adem, war so: Hätte der Arzt gesagt, Ihr Kind ist krank, aber es wird gesund, wenn Sie aus dem Fenster im fünften Stock springen, sie hätte das gemacht. Es war eine unheimliche, übertriebene Liebe, grenzenlos, sie umarmte, sie küsste. Das gab es, und das andere gab es auch, es gab nur Extreme, Schwarz und Weiß, denn unzufrieden war sie, sie sagte immer: Ach, wär ich doch als Mann auf die Welt gekommen, dann hätte ich nicht so früh heiraten müssen, nicht so früh Kinder kriegen müssen, lernen können. Immer hat sie gehadert, Schicksal hier, Schicksal da, die Familie war schuld. Dabei war er, Adem, ja so pflegeleicht, machte nichts, worüber sie sich beschweren konnte. Adem wusch seine Socken in der Spüle, damit sie nicht riechen, und die Mutter sagte: Adem ist so sauber. Sie war stolz, sagt Adem, und ich war stolz, weil sie mich lobte. Adem lügt nie, sagte sie. Adem sagt immer die Wahrheit, Adem ist fleißig und brav, immer brav.

Diese Sätze prägten mich, mehr als alles andere, sagt Adem. Adem ist brav, Adem stiehlt nicht.

Das stimmt auch fast, sagt Adem jetzt, nur zweimal habe er gestohlen, einmal als Kind, Mais vom Feld. Wo hast du das her?, fragte die Mutter. Bring es zurück! Und Adem brachte den abgerissenen Maiskolben zurück zum Feld. Und das zweite Mal als Jugendlicher, Zigaretten aus der Packung des Vaters, Diebstahl, okay, lächerlich eigentlich.

Adem ist brav, sagte sie, so brav. Und so ruhig, dein kleiner Sohn, so süß, sagten die Frauen, die mit ihnen um den Tisch saßen, wenn sie bei jemandem zu Besuch waren. Und immer wenn Adem sich bewegte, bohrte die Mutter unter dem Tisch ihre Finger in Adems Oberschenkel, zog die Haut hoch und drehte sie um. Adem lehnte sich zurück, wie eine Mumie, keinen Schmerz zeigen, kein Aaaaah, kein Brüllen, nur freundlich lächeln, eine freundliche Mumie. So brav, dein Sohn, der Adem, der Adem ist immer brav. *Was ich für Gründe hatte, interessiert das Opfer nicht, sagt Adem, das Schwein.*

Das schönste Erlebnis in meiner Kindheit, da muss ich mal schwer nachdenken, sagt Adem und lacht, und dann fällt ihm dieser Abend ein: Wir lebten noch in Ankara, ich spielte mit meinem Bruder, meiner Schwester und den Nachbarskindern Verstecken und danach ein Spiel, wo sie mich fangen mussten, und sie kriegten mich nicht. Ich war der Jüngste, aber sie kriegten mich nicht, es war ein lauer Sommerabend, ich erinnere mich gut, ich hab mich so gefreut, die kriegten mich nicht.

In diesem Garten, in dem er sich versteckte, wartete er ein paar Vormittage lang zusammen mit seiner Schwester, sieben muss Adem da gewesen sein. Sie warteten auf den Briefträger, und als er um die Ecke bog, schrien sie wie am Spieß.

Würde ich ein Buch über mich schreiben, sagt Adem, würde es mit dieser Szene anfangen.

Warum mit dieser Szene?

Weil es die Wende war. Der Briefträger brachte uns die Tickets, um wegzufahren, mein Vater hatte sie uns geschickt. Ich wusste nicht, was *weg* war, aber *weg* war gut. Ein paar Tage später fuhren wir dann weg. *Weg* war Almanya.

Was wusstest du über Deutschland?

Nichts.

Habt ihr darüber geredet?

Nein, nie.

Was hast du dir vorgestellt?

Ich hatte keine Vorstellung, es hieß nur Almanya, Almanya, ich wusste nicht, was das ist, ist das ein Ball, ein Spielzeug? Zumindest ist es irgendwo weit weg. Wir fuhren mit dem Zug nach München, dann kann ich mich an keinen schönen Tag mehr erinnern. Ich war das Ausländerkind, von unangenehmen Tagen kann ich viel erzählen, nur Elfi, die war schön. Elfi, die war in meiner Klasse, Grundschule, in die war ich verliebt. Lange blonde Haare, keine Locken, die war einfach himmlisch. Elfis Familie hatte einen Audi, daher dachte ich als Kind immer, ich fahr auch mal einen Audi.

Habt ihr miteinander gesprochen?

Kein Wort, aber wir hatten den gleichen Heimweg von der Schule, ich bin mit dem Fahrrad ganz schnell an ihr vorbei, noch mal an ihr vorbei, noch mal an ihr vorbei.

Hast du dich nicht getraut?

Natürlich nicht, mein Deutsch! Ich wurde ja immer ausgelacht. Die erste Zeit hab ich gar nicht gesprochen.

Adem hieß Adem, und das war schon das Problem. Lieber hätte er Peter oder Klaus geheißen. Als Adem fiel er auf. Weil er anders aussah, weil er nicht verstand.

Wenn die Lehrerin mit dir spricht, sag einfach deinen Namen, hatte die Mutter zu Adem gesagt, und weil Adem brav war, tat er, was die Mutter ihm gesagt hatte. Die Lehrerin kam zu ihm, sprach mit ihm, und Adem erwiderte: Adem Yılmaz. Wieder sprach sie, wieder: Adem Yılmaz.

Schrieben sie ein Diktat, las die Lehrerin irgendetwas vor und Adem schrieb irgendetwas auf. Als er das Heft zurückbekam, war jede Zeile rot. Das, der, die Papierkorb? Wenn Adem es nicht wusste, lachten alle.

Weil er kein Deutsch konnte, wiederholte er die Klasse. Sein neuer Klassenlehrer war Herr Reimann, Herr Reimann gab in Mathe Hausaufgaben auf, und Adem schrieb das ganze Heft voll. Wenn man etwas gut gemacht hatte, durfte man sich bei Herrn Reimann im Aufgabenheft selbst eine Eins mit Dach notieren.

Ein Wochenende lang, sagt Adem, hab ich nur Aufgaben gelöst, eine Zahl durch die andere geteilt, und am Montag zeigte ich es Herrn Reimann, und Herr Reimann sagte: Adem, du darfst dir fünfzig Einsen mit Dach und Sternchen aufschreiben. Und zu den anderen: Nehmt euch ein Beispiel an Adem.

Adem gewann die Mathemeisterschaft.

Da warst du stolz?

Natürlich, ganz stolz. Ich wusste ja, dass ich nicht so bin wie die, die waren mir überlegen, deren Eltern waren meinen Eltern überlegen, aber ich dachte, ich zeig's euch.

Adem wurde einer der Besten in der Klasse, nur Birgit war besser, aber Birgit konnte auch nach Hause gehen und fragen: Mama, was bedeutet ein Dutzend? Dutzend, sagte Adem zu seinen Eltern, und sie machten: Pffff, frag nicht so viel.

Alles, was ich lernte, sagt Adem, brachte ich mir selbst bei. Mit zehn kaufte ich mir ein Grammatikbuch, das war so dick, er spreizt Daumen und Zeigefinger ein paar Zentimeter auseinander, doch so richtig verstand ich die Grammatik erst in der Neunten, als ich mit Latein anfing. Er rattert herunter: Eram, eras, erat, eramus ... ich war, du warst, er, sie, es war, wir waren ... Der Lehrer sagte: Wenn ihr nachts um zwei aufwacht, müsst ihr das können. Der Lehrer sagte das und Adem konnte es. Noch immer kann er das, er rattert noch einmal: eram, eras, erat ... *Adem ist brav, so brav.*

Lerne!, sagte die Mutter, und Adem brachte sich alles selbst bei. Ich wollte zeigen: Ich kann es genauso gut wie ihr, wenn nicht sogar besser.

Selbst heute ist das noch so, sagt Adem. Letztens erst, als der Hals wehtat, forschte er nach, was es denn sein könnte. Dann ging er mit einer Antwort zum Arzt, und der bestätigte, was er herausgefunden hatte: Lymphdrüsenentzündung.

Du selbst musst forschen, du musst handeln, sagt Adem, und wenn du etwas nicht kapierst, dann denk so lange nach, bis du es kapierst.

Sie zogen von einem Dorf ins nächste Dorf. Die Eltern wechselten den Job, neue Fabrik, neue Schule. Geh zur Schule, melde dich an, sagte die Mutter, und Adem ging hin, klopfte an die Klassentür. Wer bist du? – Ja, hallo, ich soll hier zur Schule gehen.

An einem Wochenende fuhren sie ins Grüne, mit dem Auto von Freunden, Ballspiel, Adem rutschte aus, fiel auf den Arm, heulte. Sie machten noch ein Picknick, fuhren nach Hause, am Morgen, als die Eltern zur Arbeit gingen, ging Adem zum Arzt: Gebrochen, sagte der, du musst ins Krankenhaus, was ist deine Krankenkasse? Ich war zehn, sagt Adem, Krankenkasse?

Als er auf dem Gymnasium war, ließ er sich ein bisschen gehen, dann gab es da ein Mädchen, das schönste Mädchen der Schule, und ausgerechnet er, der Türke, kriegte es, sagt Adem. Und weil das Mädchen nicht nur schön war, sondern auch klug, kaufte er sich ein Fremdwörterbuch. Unwissenheit war ihm peinlich, nur keine Blöße geben. Er lernte: »Sodomie«, »Contradictio in Adjecto«.

Hattest du ein Vorbild?

Ich spielte Fußball und mochte Günter Netzer, er war so elegant auf dem Platz. Aber Vorbild? Nee, das war er nicht.

Adem denkt an Rex Gildo, Heino, Roy Black, mit denen er aufwuchs, und an Eltern anderer Kinder, bei denen er sich fragte: Warum sind meine Eltern nicht so? Warum sagen die nie: Adem, wie geht's?

Wer sollte schon ein Vorbild sein? Klar, Einstein, sagt Adem, nicht schlecht, aber keine Ahnung, ein Vorbild hatte ich nicht.

Vielleicht hat mir das gefehlt, überlegt Adem jetzt, aber damals dachte ich ja nicht, ich brauche das. In der Oberstufe, Leistungskurs Chemie: Wenn die anderen es nicht verstanden, kniete ich mich noch mehr rein, las noch mehr, bis es klick machte. Ich war immer mein eigenes Vorbild.

Adem, wann warst du stolz in deinem Leben?

Da gibt's nicht viel zu überlegen. Stolz war ich '81 – Abitur.

Adem studierte Chemie, vieles andere fand er albern. Psychologie? Pah, zu den Irren?

Kunstgeschichte? Puh. In der Chemie gibt es Regeln und es gibt Reaktionen, man kann das Leben erklären, sagt er, das hat mich fasziniert.

Stolz war ich '95 – Doktortitel.

Stolz war ich, als ich geheiratet habe. Doch dass ich geheiratet habe, war einer der dümmsten Fehler, die ich machte, sagt Adem. Mit dieser Heirat zerstörte ich mein Leben, und ihr Leben auch. Wahrscheinlich hätte sie besser irgend so einen Ochsen heiraten sollen. Mit dieser Heirat ruinierte ich alles.

Das mit der Heirat, sagt Adem, war so: Er, Anfang zwanzig, noch Student, wollte nicht heiraten. Ferien in der Türkei, wo seine Familie wieder lebte, und dann fragten alle: Wann heiratest du denn? Adem, sagte seine Mutter, da gibt es eine

Frau, Hülya, aus einer tollen Familie, die wäre was für dich. Dein Bruder wird bei ihrer Familie um ihre Hand anhalten. Du musst heiraten, du musst heiraten. *Adem ist brav, so brav.*

Adems Bruder hielt beim Vater um die Hand an, und der Vater sagte: Was macht dein Bruder? – Chemiestudent. – Student, aha, komm wieder, wenn er fertig ist. Meine Tochter an einen Studenten?

Das, sagt Adem, war meine Herausforderung. Warte mal ab, dachte ich, wenn du so mit mir umgehst. *Ich wollte zeigen: Ich kann es genauso gut wie ihr, wenn nicht sogar besser.*

Adem lernte Hülya kennen, Hülya war schon mit einem anderen verlobt, den liebe sie aber nicht, sagte sie zu Adem, und Adem sagte zu Hülya: Du wirst ihn nicht heiraten, ich werde dich heiraten.

Adem machte einen Plan: Er wartete im Wagen in einer Nebenstraße auf Hülya. Sie kam aus ihrer Wohnung, in Hausschuhen, damit niemandem was auffiel.

Und dann, sagt Adem, brannten wir durch. Wir fuhren nach Ankara, in eine Wohnung von meinen Verwandten, von ihren Verwandten wusste niemand, wo wir waren. Es vergingen ein, zwei Nächte, und Adem wusste, jetzt ist Hülya für die Familie nicht mehr das, was sie vorher war. Ihr Ruf war hin, nachdem sie so lange mit einem Mann zusammen war, sagt Adem, kein Schwein hätte sie mehr genommen. Dabei hatten wir gar nichts gemacht, ich glaube, sie wollte nicht. Also kochten wir, wir spielten Karten, stinklangweilig war es eigentlich, aber egal, das wusste ja niemand. Alle dachten, Hülya war nun nicht mehr die Tochter, die sie vorher war. Hülya war über Nacht mit Adem zusammen und Adem konnte sie heiraten.

Ich wollte dem Vater schaden, sagt Adem, aber ich schadete mir und Hülya. Sechsundzwanzig Jahre waren wir zusammen, ich habe unsere Leben zerstört. *Adem, das Schwein.*

Adem fuhr zurück nach Berlin, studierte, Hülya kam ein Jahr später nach, konnte kein Deutsch. Ich wollte nicht, dass sie kommt, sagt Adem, schon bei der Hochzeit wusste ich, das alles ist ein Fehler, und nach der Hochzeit wollte ich den Fehler sofort wiedergutmachen. Ich schrieb einen Brief an Hülya, sagt Adem, ein, zwei Wochen nach der Hochzeit, ich schrieb, dass ich sie nicht liebe, die Hochzeit war ein Fehler, sie soll nicht kommen. Aber mein Bruder fing den Brief ab, er schrie ins Telefon, was ich für ein Schwein sei, das Leben eines Mädchens zu ruinieren. Und auch meine Eltern sagten: Das geht nicht, Adem. *So brav.*

Hülya kam nach Berlin. Und ich hab mich dann ziemlich unhöflich, hm, wie nennt man das, katastrophal benommen, sagt Adem. Ich habe sie ein Jahr lang schlecht behandelt, mit ihr kaum gesprochen, kein Sex, selten Körperkontakt, ich hatte einfach keine Lust, ich wollte sie rausmobben, vergraulen, wollte, dass sie von sich aus geht. Aber sie ließ alles über sich ergehen, und ich dachte, ich kann mir fast eine Kugel in den Kopf schießen. Ich fragte mich: Wie trenn ich mich, wie trenn ich mich am besten? Nach einem Jahr sagte ich mir dann: Ich werde sie nicht los, mach das Beste draus.

Adem, hattest du eine Vorstellung von Ehe?

Die Ehefrau ist wie eine Freundin, dachte ich, nur vierundzwanzig Stunden am Tag da. Man macht alles zusammen, bespricht alles, und ich als Mann dominiere ein bisschen, warum auch immer, keine Ahnung, so ist es ja bei türkischen Familien – obwohl das ja auch nicht ganz stimmt: Männer dominieren nur nach außen, in der Wohnung dominiert meist die Frau. Ich wollte immer alles diskutieren, wir aber diskutierten nie, nichts, nothing! Wir redeten nur darüber, wann machen wir Urlaub, was gibt's zu essen. Ernsthaft über Probleme: nie.

Habt ihr über Gefühle geredet?

Ich muss sagen, ich war kein sehr sensibler Ehemann. Sie wollte mal, dass ich sie beim Einschlafen anfasse. Hand auf der Schulter, was soll das denn, sagte ich, so ein Quatsch. Ich hatte keine Lust, ich hatte ja keine Gefühle, was soll ich denn da ausdrücken? Sie hielt mir vor, dass ich sie nicht zur Sprachschule schickte, damit sie Deutsch lernt. Machte ich auch nicht, ich fand, sie könne doch mit mir lernen. Adem ahmt nach, wie er sich das vorgestellt hätte. Er zeigt auf den Tisch und sagt: Deeeer Tiiiisch, zeigt aufs Glas, daaaas Glaaas, Wein, deeer Weeeeein. Ich dachte, so bringe ich es ihr bei. Ich hatte mir ja auch alles selbst beigebracht.

In einem Moment bist du ein Engel, im anderen ein Teufel, sagte Hülya zu Adem.

Es tut mir auch leid, sagt Adem, sie verdiente ja schon einen, der sie liebt, aber ich tat mir auch leid, ich liebte sie nicht. Ich habe geheiratet aus Trotz, nach sieben, acht Jahren dachte ich, wir werden uns sowieso nicht trennen, dann machten wir ein Kind.

Stolz war ich '89 – da kam Kind eins, der Junge.

Stolz war ich '91 – da kam Kind zwei, das Mädchen.

Die Kinder waren da, und wir, die Eltern, sagt Adem, redeten mit zwei Zungen.

Sie wollte, dass die Kinder groß werden, Kinder satt, Welt in Ordnung, morgen ist auch noch ein Tag. Er wollte, dass sie lernen, hart arbeiten, sich hocharbeiten, systematisch sich fragen: Was kann ich heute noch erreichen?

Einschulung des Sohnes. Alle Kinder wurden nach vorn gerufen. Und mein Sohn, sagt Adem, fängt an zu weinen. Zu heulen! Das einzige Kind, das heulte. Ich war stinkig.

Dir war das peinlich?

Ja.

Adems Sohns musste mal einen Text in sein Schulheft abschreiben, machte einen Fehler, und Adem strich die ganze

Seite im Schulheft durch und sagte: Du machst es noch mal. Sein Sohn schrieb, wieder ein Fehler, wieder strich Adem alles durch. Vier oder fünf Mal ging es so, erst dann war es richtig. Adem lobte: Sehr schön, sehr gut.

Adem sagte: Kinder, lest mal Büüüüücher, jeden Tag zehn Seiten, schaut, wie die Wörter geschrieben werden. Wenn ihr etwas nicht versteht, fragt mich. Adem schimpfte: Wieso könnt ihr nicht unterscheiden zwischen »kommen« und »gehen«? Wieso könnt ihr das denn nicht?

Adem legt die Faust auf den Tisch jetzt, er wollte ihnen seine Wahrheit beibringen, die er als Kind gelernt hatte. Ich sagte: Wir sind Ausländer, wir müssen mithalten können, Deutsch sprechen wie die Deutschen. *Wenn nicht sogar besser.*

Adem spreizt die Finger, schlägt mit den Fingerkuppen auf den Tisch, er versteht nicht, noch immer nicht, wie dann so etwas passieren konnte. Sein Sohn stellte etwas an, Diebstahl, und dann stand im Polizeiprotokoll: junger Mann türkischer Abstammung mit ausländischem Akzent. Das musst du dir mal vorstellen! Adem schlägt schneller mit den Fingerkuppen auf den Tisch, ein Kind, das hier geboren wurde! Ausländischer Akzent!

Wenn mein Sohn etwas nicht kapierte, legte er es weg: Egal, nicht kapiert. Wenn man etwas nicht kapiert, muss man doch so lange nachdenken, bis man es kapiert.

Mein Sohn, sagt Adem, wollte eine Bomberjacke anziehen, und ich sagte: Wir kommen aus der Türkei, ich nahm einen Atlas, guck auf die Karte, sagte ich, da ist die Türkei. Ich kam als Kind, du lebst hier, wir sind nicht immer gewollt, diese Menschen mit Bomberjacken mögen uns nicht.

Er sollte sein wie du, Adem?

Nicht wie ich sollte er sein!, ruft Adem aus, besser als ich sollte er sein! Der Beste in der Schule! So lange lernen, bis es klick macht: Adems Wahrheit.

Adem sagte zum Sohn: Nach der Schule kommst du nach Hause, ruhst dich aus, halbe Stunde, dann lernen. Ich wollte doch, dass es ihm zugutekommt, sagt Adem. Ich habe ihn geliebt, und weil ich ihn liebte, wollte ich, dass aus ihm etwas wird. Ich dachte, er kommt nach Hause und sagt: Papa, ich hab es nicht verstanden, wie geht das? Und was machte mein Sohn?, fragt Adem. Tagelang die Schule schwänzen! Stehlen! Ein blauer Brief kam, und niemand sagte mir etwas davon. Auch meine Frau sagte mir nichts, gar nichts mehr.

Einmal, sagt Adem, hatte sein Sohn diese Hausaufgabe: Was passiert, wenn man ein Glas über eine Kerze stülpt? Warum geht die Kerze aus? Ich stellte Fragen, sagt Adem, ich wollte nicht sagen, das ist so, weil ... Und die Frau sagte: Sag es ihm doch, gib ihm doch die Lösung. Aber was hat er denn davon? Er sollte doch lernen, und sie wieder: Los, gib ihm die Lösung. Dann sagte ich: Die Kerze brennt, wenn Sauerstoff da ist. Na gut, hatte er die Lösung, und gelernt? Hat er nichts, nothing. Diese Logik verstehe ich nicht!

Ich hatte Angst: Was soll denn aus ihm werden? Ich warnte. Ich warnte immer. Immer drei Mal. Und wenn das Warnen nichts gebracht hatte, dachte Adem, muss ich die Autorität anwenden. Nach dreimal Warnen ging ich in die Luft. *Es gibt Regeln und es gibt Reaktionen.*

Wenn der Junge nicht auf Regeln hört, sagt Adem, ist die logische Reaktion, dass er fühlen muss. Ich schlage zu. Und wenn Schlagen nicht hilft, muss ich fester schlagen. Ich hab nicht geschlagen, weil ich schlecht drauf war, auf Drogen oder so. Ich schlug, weil ich dachte: Das ist die Reaktion, vernünftig, wissenschaftlich. X-mal hatte ich die Regeln erklärt, trotzdem baute er Scheiße, also bekam er Schläge.

Regeln, Reaktion, wie in der Chemie. Ich versuchte, alles wissenschaftlich zu erklären: Wenn du das machst, gibt es Möglichkeit a, Möglichkeit b, Möglichkeit c. Ich dachte, ich begreife und die anderen begreifen auch. Bleibst du in der Schule sitzen, sagte Adem zu seinem Sohn, lachen dich alle aus. Strengst du dich an, kommst du weiter. Adem, ein Engel, so brav, so fleißig.

Strengst du dich an, sagte Adem zu seinem Sohn, belohnen wir dich, dann kannst du nach England fahren, dort die Sprache lernen. Strengst du dich nicht an, hat das Konsequenzen. Adem, ein Teufel, der rumbrüllt, der ausflippt.

Ich sagte zu meiner Frau: Lass uns trennen, lass uns trennen, ich hatte Angst, ich warnte nicht mehr, ich war von null auf hundert. Irgendwann gab ich auf, ich schlug nur noch zu. Ich hatte Angst, dass ich ihn totschlage.

Dann kam der Tag, an dem Adem den Gürtel nahm. Adem hatte zu seinem Sohn, vierzehn muss er da gewesen sein, gesagt: Ich möchte, dass du dich von diesem Jungen, mit dem du immer rumhängst, fernhältst, dieser Junge passt mir nicht. Monatelang forderte ich das, sagt Adem. Und dann, an einem Morgen, kam ich von einem Arzttermin nach Hause, mein Sohn dachte, ich sei arbeiten, ich hatte befohlen: Dieser Junge kommt mir nicht in die Wohnung, du redest nicht mit ihm, und dann sitzen sie beide da, mein Sohn und dieser Junge. Ich fragte meinen Sohn: Warum hast du das gemacht? Keine Antwort. Ich fragte noch mal: Warum hast du das gemacht? Keine Antwort. Sag doch, ich möchte es verstehen! Keine Antwort. Dann nahm Adem den Gürtel. *Es gibt Regeln und es gibt Reaktionen.*

Adem, was hattest du gegen den Freund des Sohnes?

Ich hatte das Gefühl, dass sie Scheiße bauen würden. Ich kannte ja meinen Jungen, der suchte sich immer einen aus, mit dem er Scheiße bauen kann, das wollte ich unterbinden. Er suchte sich immer nur blöde Jungs aus. Es war ja nicht so, dass sie zusammen Englisch lernten oder Fußball spielten. Er suchte sich den Dümmsten, den Schlimmsten aus.

Adems Wahrheit, noch immer. *Ich wollte doch, dass es ihm zugutekommt.*

Als Adem nicht mehr konnte, legte er den Gürtel weg, der Sohn schrie, die Tochter schrie, und Adem fuhr zur Arbeit. Er hatte keine Stelle mehr als Chemiker, er war Dozent in der Erwachsenenbildung, seit Kurzem erst. Er ging in die Klasse und dachte nicht an das, was passiert war. Er spielte dort den Starken, den Allwissenden.

Auch unter Kollegen ist das ja immer ein Wettbewerb, sagt Adem: Wer weiß mehr? Wer weniger? Keine Blöße geben, nie. Entweder ist man vorn im Rennen, oder man nimmt nicht am Rennen teil.

Lass uns trennen, sagte Adem zu Hülya wieder und wieder. Und auf einmal sagte Hülya: Ja. Im Ernst?, fragte Adem. Ja, sagte Hülya. Warum auf einmal, sagte sie nicht. Mir war das egal, sagt Adem, Hauptsache trennen, Hauptsache weg.

Vielleicht wäre sonst nun einer tot.

Trennung, Scheidung. Sechsundzwanzig Jahre. Leben ruiniert, sagt Adem. Aber alle leben noch.

Ich würde das nicht wieder machen heute, sagt Adem, niemals, nicht den Gürtel, nicht mal schlagen, ich würde rausgehen mit dieser Wut, durch den Park, mit der Faust an die Wand hauen und am nächsten Tag mit dem Jungen reden. Ihn mal in den Arm nehmen, streicheln, küssen. Auf den Schoß nehmen. Er brauchte Zucker, ich gab ihm die Peitsche. Man kommt ja nicht als Vater auf die Welt, sagt Adem.

Ich hatte Liebe für meinen Sohn, ich machte vieles aus Liebe, ich wollte, dass er es besser macht. Dann begann ich zu schlagen, und je mehr ich schlug, desto mehr wollte ich schlagen. Ich dachte, er kriegt Schiss, wenn ich schlage. Er hatte Schiss, aber er hat trotzdem weitergemacht. Ich dachte, er kriegt Schiss und wird brav, so wie ich Schiss hatte damals.

Damals, da ging das los.

Adems Mutter fragte mal: Adem, warum schlägst du deinen Sohn? Du kannst ihn doch nicht schlagen! Adem antwortete: Mama, du hast mich doch auch geschlagen!

Adem, sagte seine Mutter, war ich wirklich so eine schlimme Mutter?

Ein, zwei Mal habe ich probiert, mit ihr zu reden, sagt Adem.

Und wenn ich es gemacht haben sollte, meinte seine Mutter, dann heißt es ja nicht, dass du es auch machen musst.

Ich war enttäuscht, musste lachen, war wütend, sie tat mir leid. Dann hab ich aufgegeben, sagt Adem. Sie ist alt jetzt, was soll ich mit ihr diskutieren, sie kann sich nicht erinnern.

Adem erinnert sich an ihre Liebe, unheimlich, übertrieben, Extreme nur, Weiß und Schwarz. Adem erinnert sich, dass er aus Liebe zu ihr schwieg, sich nicht wehrte: Ich wollte immer geliebt werden, dafür tat ich alles. *Zucker.*

Adem war vierzehn, wünschte sich, dass die Haare lang wachsen, die Mutter sagte: Geh zum Friseur, er kam wieder, sie sagte: Nicht kurz genug, geh zum Friseur. Er kam wieder, sie sagte: Nicht kurz genug, geh zum Friseur. Vier Mal, sagt Adem, ging er zum Friseur, weigerte sich nicht. Ich hatte Angst, sagt Adem, dass sie zuschlägt.

Manchmal schlug sie auf den Kopf, ihre Hand zur Faust, angespannt, der Mittelfinger etwas weniger eingeknickt als die anderen, und dann, zack, zack. *Peitsche.*

Am Morgen konnte man nicht wissen, was der Tag bringt. Ob man geprügelt wird oder geliebt.

An einem Morgen, sagt Adem, spielten sein Bruder und seine Schwester Ball im Garten, und die Mutter sagte: Adem, geh Brot holen. Nein, Mama, ich will nicht. Adem, geh Brot holen. Adem ging nicht, er lief ins Haus, die Mutter lief hinterher, erwischte ihn, erwischte ihn mehrmals, sie hatte etwas in der Hand, vielleicht war's ihr Hausschuh. Und dann weiß Adem nichts mehr, sagt er. Er weiß nur, dass er im Garten aufwachte, seine Geschwister spielten noch immer Ball, und er lag auf dem Boden.

Ich muss kurz ohnmächtig gewesen sein, sagt Adem und streckt seine Hände aus, zeigt, wie er damals dalag, alle Glieder von sich gestreckt, wie überfahren, auf dem Boden wie ein Abziehbild.

Adem stand auf und ging Brot holen. *Ich wollte immer geliebt werden.*

Wie oft wurdest du geschlagen?

Sehr oft. Nach Mutters Rangordnung gab es die Hierarchie: Vater, Mutter, Bruder, Schwester, ich. Ich war der Jüngste, jeder durfte mich schlagen, das war okay. Am schlimmsten war meine Mutter. Wenn sie meinte, ich habe Scheiße gebaut, prügelte sie, und wenn sie prügelte, schrie sie, was für ein schlimmes Kind sie habe, undankbarer Bursche, was für ein Leben sie habe. Am nächsten Tag hatte ich mich bei ihr zu entschuldigen. Ich sagte: Entschuldigung. Das war's, alles wieder in Ordnung.

Du hast dich entschuldigt, weil du verprügelt wurdest?

Adem lacht auf.

Fühltest du dich schuldig, Adem?

Dieses Entschuldigen war Gewohnheit, ich habe nichts Schlimmes gemacht als Kind, nur einmal eine kleine Fensterscheibe kaputt gemacht. Verprügelt werden, sich entschuldigen, das war Gewohnheit. Meine Mutter ist so, dachte ich, sie liebte mich, ich liebte sie. Die Schläge nahm ich hin. Einmal, als Jugendlicher, fragte ich mich, warum bekam ich immer alles ab, ist doch unfair, wieso immer ich, es geht nicht mehr so weiter. Ich bekam Schläge und entschuldigte mich zum ersten Mal nicht. Drei Monate wechselten wir kein Wort.

Dann hörte sie auf zu schlagen. Adem bekam mit, wie die Mutter zum Vater sagte: Er ist nun kein kleiner Junge mehr, mit Schlägen kann man ihn nicht mehr erziehen.

Eigentlich hätte ich in der Gosse enden müssen, sagt Adem, als Drogenverkäufer oder als Liebesdienstanbieter, eins von beiden. *Damals, da ging das los. Ich dachte, er kriegt Schiss, wenn ich schlage. Ich dachte, er kriegt Schiss und wird brav, so wie ich Schiss hatte damals. Man kommt ja nicht als Vater auf die Welt.*

Fühlst du dich als Opfer, Adem?

Ja, damals war ich ihr Opfer, Opfer ihrer Dummheit, Opfer ihrer Unwissenheit. Das war die Krankheit meiner Mutter, die Schläge kamen dazu. Sie waren ein Werkzeug dieser Krankheit Unwissenheit.

Und du, Adem?

Ich habe das, was ich von meinen Eltern gelernt hatte, modifiziert angewandt. Ich bin ein Täter, ich hab's ja gemacht, er war ein unschuldiges Kind, ich machte ihn fertig, als ob er der letzte Dreck sei. Ich hatte Furcht, meinen Sohn umzubringen. Und unterm Strich ist dieser Mensch ein bisschen tot. Das ist meine Schuld. Mein Sohn ist das Opfer meiner Dummheit, meiner Unwissenheit, meiner Hilflosigkeit. Ich hab es gemacht, zusammen mit meiner Frau. Wir haben unseren Sohn kaputtgemacht. Sie kann sich nicht rausreden, ich möchte mich nicht rausreden. Ich bin stinkig auf sie, stinkig, dass sie mich anlog, wenn es um den Jungen ging, stinkig, dass wir nicht über diese Erziehung redeten, stinkig auf meine Dummheit. *Was ich für Gründe hatte, interessiert das Opfer nicht.*

Ich bin von meiner Mutter geprägt worden, sagt Adem, und meine Mutter ist von irgendetwas geprägt worden. Ich bin in ihre Welt hineingeboren worden, mein Sohn ist in meine Welt hineingeboren worden. Ich hoffe, dass er keine Kinder in die Welt setzt, wenn, dann wird er erziehen, wie ich erzogen habe. Ein Kreislauf ist das, wer schafft es denn, da auszubrechen?

Mein Leben macht mich traurig, sagt Adem und schweigt.

Und wenn du etwas ändern könntest?

Ändern? Wenn ich etwas ändern könnte, wäre das meine Geburt, dass ich nicht als Kind dieser Eltern auf die Welt komme, dieser unwissenden Eltern. Unwissenheit ist ja nicht das Schlimmste, man kann unwissend sein, aber das Schlimmste ist, wenn man unwissend ist und nichts tut, sich nicht bewegt. Meine Mutter haderte nur mit dem Schicksal, sie haderte und schlug. Ich bin nicht gern Kind dieser Eltern.

Es ist nicht lange her, da war Adems Vater schwer krank, Krebs, und Adem zog wochenlang in die Türkei, sorgte für seinen Vater im Krankenhaus, sorgte für ihn zu Hause, wusch den Körper, wechselte Windeln, der Vater bekam eine Lungenentzündung, Nierenversagen. Als er starb, sagte Adems Mutter: So, wie du deinen Vater gepflegt hast, kommst du direkt in den Himmel.

Adem, wovor hast du Angst?

Vor nichts. Oder doch, ich habe Angst, dass meine Mutter leidet, bevor sie stirbt, dass sie leidet wie mein Vater. Wenn es so weit ist, soll sie schnell sterben, sagt Adem. Und ich habe Angst, dass es meinem Sohn schlecht ergeht, wenn sich keiner kümmert um ihn. *Opfer. Täter.*

Was kann man von dir lernen, Adem?

Liebe zu den Eltern. Ich bin nicht gern ihr Kind, aber ich bin nun mal ihr Kind, ich respektiere sie.

Egal was sie tun?

Eltern sind Eltern, ich bin durch sie entstanden. Ich habe meiner Mutter vergeben. Ich werde sie pflegen, und wenn sie tot ist, werde ich sie begraben und ihr Grab besuchen und mich bedanken, dass sie mich großzog, mir gab, was sie geben konnte. *Engel. Teufel.*

So bin ich, sagt Adem: Ich bin stur, ehrgeizig, ich arbeite seit vierzehn Jahren als Lehrer und mache immer meine Unterlagen neu. Ich schreibe jetzt stolz an die Tafel meinen

Namen: Dr. Adem Yılmaz. Ich habe meine Frau nicht geliebt, aber wenn sie krank war, kümmerte ich mich. Braucht mich jemand, bin ich da. Sehe ich eine Schwäche, bohre ich rein. Ich provoziere gern, wenn einer mit seiner Dummheit ankommt, Dummheit passt mir nicht. Ich bin ehrlich, offen, nicht diplomatisch, daher nicht immer beliebt. Jemandem emotional etwas beibringen ist nicht mein Ding. Ich sehe die Wahrheit, die nackte, und sag sie. Wer die Wahrheit sagt, wird aus neun Dörfern verjagt, sagt Adem, türkisches Sprichwort.

Adem, das Opfer. Adem, der Täter. Adem, der Engelteufel.

Und dann, sagt Adem, kamen wohl die Folgen, die Folgen meiner Kindheit, meiner Ehe, meiner Kindererziehung.

Adem ging, es war die Zeit kurz vor der Trennung von seiner Frau, ins Einkaufszentrum Steglitz. Er ging rein und ging schnell wieder raus, er konnte nicht mehr reingehen. Blödsinn, dachte er, du willst doch nur was kaufen, um die Wohnung zu renovieren, aber Adem konnte nicht in dem Einkaufszentrum sein. Übel wurde ihm. Ich fall um, dachte er und fuhr nach Hause. Adem, der Engelteufel, fuhr zur Arbeit und schloss sich auf der Toilette ein, er fuhr nach Hause und schrie am Lenkrad. Das Gesicht brannte, als wenn kochendes Wasser darübergeschüttet würde, der Körper schwitzte, es lief ihm den Rücken runter. Und wenn gar nichts mehr lief, dann legte er sich ins Bett, um halb sechs im Sommer, sofort nach der Arbeit, wälzte sich im Bett rum, bis vier Uhr am Morgen, nur wälzen, linksrum, rechtsrum, linksrum, ab vier Uhr eineinhalb Stunden schlafen, aufstehen, wenn der Wecker klingelt, arbeiten, halb sechs wieder ins Bett.

Der Körper legte den Schalter um, sagt Adem. Wenn du schluckst, schluckst, schluckst, schluckst, schreist, schluckst, schlägst, schluckst, schluckst, dann kommt es hoch. Er machte eine Therapie. Er schluckte Antidepressiva. Er ging in eine Klinik. Früher, sagt Adem, lachte ich darüber:

Panikattacken, wie kann man das denn kriegen? Depressionen? Alles Simulanten!

Helfen kann dir niemand, sagt Adem, kein Mensch, keiner hilft dir, wirklich keiner, auch nicht Gott. Selbst musst du dir helfen, sagte sich Adem und half sich, ging spazieren, erst um die Wohnung herum, zog den Radius immer weiter. Wenn ich nicht gehe, sagte er sich, bin ich kaputt. Er stand an der Spüle, wusch das Geschirr ab, und im Kopf raste sein Leben umher, Bilder von früher, Sätze von früher, und Adem dachte: Hätte ich mal, hätte ich mal ... Wenn das Leben raste, schaute sich Adem einen türkischen Kochsender an. Kochen, sagt Adem, ist eine schöne Sache, um gegen Depressionen anzukommen, Kochen ist tausendmal besser als Tabletten. *Alles, was ich lernte, brachte ich mir selbst bei.*

Ich war so hilflos, sagt Adem, ich wusste nicht weiter. Ich wollte reden, aber ich hatte niemanden zum Reden, Frau weg, Kinder weg, ich war allein, noch nie im Leben war ich allein.

Adem wählte eine Nummer, die er im Internet fand, er hatte gegoogelt: Psychologe, Türke, so etwas. Er wählte 68874815.

Ich brauche Hilfe, sagte Adem.

Kommen Sie, sagte Herr Erdoğan.

Herr Erdoğan, diesen Mann kannte er. Er war mal bei ihm gewesen. Ein paar Jahre ist das her, dachte Adem, mit seiner Frau, über die Kinder hatten sie geredet, ach geredet, fast nur gestritten hatten sie, eine Stunde lang. Und während Adem und Hülya stritten, war dieser Herr Erdoğan kaum zu Wort gekommen. Adem erinnert sich, dass Herr Erdoğan immer wollte, dass sie die positiven Seiten des anderen aufschreiben, nullachtfünfzehn, dachte Adem, was soll das denn. Er erinnert sich, dass er sagte, ich habe die Schnauze voll, und dann verließen sie, Hülya und Adem, das Zimmer von diesem Herrn Erdoğan.

Kommen Sie, sagte Herr Erdoğan.

Kazım Erdoğan, sagt Adem, das ist ja kein Angeber, kein Arroganter, man erwartet erst mal nichts. Allein das Aussehen, man denkt doch erst mal: Schuhputzer? Kamelverkäufer? Adem zieht die Schultern hoch, so wie Kazım sie immer hochzieht. Und dann, sagt Adem, ragt der kleine Kopf daraus, so sitzt er da. Erst wenn er anfängt zu reden, versteht man, wer er ist. Das kann er gut, sagt Adem, reden. Reden und zuhören. Er kann das, was ich nicht kann. Mir hat ja nie jemand zugehört. Ich hab ja nie mit jemandem geredet, sagt Adem.

Kommen Sie, sagte Herr Erdoğan.

Adem kam. Montagabend, Männergruppe. Ein schlichter Raum, Männer auf Stühlen um einen Tisch, alle tranken Çay, saßen da und redeten.Ç

Adem sagte: Hallo, ich bin Adem, geschieden, zwei Kinder, kein Kontakt zu den Kindern.

Willkommen, Adem, sagten die Männer.

Adem kam wieder, Montag für Montag. Er erzählte, dass er seinen Sohn geprügelt hatte. *Was soll's, ich versteck es nicht. Ich hab's ja gemacht.*

Ich schäm mich nicht, ich müsste mich schämen, wenn ich nicht dazu stehen würde.

Als die anderen ihre Geschichten erzählten, hatte Adem das Gefühl, er ist nicht der einzige Mensch unter sieben Milliarden Menschen auf dieser Welt, dem das passiert ist. Es gibt noch andere, die genauso Fehler machen. Das hört sich dumm an, sagt Adem, aber es baut einen auf.

Was hast du gelernt?

Ich stellte fest, dass ich vieles falsch gemacht hatte, fast alles. Ich machte fast alles falsch.

Ich hab jeden Montagabend in der Männergruppe gesessen, sagt Adem, und zugehört. Es funkt nicht sofort bei mir, manchmal dauert es Wochen, Monate, es funkt nicht sofort, aber es geht auch nicht rein und raus. Ich höre es, es bleibt da, und nach einiger Zeit denke ich: Adem, das hast du auch falsch gemacht.

Einer der Männer erzählte mal, dass man mit den Kindern nicht über die Probleme der Ehe reden sollte, und da dachte Adem: Wieder ein Fehler, das musst du lernen. Einer der Männer sitzt immer da, ganz ruhig, nichts bringt ihn aus der Fassung. Diese Ruhe, das musst du auch lernen.

Ich habe gelernt, sagt Adem, dass man Geduld haben sollte. Dass man zuhören sollte. Dass Schimpfen keine Lösung ist. Dass man mehr Verständnis für das Gegenüber haben sollte. Hätte ich all das früher gelernt, wäre meine Geschichte wohl anders verlaufen, sagt Dr. Adem Yılmaz. Auf den Doktor ist er stolz. Aber ein Doktortitel, sagt Adem, hilft nicht, wenn du Kinder hast. Du kannst Atomphysiker sein, Nobelpreisträger, ein Doktor hilft dir nicht, wenn du Vater bist. *Man kommt ja nicht als Vater auf die Welt.*

Was ich allen Vätern dieser Welt sage: Habt Geduld, viel Geduld, nehmt nicht die Gewalt, nehmt die Geduld und hört dem Kind zu. Bestraft es nicht, wenn es etwas falsch macht, belohnt es, wenn es etwas richtig macht. Geduld, nur Geduld. *Man hätte mich auch in den Knast stecken können.*

Das, was ich in der Männergruppe gelernt habe, habe ich jetzt mal angewendet, sagt Adem und erzählt von seinen Nichten und Neffen, die jahrelang nicht miteinander sprachen. Adem gründete eine Whatsapp-Gruppe, lud die Neffen ein, lud die Nichten ein. Die Neffen weigerten sich, was soll das denn?, wozu?, meinten sie. Ich brauchte viel Geduld, sagt Adem, Geduld, Geduld. Irgendwann hatte ich sie, sagt Adem. Erst kam der eine Neffe, dann der zweite, dann der dritte, nun sind sie alle in der Gruppe. Geduld, Geduld, wiederholt Adem. Ich bin nun ihr Gruppenleiter, Adem lacht auf, ein Erfolgserlebnis, sagt er. *Hätte ich all das früher gelernt, wäre meine Geschichte anders verlaufen.*

Wenn ich noch etwas ändern könnte an meinem Leben, dann würde ich die Gewalt ganz weglassen und mich mehr für Kunst, Musik, Tanz öffnen, für Kultur. Ich verstehe erst jetzt, wie glücklich es mich macht, wenn ich ein Lied singe, wenn ich ein Lied auf der Geige spiele.

Adem hat gerade angefangen, Geige zu lernen. Und zu tanzen, Standardtanz. Adem lernt jetzt Walzer, Wiener Walzer, langsamen Walzer.

Ich spüre, wie überglücklich es mich macht, ein Gedicht aufzusagen.

Du kannst Gedichte?

Adem überlegt einen Moment, beginnt, stockend, immer schneller:

»Es schlug mein Herz, geschwind zu Pferde!
Es war getan fast eh gedacht.
Der Abend wiegte schon die Erde,
Und an den Bergen hing die Nacht;
Schon stand im Nebelkleid die Eiche,
Ein aufgetürmter Riese, da,
Wo Finsternis aus dem Gesträuche
Mit hundert schwarzen Augen sah.«

»Willkommen und Abschied« von Johann Wolfgang von Goethe.

Adem liebt Gedichte, tonnenweise könnte er die lesen, sagt er, diese Wortspiele, dieses Reimen. Wenn Adem Gedichte liest, bekommt er Tränen in den Augen. Woran das liegt?, fragt sich Adem. Ich hänge wohl eher an den Worten als am Menschen, beim Menschen hab ich nie geweint. Adem schweigt.

Langsam spricht er, andächtig: »In meinen Adern welches Feuer! In meinem Herzen welche Glut!«

Ich habe Riesenrespekt vor Dichtern, die Füße küssen könnte ich ihnen, sagt Adem. *Schwarz. Weiß. Engelteufel.*

Ich würde ja gern verstehen, sagt Adem, wie die Seele so tickt, warum hab ich so reagiert, warum reagier ich so. Ich hatte eine Familie, eine Frau, Kinder. Jetzt habe ich keinen Kontakt mehr zu ihnen. Sie wollen das nicht, sie sagten öfter zu mir: Wir brauchen dich nicht, lass uns in Ruhe. Traurig, traurig, aber wahr, sagt Adem.

Mit der Tochter, sagt er, hatte ich vor zwei Jahren noch mal Kontakt. Dann hab ich mit ihr angefangen zu diskutieren, und dann soll ich vor ihr die Mutter mit einem Ausdruck bezeichnet haben, sagt Adem.

Was für ein Ausdruck?

Adem buchstabiert, jeden einzelnen Buchstaben betonend: H-U-R-E.

Die Tochter flippte aus, der Kontakt zur Tochter war vorbei.

Als wir noch verheiratet waren, sagt Adem, hab ich meiner Frau dieses H-Wort öfter hinterhergebrüllt. Ich steh dazu, ich wollte sie beleidigen, wusste nicht mehr, was ich machen sollte. Ich wollte mich scheiden lassen, meine Worte kamen nicht an, ich erniedrigte sie, sie nahm das so hin. *Schwein, Täter, Teufel.*

Den Sohn, sagt Adem, hab ich vor einem Jahr mal angeschrieben, über Whatsapp, ich dachte: Adem, mach den ersten Schritt, das ist dein Sohn, dein Sohn braucht Liebe, Verständnis, so hast du es in der Vätergruppe gelernt.

Adem sagt, er schrieb etwa so: Hier ist dein Vater, ich würde mich gern mal mit dir unterhalten. Was willst du?, erinnert sich Adem, schrieb daraufhin der Sohn.

Eine Weile ging es hin und her, wie das genau war, weiß Adem nicht mehr, er erzählt: Der Sohn warf mir vor, dass ich mit Punkt und Komma schreibe, das war ihm zu korrekt. Er warf mir vor, dass ich ihn nur schlug, dass er immer nur lernen, lernen, lernen, lernen sollte. Adem antwortete ihm: Und was hast du gelernt? Hast du überhaupt etwas gelernt? Und was die Schläge angeht, schrieb Adem, habe ich tausendmal mehr Schläge bekommen als du.

Ich hatte vier Gläser Wein getrunken, sagt Adem, ich ließ mich provozieren, Geduld, Geduld, Geduld, Geduld. Ich hatte sie verloren.

Bald darauf löschte er den Chat, der Kontakt zum Sohn war vorbei.

Dass ich Schläge bekam, sagt Adem, wusste mein Sohn bis dahin nicht, aus meiner Kindheit hatte ich nichts erzählt. *Was ich für Gründe hatte, interessiert das Opfer nicht.*

Du musst loslassen können, sagt sich Adem, wenn es nicht geht, geht es eben nicht, muss ich akzeptieren. Was soll ich machen? Eine Knarre nehmen, in die Wohnung rein ... Er stockt im Satz, spricht nach einem kurzen Moment weiter: und zum Schluss mich? Dann wäre nun einer tot. Oder zwei, drei. *Aber alle leben noch.*

Adem schweigt. Vielleicht, sagt er, fragen die Kinder meiner Kinder ja mal: Wo ist denn Opa?

Adem, würdest du dich bei deinem Sohn entschuldigen?

Ja.

Was würdest du sagen?

Ich würde sagen: Ich bin stolz auf dich. Er muss nichts machen, nichts können, nichts erfüllen, er ist mein Sohn. Ich würde sagen: Damals empfand ich das, was ich tat, als richtig, nun ist es für mich das Dümmste, was ich tun konnte.

Würdest du diesmal nicht die Geduld mit ihm verlieren?

Ich hoffe nicht, ich weiß nicht, wie er reagiert. Irgendwann verliere ich natürlich meine Geduld. Aber ich würde gern reden über seine Probleme, seine Wünsche. *Engelteufel.*

Ich würde gern sagen: Sohn, ich liebe dich.

Politik und Religion

»Ich bin alt, ich habe keine Angst mehr«

Kazım: Liebe Freunde, ich möchte mit euch über Politik und Religion reden. Wie beeinflusst die Religion die Politik? Und welche Rolle spielt das für unser Leben? Wir haben in Deutschland viele Diskussionen über religiöse Symbole, Burka, Kopftuch, Kreuze. Symbole führen dazu, dass man sich einem Menschen annähert oder ihn abstempelt. Was sind eure Erfahrungen?

Celal: Ich mache gerade ein Experiment. Seit einiger Zeit trage ich ein orthodoxes Kreuz – ich bin kein Christ, sondern Muslim, mir gefällt es einfach als Accessoire. Meine Mitmenschen verwirrt es. Mein Sohn meinte: Sag mal, Papa, spinnst du völlig? Ein Freund, mit dem ich studierte und der Filialleiter einer Bank ist, sagte: Was ist denn mit dir los? Führst du was im Schilde? Arbeitest du für den türkischen Nachrichtendienst und spionierst das Christentum aus? Ich kann dich so nicht anschauen, wenn das Ding da ist, nimm das weg! Meine jugendlichen Schüler, die einen türkischen und arabischen Hintergrund haben, sagten: Sind Sie Christ? Ich sagte: Nein, das ist für mich nur ein Schmuckstück. Und sie: Wirklich, geht das? Wenn Sie das tragen, verlieren Sie doch Ihren Glauben! Ich entgegnete: Nein, so schnell geht das nicht. Mit diesem Experiment teste ich aus, wie mein Umfeld reagiert. Das ist sehr spannend, einige gehen dadurch auf Abstand. Ich erreiche aber auch viel.

Alişan: Was denn?

Celal: Ich komme mit vielen ins Gespräch, vor allem in türkischen und arabischen Kreisen. Ich muss ja gar nichts sagen, sie sehen das Kreuz und werden stutzig: Ist das ein Armenier aus Istanbul? Ein Assyrer? Wieso sieht der orientalisch aus und trägt so etwas? Da sind sofort viele Fragezeichen, und dann fangen wir an zu reden. Wir alle haben Vorurteile, und wir bauen die nur ab, wenn wir miteinander sprechen. Natürlich ist mir klar, dass ich mit diesem Experiment nicht jedes Gegenüber überzeuge, aber bei Einzelnen bleibt etwas hängen. Vielleicht erinnert sich einer meiner Schüler mal an seinen Dozenten, der ein Kreuz trug und kein Christ war. Vielleicht versteht er durch mich, dass er nicht starr denken soll, achtet mehr auf die inneren Werte und nicht nur auf die äußeren Symbole. Zu allen, die mich fragten, habe ich gesagt: Ein Kreuz verändert doch nicht meinen Glauben, meine Persönlichkeit! Wir wissen doch alle, dass es viele Muslime gibt, die Symbole ohne Ende haben, und dennoch nur Möchtegern-Muslime sind. Sie haben überhaupt keine Ahnung vom Islam.

Alişan: Wie ist es denn bei euch mit der Religion? Wer von euch hat einen Gottesglauben?

Adem: Wenn mich jemand fragt: Bist du Muslim?, sage ich Ja. Beten kann ich aber nicht, ich habe noch nie gebetet. Als ich achtzehn war, gaben mir meine Eltern den Koran. Ich las ihn nicht. Auch mit Moscheen hatte ich bis vor Kurzem nichts zu tun. Nun, mit Mitte fünfzig, stelle ich fest, dass etwas in mir passiert, ich bin nun auch mal in eine Moschee gegangen. Ich habe mich ein bisschen umgeschaut, unterhielt mich mit einem Hodscha. Das war ganz aufregend. Mein Interesse ist noch da. Vielleicht geh ich bald noch einmal hin.

Kazım: Ich bemerke das oft bei Männern, die älter werden. Früher erlaubten sie sich alles, tranken, spielten und gingen fremd, und dann machen sie auf einmal eine Pilgerfahrt nach Mekka. Nie nahmen sie den Namen Gottes in den Mund, plötzlich sagen sie: Inschallah, so Gott will.

Celal: Bei mir ist es andersherum. Mein Glaube nimmt eher ab, je älter ich werde. Ich bin als Muslim geboren, war mal sehr religiös, so mit zwölf, es wurde immer weniger. Ich habe einen Gottesglauben, aber ich halte mich nicht an islamische Regeln. Ich gehe auch in eine Kirche und bete dort, in einer Synagoge war ich mehrmals. Ich bin offen, ich habe das Gefühl, wenn ich die Sterne sehe, den Sonnenaufgang oder etwas Schönes in der Natur, dann erkenne ich darin einen Gott. Das tut mir gut, das ist eine schöne Kraft. Ich finde aber, man soll der Religion nicht zu viel Gewicht geben.

Ismail: Ich bin Muslim, kein fanatischer. Man sollte andere nicht mit seiner Religion belästigen.

Mehmet: Ja, einige schneiden Köpfe ab, sprengen sich in die Luft und denken, dafür werden sie mit dem Paradies belohnt. Als guter Muslim mache ich doch so einen Scheiß nicht.

Kazım: Was ist das, ein guter Muslim? Ich erinnere mich an meine Kindheit, ich war Schüler im Internat. Wenn einer in der Klasse den Lehrer damals fragte: Können Sie uns sagen, wo Gott ist? Wie ist es möglich, dass er uns Menschen alle sieht?, galt man sofort als gottlos.

Mehmet: Ein guter Muslim ist, wer den Glauben menschlich lebt. Ein guter Muslim handelt aus dem Herzen.

Adem: Meine Mutter hält sich für eine gute Muslimin, sie kann den Koran fast auswendig. Ich behaupte aber, dass sie nichts davon verstanden hat, sie leiert das nur herunter. Ich wünsche mir, dass die Leute ein bisschen mehr ihren Grips einschalten.

Alişan: Wenn ich einen Muslim, der es nicht schafft, fünfmal am Tag zu beten, frage, ob er ein guter Muslim ist, wird er Nein sagen und ein schlechtes Gewissen haben. Er hat aber kein schlechtes Gewissen, wenn er jedes Jahr den Staat um Steuern betrügt. Meine These ist, dass die Gesetze, denen die Menschen auf der ganzen Welt folgen, mehrheitlich religiös sind. Sie versuchen auch die staatlichen Gesetze nicht zu verletzen, weil sie Angst haben, dass die Polizei sie erwischt und sie Sanktionen bekommen. Das ist aber Zwang. Den religiösen Gesetzen hingegen folgen viele Menschen freiwillig. Für mich als Atheist ist das ein Problem.

Kazım: Wenn man mich fragt, was meine Religion ist, sage ich: der Mensch. Der Mensch ist für mich das heiligste, wertvollste Buch, in dem ich lesen kann. Bei den ganzen Ungerechtigkeiten auf der Welt frage ich mich: Warum greift Gott nicht ein, wenn er barmherzig ist und alles sieht, alles merkt, alles veranlassen kann? Wieso wüten die Despoten, und die hilfsbereiten, solidarischen Menschen verschwinden? Ich glaube an keinen Gott. Ich glaube, es gibt Kräfte, irgendetwas, was dieses Universum, diese Welt aufrechterhält. Was das ist, weiß ich nicht. Aber, liebe Freunde, wir sollten uns nun damit beschäftigen, wie die Religion auf unseren Alltag einwirkt.

Alişan: In der türkischen Community in Deutschland hat sie die Rolle übernommen, die Herkunftsidentität zu konservieren und zu verteidigen. Der Islam, der hier in den Moscheen und Hinterhöfen praktiziert wird, erscheint mir dadurch oft sehr aggressiv. In der Türkei, wo ich gerade viel Zeit verbringe, ist die Kraft der Religion ungebrochen. Die Bevölkerung ist religiös, bis auf marginale atheistische Minderheiten. Allein in der türkischen Sprache kommt ja ständig das Wort Allah vor: Allah beschütze dich auf deinem Weg, Allah beschütze deine Kinder.

Adem: Wenn du als Atheist in der Türkei bist, sagst du dann auch Allah?

Alişan: In meinem nichtreligiösen Kreis sage ich: Salam aleikum, Friede sei mit dir. Ironisch natürlich. Außerhalb dieses Kreises sage ich schlicht Guten Tag. Das Wort »Inschallah« vermeide ich, stattdessen sage ich »Hoffentlich«.

Adem: Du machst das auf die Gefahr hin, dass du auffällst.

Alişan: Klar. Wenn man mich fragt, wie viele Kinder ich habe, und ich zwei antworte, kommt sofort die Floskel: Gott beschütze sie. Ich frage dann aus Höflichkeit mein Gegenüber, wie viele Kinder er hat, vermeide aber das Wort Allah und sage nur: Es möge ihnen gut gehen. Für den anderen ist das schon merkwürdig. Er wünscht mir, dass meine Kinder von Gott behütet und geschützt werden, und ich verweigere dies seinen Kindern.

Celal: Das kann auch mal gefährlich werden, denn du machst damit ja deutlich: Ich gehöre nicht zu euch. Du könntest auch Inschallah sagen und denken: Mir doch egal, was der denkt, ich weiß ja, wie ich ticke. Als der Kemalismus in der Türkei stark war, gab es mal eine Bewegung, die diese arabischen Ausdrücke wegpacken wollte. Nun, da die andere, die religiöse Seite an der Macht ist, sind die Begriffe wieder sehr stark.

Kazım: Ich würde mir wünschen, dass wir uns in der Gesellschaft nicht an diesen Begriffen aufhalten, das führt selten zu Übereinstimmung. Mir sind sie willkommen, wenn sie Wertschätzung mit sich bringen, Anerkennung. Mir ist die Religion willkommen, wenn sie dazu dient, dass es weniger Gewalt gibt, weniger Morde. Manchmal wird Religion aber zur Abwertung benutzt. Dann heißt es: Der Koran ist das heilige, wahre Buch, und wer daran nicht glaubt, ist ungläubig. Damit habe ich meine Schwierigkeiten. Ich habe auch meine Schwierigkeiten damit, wenn man die Augen verschließt. Seit Jahren versuche ich, das Thema Spielsucht in die Moscheen zu tragen. Dass dort darüber geredet wird, weil viele der Männer, die in die Moschee gehen, davon betroffen sind. Ständig gehen sie in Wettbüros, verzocken alles, was sie haben. Ich hatte oft mit solchen Fällen zu tun. Von Imamen höre ich aber: Bei uns Muslimen gibt es das Thema Spielsucht nicht. Wir sind alle Muslime, wir spielen nicht. Und ich habe auch Schwierigkeiten damit, wenn die Religion auf die Politik einwirkt. Was, denkt ihr, ist die letzten Jahre in der Türkei passiert?

Celal: Als ich klein war, hatte mein Vater zu Hause ein Bild von Atatürk und sagte: Guter Mann. Pass auf, wenn jemand schlecht über ihn redet. Mit zehn nahm mich mein Vater dann mit zum Freitagsgebet in eine Moschee in Kreuzberg.

Der Hodscha schimpfte auf Atatürk. Ich fragte meinen Vater: Warum tut er das? Mein Vater sagte: Ach, ignoriere diese Sätze, das macht er, weil Atatürk den Religiösen das Zepter aus der Hand genommen hat. Mach dir keinen Kopf, wir gehen trotzdem in die Moschee. Ich ging also hin und hörte immer wieder die Beschimpfungen auf Atatürk. Inzwischen sind Leute, die ähnlich denken, an der Regierung in der Türkei. Man spricht zwar nicht mehr negativ über Atatürk, aber schon über seine Ideen. Vor allem nach dem Möchtegernputsch am 15. Juli 2016 griff man sie sehr an. Das Geschäft der Gefühlsausbeutung beherrschen die Mächtigen wirklich perfekt. Ihre besten Mittel sind die nationale Identität und die dogmatische Religion. Eine Verwandte erzählte mir, dass man sich nach dem Putschversuch in den Moscheen sehr stark fühlte, es wurde gepredigt, als hätten sie einen Befreiungskrieg gewonnen.

Kazım: Ich schäme mich wirklich für das, was passierte, nachdem Fetullah Gülen von meinem Namensvetter Erdoğan für den Putschversuch verantwortlich gemacht worden war. Das hat uns in Deutschland, in Berlin auseinandergerissen. Es gab Listen, auf denen stand, bei welchen Läden man nicht mehr einkaufen sollte, weil die Besitzer angeblich Gülen unterstützten. An Moscheen hingen Zettel, dass Gülen-Anhänger unerwünscht seien. Als ich mich dazu öffentlich äußerte, bekam ich Hassmails. Ich möchte nicht Gülen in Schutz nehmen, ich setze mich nicht dafür ein, weil mir diese Menschen sympathisch sind, sondern deshalb, weil viele schuldlos in Schwierigkeiten geraten sind und nun allein wegen ihres Glaubens verfolgt werden. Dagegen engagiere ich mich.

Celal: Vor einiger Zeit wollte ich mehr über die Gülen-Bewegung erfahren, und weil einige Bekannte von mir damit verbunden sind, habe ich es geschafft, Lehrer an einer Gülen-Schule zu werden. Zweieinhalb Jahre habe ich dort gearbeitet. Ich bekam schnell heraus, dass viele meiner Kollegen freitags in eine Moschee gingen, also ging ich auch mal hin. Als sie mich dort sahen, fanden sie mich interessant und wollten mich kennenlernen. Wir trafen uns in Restaurants und bei Grillfesten, sie sagten zu mir: Du darfst den Deutschen nicht vertrauen! Einem Nicht-Muslim darfst du auch nicht vertrauen! Als ich diese Haltung kritisierte, wurde ich nicht mehr eingeladen. Ich habe gemerkt: Selbst wenn Gülen sich als weltoffene Bildungsinstitution gibt, ist Kritik üben nicht erlaubt. Das macht mir Angst, sie verheimlichen, was wirklich hinter ihnen steckt. Ich mag Erdoğan nicht, aber anders als Gülen ist er kein brillanter Taktiker, dem ist egal, was die Leute denken, er spricht von einer roten Linie, und am nächsten Tag ist diese rote Linie meilenweit entfernt.

Adem: Ich sehe Erdoğan als einen aalglatten Politiker an, einen der politisch besten, die wir in den letzten dreißig, vierzig Jahren hatten. Die deutsche Regierung hat extreme Probleme mit ihm, er steckt sie hundertmal in die Tasche. Ob man es mag, wenn er aalglatt ist? Ich mag's. Von einem braven Menschen kannst du in der Weltpolitik keine Erfolge erwarten.

Alişan: Erdoğan ist der erste Türke seit Atatürk, den die ganze Welt kennt.

Kazım: Darauf kann ich nicht stolz sein. Vor allem nicht, weil unsere Ängste seit einiger Zeit größer geworden sind. Umso mehr wünsche ich mir, dass keine Religion und keine Regierung der Welt die Macht hat, uns Menschen auseinanderzureißen. Dass wir nicht werten: Ich habe die richtige Religion, ich unterstütze die richtige Partei, du aber nicht. Ich weiß, wir haben auch Angst zu reden, und dennoch wünsche ich mir, dass wir nicht schweigen, nicht schweigen müssen. Dass wir uns wieder mehr zuhören.

Kazım

An einem Tag im Januar hat er ihn getroffen, es war Nacht, um genau zu sein. Sie saßen auf dem Boden, nicht auf Stühlen oder auf diesen opulent goldverzierten Sesseln, auf denen Angela Merkel mal Platz nahm, als sie zu Besuch in Istanbul war. Nun war Kazım da, und statt Sultansessel bot ihm Recep Tayyip Erdoğan den Boden an.

Sie saßen sich gegenüber, rechts der Präsident der Türkei, links Kazım aus Berlin, beide auf den Knien. Kazım sagte: Wäre ich in Ihrer Rolle, würde ich nicht so viel ernste Miene machen, Sie müssen mehr lachen! Das Volk hat auch nichts mehr zu lachen. Im Volk gibt es nur noch Du und Ich. Die Spaltung tut den Menschen nicht gut, den Familien nicht, die ganze Gesellschaft leidet.

Während Kazım redete, hörte ihm der Präsident aufmerksam zu. Zwischendrin, wenn er etwas nicht verstanden hatte, fragte er nach, wie er das genau meine, mit der Demokratie und der Pressefreiheit zum Beispiel. Kazım setzte noch einmal an, der Präsident nickte und machte sich Notizen.

Es war ein gutes Gespräch: versöhnlich, offen, anpackend, ja, wir gehen das jetzt an, keine trennenden Wände, wiederholte der Präsident Erdoğan. So wie es ihm der Erdoğan aus Deutschland diktiert hatte. Als das Gespräch aufhörte, trug Kazım Schlafanzug. Er saß nicht auf dem Boden, sondern lag im Bett in Berlin. Neben ihm nicht der Präsident, sondern seine schlafende Frau. Kazım hatte geträumt.

Wenn man aufwacht, steht man auf, fängt an, packt an. So ist das bei Kazım. Ein Traum soll kein Traum bleiben, eigentlich. Über diesen Traum, Erdoğan und Erdoğan auf dem Boden, kann man lachen. Kazım lacht aber nicht, als er davon erzählt, er bleibt, was er selten ist: ernst. Man würde ihn gern als Komödie nehmen, nur darüber schmunzeln, die Tragik, die in ihm steckt, vergessen, verarbeiten, vorwärtsgehen. Doch dieser Traum zeigt im wachen Zustand einen ungelösten Konflikt ohne rasche Lösung. Etwas, was Kazım selten hat: wenig Hoffnung.

An einem Montagabend im August 2016, nicht lange nach dem Putschversuch in der Türkei, beginnt Kazım eine Sitzung der Männergruppe: Liebe Freunde, sagt er; dann die Einleitung, wie er es jedes Mal macht, um auf das Thema des Tages einzustimmen. In einigen Sätzen geht es um die Türkei: In der Türkei herrscht eine Atmosphäre der Angst. Menschen, die befreundet waren, die in guter Nachbarschaft lebten, ja sogar Verwandte denunzieren einander bei der Polizei und beim Präsidialamt. In einigen Sätzen geht es um Deutschland: Die Menschen fangen an, sich feindselig zu verhalten. Es gibt eine Polarisierung, entweder bist du für die AKP, oder du bist ein Putschist. Andere Alternativen existieren nicht mehr. Das sieht man auf den Kundgebungen, die in den letzten Tagen in Deutschland stattfanden. Warum gibt es diese Trennung?
Nach der Einleitung reden normalerweise die anderen, Kazım ordnet ein, fragt nach, vermittelt, fasst zusammen. Er ist der Moderator eines Austauschs unter allen. Männer sitzen und reden – dieses Konzept geht an diesem Montag nicht auf. Immer wieder ist es Kazım, der redet. Er redet, weil die anderen nicht viel reden. Die, die reden, sprechen

von dem, was sie haben: Sorgen, vor allem wegen der Familienmitglieder. Und dem, was sie nicht haben: Sicherheit über ihr und deren Leben. Einer sagt sehr direkt: Die Türkei ist im Moment eine Katastrophe. Erdoğan hat seine Leute überall. Sie können mir gern die Staatsbürgerschaft entziehen. Noch einer: Ich sehe schwarz. Erdoğan und seine Leute haben die Gesellschaft gespalten. Eigentlich müssten die zigtausend Menschen nicht für Erdoğan auf die Straße gehen, sondern ihn verdammen. Bei anderen scheint es, als wäre die Atmosphäre, die Kazım zu Beginn der Sitzung der Türkei zuschrieb, auch in diesem Raum in Neukölln angekommen: eine Atmosphäre der Angst. Wer denkt was? Was darf man sagen?

Wenn einer so viel redet wie Kazım in dieser Sitzung – es sind fast zwei Drittel, das zeigt das Protokoll –, könnte man meinen, er hält einen Vortrag, mit dem er überzeugen will, darin: klare Aussagen, Sätze, an deren Ende man sich ein Ausrufezeichen denken kann. Er sagt: Viele türkeistämmige Menschen haben hier keine guten Jobs! Viele leben von Hartz IV! Viele bekommen keine Wohnung, weil sie Ali oder Ayşe heißen! Viele verlassen die Hauptschule ohne Abschluss! Wenn der Schulleiter unfreundlich schaut, sagen sie gleich: Er ist fremdenfeindlich! Sie gehen auf die Straße, schwenken die türkische Fahne, ein Stück Stoff, das sie als heilig ansehen, aber die meisten kennen die Türkei nicht, kennen Erdoğan nicht und nicht seine Politik! Kazım will überzeugen: Dass es bei diesem Thema nicht allein um die Politik in der Türkei geht, sondern um das Zusammenleben in Deutschland.

Viel häufiger noch als ein Ausrufezeichen steht am Ende der Sätze ein Fragezeichen. Eine Auswahl: Wie kommt es, dass sich nach über fünfzig Jahren Zehntausende Menschen mit türkischen Fahnen auf den Straßen in Deutschland versammeln? Warum gibt es dort nicht auch deutsche Fahnen, wir leben doch hier? Warum schnappen sich die Menschen, wenn irgendetwas in der Türkei passiert, die Fahne und sagen: Meine Heimat ist die Türkei? Warum sind sie nicht nach den Ereignissen in der Silvesternacht in Köln und anderen Städten auf die Straße gegangen, um die Angriffe auf Frauen zu verurteilen? Warum können wir uns nicht genauso für dieses Land, in dem wir unseren Lebensunterhalt verdienen, erwärmen? Warum ist Erdoğan ihr Präsident, aber Merkel nicht ihre Kanzlerin? Warum fühlen sich die Menschen in Deutschland nicht heimisch, obwohl sie hier geboren oder aufgewachsen sind? Wo wurden Fehler gemacht? Wer hat sie gemacht? Wie können wir hier zusammenleben? Wann fühlt ein Mensch sich ausgegrenzt? Wie können wir ein friedliches Miteinander in der türkischen Community erreichen? Wie können wir als türkeistämmige Menschen unsere Kommunikation mit den deutschen Mitbürgern verbessern? Was können wir tun?

In all den Fragen geht es um die Themen seines Lebens: Heimat, Ankommen, Anerkennung. Es geht um die, die nach Heimat suchen. Um die, die in dem Land, in dem sie leben, nicht angekommen sind. Es geht um die, die Ablehnung statt Anerkennung erfahren haben. Es geht um die Wunden der anderen. Die Wunden der anderen sind seine größte Wunde.

Im Volk gibt es nur noch Du und Ich, sagte Kazım in der Nacht zum Präsidenten. Du und Ich: Erdoğan-Anhänger versus Gülen-Anhänger, Religiöse versus Laizisten, Nationalisten versus Kurden, Nationalisten versus Liberale. Die Spaltung tut nicht gut, sagte Kazım. Er sagte das nicht nur über die Gesellschaft in der Türkei, er sagte das auch über die türkische Gesellschaft in Deutschland. Wer hier keinen Halt hat, krallt sich dort fest. Wenn etwas die Menschen in der Türkei spaltet, spaltet es auch die türkische Gesellschaft in Deutschland. Wer in der Türkei Angst hat, was zu sagen, kann auch in Deutschland Angst haben.

Stell dir vor, sagt Kazım: Ein Mann, vierundsechzig Jahre alt, dreiundvierzig Jahre in Deutschland, muss am ganzen Körper zittern, wenn er in die Türkei einreist. Dieser Mann sagt immer mal wieder seine Meinung. Zum Beispiel, wie er sich schämt, dass an den Türen der Moscheen in Berlin Zettel hängen, auf denen steht, Gülen-Anhängern sei der Zutritt verboten. Dass es ihn an den Umgang mit den Juden im »Dritten Reich« erinnert, wenn er eine Liste geschickt bekommt mit angeblichen Gülen-Anhängern, bei denen man nicht kaufen soll. Der Mann setzt sich ein für Wertschätzung, Menschlichkeit, Frieden – warum sollte das falsch sein?, fragt er sich. Doch er bekommt beleidigende Mails, in denen steht: Bastard, Giftschlange, ich ficke deine Tochter.

Der Mann, über den er in der dritten Person redet, ist er selbst. Im nächsten Moment sagt Kazım: Ich reise trotzdem ein, ich sage trotzdem meine Meinung. Ich bin alt, ich habe keine Angst mehr. Damals aber hatte ich Angst.

Misch dich nicht ein, hatten Kazıms Eltern zu ihm gesagt, als sie ihn ins Internat schickten: Du bist das Kind einer armen Familie. Fall nicht auf. Pass auf. Nur: Kazım musste gar nichts tun, um aufzufallen. Er fiel auf, weil er, aus einer alevitischen Familie stammend, an Ramadan nicht fastete und auch nicht in die Moschee ging. Und er fiel auf, wenn er redete: Als Kind hatte er im Dorf nur Kurdisch geredet, auf einmal musste er Türkisch sprechen. Wenn er sagte, er sei Kurde, sagten andere, Kurden gibt es nicht: Du bist Bergtürke. Kurde und Alevit, das hieß, außen zu sein, aussortiert, eigentlich nicht mal am Rand. Denn im Sinne einiger nationalistisch Denkender durfte es ihn gar nicht geben. Er war ein kommunistischer Hund, ab nach Moskau!, schrien sie, Vaterlandsverrat!

Es sind diese Beschimpfungen, an die sich Kazım erinnert. Und an den Tag der zentralen Aufnahmeprüfung für die Studienplätze. Er schrieb die Prüfung, und kurz nachdem er abgegeben hatte, erfuhr er, dass drei seiner Freunde nicht teilgenommen hatten. Sie konnten nicht, ihre Hände so blutig, sie konnten sie nicht mehr bewegen. Auf dem Weg waren sie abgefangen und brutal zusammengeschlagen worden, weil sie Kurden und Aleviten waren, wie er. Es hätte mich treffen können, sagt Kazım, ich hatte Glück, denn ich war zu früh da. Die Angst, die Kazım damals gefühlt haben muss in Erzurum, wo er auf das Internat ging, verdichtet sich in diesem knappen Resümee: Ich möchte diese Stadt nicht wieder betreten – niemals. Ein Satz wie ein Schutzschild.

Es war das erste Mal, dass Kazım selbst spürte, wie es ist, das Du und Ich im Volk. Als er sich sagte: Vergiss nie, woher du kommst, vergiss nie, etwas zu tun für ein Wir.

Die Spaltung tut nicht gut, sagte Kazım zum Präsidenten. Da die Nacht, in der sie auf dem Boden saßen, Erdoğan gegenüber Erdoğan, nur ein Traum war; da der Präsident sich keine Notizen machte, während Kazım über Demokratie sprach, hat er seinen Traum am Tag noch einmal formuliert:

> Wäre ich Präsident der Türkei, würde ich den türkeistämmigen Menschen in Deutschland nicht sagen, dass Assimilation ein Verbrechen gegen die Menschlichkeit ist, das verwirrt sie nur – sie, die Halt suchen, die nicht wissen, wohin sie gehören. Damit halte ich sie ab, sich dem Land anzunähern, in dem sie leben.
>
> Wäre ich Präsident der Türkei, würde ich auch nicht so viele Imame und Lehrer nach Deutschland schicken,

die in den Moscheen und im Konsulatsunterricht Religion und Nationalismus in die Köpfe impfen. Wenn sie in das Land kommen, sollten sie zumindest der deutschen Sprache mächtig sein und die deutschen Werte unterstützen.

Wäre ich Präsident der Türkei, würde ich den Menschen in Deutschland nicht sagen: Vergesst nicht, dass ihr Türken seid, vergesst nicht das Land, aus dem eure Eltern und eure Großeltern stammen. Ich würde ihnen sagen: In der Türkei seid ihr willkommen, genießt im Urlaub das Essen, genießt das Meer, aber vergesst nicht, wo ihr lebt, euer Leben ist in Deutschland, eure Kanzlerin ist dort.

Als Mensch, der in Deutschland lebt und in der Türkei geboren wurde, dort politische Gewalt erlebt hat, träume ich von einer Türkei, in der der Nationalismus nicht so eine große Rolle spielt, in der weder Kurden noch Vertreter anderer Minoritäten unterdrückt oder diskriminiert werden.

Ich träume von einer Türkei, in der die Polizei nicht willkürlich entscheidet über Verhaftung und Folter. In der Frauen, die geschlagen werden und zur Polizei gehen, ernst genommen werden und nicht vom Polizisten hören: Warum bist du hier? Geh zu deinem Mann.

Ich träume von einer Türkei, in der Menschen sich nicht aus Angst fragen, was sie erzählen dürfen. In der nicht Politiker entscheiden, welche Journalisten arbeiten dürfen und welche gefeuert werden. In der der Präsident nicht gezielt Medienunternehmen schließen lässt. In der es nicht möglich ist, dass das Stellen einer Frage jemanden hinter Gittern bringen kann. In der nicht wegen Propaganda für eine Terrororganisation ermittelt wird, weil während einer Fernsehsendung zum Frieden in den Kurdengebieten aufgerufen wird: »Sehen, hören Sie uns endlich, reichen Sie uns eine Hand. Menschen sollen nicht mehr sterben, Kinder sollen nicht mehr sterben, Mütter sollen nicht mehr weinen.«

Ich träume von einer Türkei, in der der Präsident nicht sagt, eine Frau soll mindestens drei Kinder bekommen. In der nicht zweihundertfünfzig Frauen jährlich von ihren Männern oder ihren Familien getötet werden. In der Frauen nicht Selbstmord begehen, weil sie heiraten müssen. In der Frauen nicht am Herd stehen, sondern wichtige Posten in der Politik übernehmen.

Ich träume von einer Türkei, in der sich der Staat aus der Religion heraushält und die Religion allein Sache des Einzelnen ist. In der keine Konfession benachteiligt oder bevorzugt wird. In der ein Richter nicht wegen eines Beschlusses vom Ministerium versetzt wird. In der nicht der Präsident entscheidet, wer an einer Hochschule zum Rektor berufen wird. In der keinem kurdischen Oppositionspolitiker wegen des Vorwurfs der Terror-Propaganda hundertzweiundvierzig Jahre Gefängnis drohen.

Ich träume von einer Türkei mit einem Präsidenten, der diejenigen, die ihn nicht wählen, nicht als Verräter bezeichnet.

Ich träume von einer Türkei, in der die Würde des Einzelnen, selbst wenn sie nicht in den ersten Artikeln der Verfassung steht, tief im Bewusstsein verankert ist. In der Bürger sich nicht gegenseitig bespitzeln und denunzieren. In der man sich nicht fragen muss, ob die Türkei noch den Namen Demokratie verdient hat.

Ich träume von einer Türkei, in der es eine Zukunft gibt, wie Sie es versprachen, Herr Erdoğan, als Sie 2003 Ministerpräsident wurden. Ich habe mich nicht gefreut, weil Sie den gleichen Namen tragen wie ich, nein, weil Sie Reformen versprachen, weil Sie die Freiheit der Meinung verbesserten und den Schutz der Minderheiten, weil man Kurdisch sprechen konnte. Ich hatte vielleicht so etwas wie Hoffnung, eine vorsichtige Hoffnung, es wuchs die Liebe in mir für dieses Land.

Ich träume von einer Türkei, in der man kein Terrorist ist, wenn man Sie kritisiert. Von einer Türkei, die ein Parlament hat und kein Ein-Mann-Betrieb ist.

Ich träume von einer Türkei, in der sich kein Politiker einmischt, wie laut Frauen auf der Straße lachen. Einer Türkei, in der alle, Frauen, Männer und Kinder, wieder mehr Grund zum Lachen haben.

In einem Traum ist das Geschehen meist unrealistisch, zu viel Schwärmerei, zu viel Illusion, zu viel Utopie. Ein Traum darf kein Traum bleiben, sagt Kazım, ich habe immer erlebt, dass sich Träume auch erfüllen lassen. Selbst wenn man wenig Hoffnung hat, ist das die Hoffnung, die wir haben. Träumen ist für ihn der Aufruf zum Handeln.

Handeln

Zusammenleben

»Wir dürfen nicht die gleichen Fehler machen«

Kazım: Liebe Freunde, Menschen mit türkischer Zuwanderungsgeschichte leben in der dritten, vierten Generation in diesem Land. Die Nachkommen der Gastarbeiter sind hier auf die Welt gekommen, sie sind Deutsche, viele sprechen akzentfrei Deutsch, und noch immer passiert es, dass diese Menschen gefragt werden: Sagt mal, wie sieht es bei euch da drüben aus? Warum ist das so? Wieso haben wir diese Fremde nicht überwunden? Eine Freundin von mir, eine Deutsche mit türkischer Zuwanderungsgeschichte, war letztens mit ihrem Sohn auf dem Kurfürstendamm. Ein Mann rief: Wann wollt ihr endlich abhauen? Geht doch in eure Heimat! Sie war schockiert, und vor allem ihr Sohn war schockiert: Er ist hier geboren, siebzehn Jahre alt, seine Heimat ist Berlin. Da ist doch viel schiefgelaufen auf allen Seiten. Wir aber sollten uns nicht entmutigen lassen, nicht warten, bis andere mit offenen Armen auf uns zugehen. Wir alle können handeln und dafür sorgen, dass ein Wir entsteht. Ein Wir aller Menschen, die in Deutschland leben. Was versteht ihr unter einem Wir-Gefühl?

Celal: Ein Wir-Gefühl entsteht, wenn alle im selben Boot sitzen. Das kann passieren, wenn es von außen eine Gefahr gibt, wir werden angegriffen, dann kommt es automatisch: Schwups, alle stehen zusammen. Oder wenn man selbst etwas tut. Wenn wir zusammen zum Hertha-Spiel gehen, einen Hertha-Schal tragen. Unter den Fans sind auch Menschen, die aus der Türkei kommen, alle sind in diesem Moment Hertha-Fans.

Adem: Dieses Wir ist aber temporär. Nach neunzig Minuten legst du den Schal ab, ziehst das Trikot aus und bist für die wieder nur der Türke.

Celal: Das kann passieren, da hast du recht. Das kommt aber nicht nur hier vor, auch bei großen Hochzeiten in der Türkei ist das so: Zig verfeindete Clans treffen sich in einem türkischen Dorf, sind ein Wir – aber nur bis das Fest vorbei ist.

Alişan: In einem Wir muss dem Einzelnen die Möglichkeit des Selbstbestimmungsrechts gegeben sein: Wer beispielsweise religiös leben will, soll das tun, wer die Religiosität verlassen will, soll das auch tun dürfen. Ich finde, wir müssen aufpassen, dass das Wir nicht einen zu großen Gehorsam, eine zu große Treue und Folgsamkeit verlangt. Dann grenzt es nämlich andere aus und macht sie zum Ihr. Beim Fußball passiert das ja auch. Wenn es zu Ausschreitungen kommt, richtet eine Gruppe ihr sehr ausgeprägtes Wir-Gefühl gegen eine andere Gruppe.

Kazım: Das stimmt. Mir geht es beim Wir allerdings gerade nicht um das Trennende, sondern um das Verbindende. Das ist unsere Basis, und daran sollten wir arbeiten. Es kommt doch auf die vielen kleinen Schritte an, mit denen wir zueinanderfinden, sodass alle wissen: Sie gehören dazu. Wie schaffen wir es, das Wir zu stärken?

Celal: Wenn du bei deinem Nachbarn klopfst und sagst: Vielleicht hast du es schon gerochen, ich habe gekocht, probier doch mal. Vielleicht wundert er sich, fragt kritisch: Was ist das denn? Aber wenn es gut riecht, wird er es essen.

Mehmet: Die Sprache muss man lernen und anwenden. Die Sprache ist wichtig für ein Wir.

Tarkan: Ich gehe immer zu einem Taekwondo-Studio. Dort treffe ich Flüchtlinge aus Syrien und aus Afghanistan, wir verstehen uns sprachlich nicht, aber uns verbindet der Sport. Das ist eine andere Art der Kommunikation. Gerade durch Dinge, die Menschen aus mehreren Ländern interessieren, können wir doch mehr voneinander erfahren.

Mehmet: Wir bauen Vorurteile ab.

Tarkan: Wenn wir wirklich anfangen wollen, die Welt zu verbessern, müssen wir nicht nur zusammenkommen und reden, natürlich ist das gut: reden. Aber wir müssen auch zusammenkommen und, wie beim Sport, positive Erlebnisse schaffen.

Adem: Ich habe mal überlegt, eine Grillparty im Hof meines Mietshauses zu machen. Bislang ist es so, dass ich mit meinem Nachbarn, der auch allein lebt, nur die Pakete austausche. Wir sagen Dankeschön und Bitteschön, sonst läuft da nichts. Einerseits denke ich immer, die Deutschen finden, ich gehöre nicht dazu, andererseits sollten sie doch auch bereit sein zu akzeptieren, dass ich hier bin. Ob die mitmachen bei so einer Grillparty? Ich kenne die ja gar nicht, man könnte sich aber vielleicht näherkommen.

Kazım: Ich würde mich riesig darüber freuen, wenn jeder von uns so eine Idee hat und sie umsetzt. Sodass wir sagen: Dies ist unser gemeinsames Land, wir haben dieselben Normen und Werte. Gerade wenn wir Ängste haben, lasst uns handeln, damit sie nicht größer werden, damit es weniger Du und Ich gibt. Damit ein Wir entsteht. Ich kam mit fast einundzwanzig Jahren nach Deutschland, inzwischen ist es für mich nicht mehr lange bis zum Jenseits. Im Jenseits gibt es keine Grenzen. Die Erde macht keinen Unterschied, ob du arm oder reich bist, Muslim, Jude, Buddhist, Christ oder Atheist, die Erde wird uns alle schlucken. Auf dieser Erde brauchen wir nur eins: Menschlichkeit. Diesen Begriff müssen wir ernst nehmen, da steckt alles drin. Kinderrechte, Frauenrechte, Menschenrechte, Toleranz, Wertschätzung, Anerkennung. Jeder von uns kann einen kleinen Schritt machen.

*

Wenn es ein Denkmal für dich gäbe, Papa, stünde auf dem Sockel: Einer, der nie aufgab, sagt die eine Tochter, die jüngere. Oder: Vater für alle, sagt die andere Tochter, die ältere. Vater für alle, bloß für euch nicht, oder was?, sagt Kazım und lacht. – Ach, Papa!

Was war er denn für ein Vater?

Yonca, die Jüngere: Nicht der Fulltime-Daddy natürlich, der sich mit einem auf den Boden schmiss und Fußball spielte. Dilan, die Ältere: Ja, man musste ihn schon ein bisschen animieren, aber Tischtennis haben wir gespielt, und beide, meine Mutter und mein Vater, haben sich bemüht, dass wir regelmäßig diese Aktion auf dem Bauernhof gemacht haben, Pilze sammeln, einen Streichelzoo gab es, wir konnten reiten. Stimmt, wir wurden genötigt, spazieren zu gehen!, sagt Yonca. Wir haben auch mal Druck auf ihn ausgeübt und meinten: Du beschäftigst dich nur mit anderen, nicht mit uns, sagt Dilan. Auch offensiv, sagt Yonca, so emotionale Erpressung: Du liebst mich ja gar nicht.

Filme, die sie gemeinsam geschaut haben: Drei, tippt Yonca, darunter *Recep İvedik*, eine türkische Komödie, und einen, in dem ein Vater erschossen wurde. Weißt du noch, Papa? Wir haben alle geheult! Kazım tippt auf sechs Filme. *Almanya*, sagt er, haben wir doch auch noch gesehen.

»Vater der Väter«, stand einmal in einem Artikel über Kazım. Vater, leiblicher, ist er von Dilan, siebenundzwanzig, und Yonca, vierundzwanzig. Die Ältere arbeitet als Fachangestellte beim Vermessungsamt, die Jüngere ist Lehramtsstudentin. Beide sind von zu Hause ausgezogen. Es ist Sonntagnachmittag, ein Treffen in der Hofperle.

Nun ein Geständnis. Papa, sagt Yonca, wovon du, glaube ich, bis heute nichts weißt, ich hab mal geklaut! Schmuck und Make-up. Es war so einfach: Genommen, in den Fahrstuhl, in die Umkleidekabine, Preisschild abgerissen, eingesteckt. Einmal wurde ich erwischt. Ich glaube, Mama hat dir das nicht erzählt, um dich nicht zu belasten.

Yoncas Diebstahl war in der Zeit: erster Alkohol, erste Schminke, Jungs. Damals schrieb Kazım ihr auch einen Brief, in dem stand, dass er sich sorge. Dass er und Gülşen sie liebten. Dass es für Jungs noch zu früh sei. Wahrscheinlich, sagt Kazım, dachte ich, ein Brief sorgt für Ruhe, sie hat etwas zum Nachdenken.

Einen Brief hab ich nie bekommen, sagt Dilan. Dafür warst du immer sein Passwort, sagt Yonca.

Noch ein Geständnis, diesmal Kazım. Ich gebe zu, sagt er, ich hatte wenig Zeit. Zeit ist das, was ich euch nicht so viel habe geben können.

Dilan: Du warst eben viel arbeiten, manchmal sahen wir uns drei Tage lang nicht. Morgens warst du weg, abends, als du kamst, haben wir geschlafen. Warst du mal früher da, fragten wir: Was machst du hier? Das war schon komisch.

Yonca: Ich weiß noch, dass die anderen in der Schule von zu Hause erzählten, und da begriff ich: Ach so, andere Väter arbeiten nicht so viel. Wenn Papa nach Hause kam, war er erschöpft. Ist ja auch klar, fünf Stunden schlief er nur pro Nacht. Er hatte viel krassere Sachen, um die er sich kümmern musste, als unsere Friseurprobleme. Ich erinnere mich, als ich einmal zum Kieferorthopäden musste, kam er mit, und ich: Was, echt? Ich war richtig stolz.

Abendessen zu viert: Können sie sich kaum dran erinnern. Wochenenden: nicht ohne Besuch. Und dann, unser Sonntagsfrühstück, wirft Yonca ein, es hat so genervt, story of my life! Es war so wichtig, egal wie alt wir waren, mit achtzehn noch, egal auch, ob wir erst um acht Uhr morgens schlafen gegangen waren. Das war Family Time, die wir sonst nie hatten. Heute trage ich sonntags erst recht lange meinen Pyjama, sagt Dilan. Ich auch, sagt Yonca, aus Protest!

Kazım, der Vater, war nie streng, doch wenn er sich einmischte, wusste man: Jetzt ist es ernst. Einmal sagte er: Dilan, der Rock ist zu kurz, und Dilan war so überrascht, dass sie sich sofort umzog. Wenn Yonca etwas wollte, Bauchnabelpiercing zum Beispiel, ging sie besser zu ihm, manches bemerkte er sehr spät: Loch im Ohrläppchen, bei mir erst nach fünf Jahren!, sagt Dilan. Was sie von ihrem Vater gelernt haben: Ehrlichkeit, Zuverlässigkeit, Pünktlichkeit, sofort, wenn man nach Hause kommt, die Post anschauen, Überweisungen nicht hinausschieben, Hilfsbereitschaft.

Dilan: Eine Zeit lang fühlte ich mich zu Hause als Sekretärin. Ständig rief jemand an, sie hätten über den und den von meinem Vater gehört, ob er helfen könne? Ich notierte Name und Nummer. Einer erzählte mir ausführlich von seiner Spielsucht, aber was sollte ich ihm antworten? Ich meinte dann nur: Mein Vater meldet sich.

Yonca: Unser Haus war eine Anlaufstelle für Menschen, denen es dreckig ging. Im Wohnzimmer führte Papa mit ihnen Gespräche, ich wollte immer zuhören und nicht ins Bett. Es gab Männer, die jeden Tag da waren, es fühlte sich an, als wohnten sie bei uns.

Kazım: Wenn ich an eure Kindheit denke, habe ich ein schlechtes Gewissen. Ohne eure Unterstützung hätte all das nicht geklappt. Ihr habt nie geschimpft: Warum kommen die ganzen Leute?

Yonca: Es gab schon Momente, in denen ich dich vermisste. Das merke ich auch jetzt, ich achte bei einem Mann sofort darauf, dass er mehr Zeit für die Familie hat. Aber ich kann dir das nicht vorwerfen. Wir waren keine Problemfälle, aus uns ist was geworden.

Dilan: Andere waren hilfsbedürftiger.

Wenn man Kazıms Leben eine Überschrift geben müsste, dann wäre es: Vater sein. Denn er beschäftigt sich am meisten damit, wie man Verantwortung übernimmt, Werte mitgibt, Schutz, wie man erzieht und umsorgt – was ein Vater eben so macht. Nur macht es Kazım, der Vater, die meiste Zeit nicht für seine eigenen Kinder.

Er macht es für eine Frau, die vor seinem Büro steht, sie wurde geschlagen von ihrem Mann, er drohte sie umzubringen. Sie lief weg, wusste nicht, wohin, nun sucht Kazım ihr einen Platz in einer Einrichtung. In einer halben Stunde macht er fünfzehn Anrufe.

Er macht es für eine Frau, zu der er sagt: Es stimmt doch was nicht, was ist mit dir? Sie bricht in Tränen aus: Hätte ich keinen Sohn, würde ich mein Leben beenden.

Für einen Mann, der sein ganzes Geld verspielt und auch das, was ihm nicht gehört. Am Ende sind seine Imbissbuden dicht und er ist ein Sozialfall.

Für einen Mann, der sich schämt. Komm in die Männergruppe, sagt Kazım zu ihm, und erzähl. Nein, sagt der Mann. Dann komm in die Männergruppe und erzähl so, als hättest du einen Freund, von dem du berichtest. Darauf lässt er sich ein. Der Mann kommt an einem Montag und erzählt von einem Freund, der von seiner Frau betrogen wurde; er fragt die Männer, was er seinem Freund raten soll. Sie sagen: Bloß keine Gewalt!

Vater, ein sozialer, ist Kazım für diejenigen, die sich melden, weil sie bei Nachbarn von ihm gehört haben, in Beratungsstellen, oder im Radio. Weil er in einem Verein war, geredet hat über Gewalt und Kindererziehen und seine Kontaktdaten daließ. Weil er gesagt hatte: Reden Sie über die Probleme. Und wenn Sie niemanden haben, kommen Sie zu mir. Weil er in einer Moschee gesprochen hatte, wo sich keiner traute, zu ihm zu gehen, später meldeten sich Gläubige bei Kazım: Aber sagen Sie es nicht weiter.

Manchmal geht es um Schulden, manchmal um Sitten, manchmal ist es nur ein schneller Anruf, der hilft, manchmal brauchen sie Monate, bis sie zur Wurzel gedrungen sind, manchmal handelt es sich um Traditionen, die Kazım mit der Zeit infrage stellt, nie aber sagt er: So ein Scheiß, diese Denkweisen, vergessen Sie's.

Manchmal erscheint es einfach, was Kazım macht: Er hört einfach zu. Manchmal wirkt der Rat fast zu einfach. Eine Frau, die Angst hat zu stürzen, wenn sie in den Bus steigt, fragt er: Sind Sie schon mal gestürzt? Sie: Nein. Er: Sehen Sie, vertrauen Sie darauf. Ein paar Wochen später kommt sie wieder, bedankt sich: Sie schwitze nun nicht mehr, wenn sie in den Bus steige, der Satz habe sehr geholfen.

Wenn es so einfach ist: Warum handeln zu wenige in dieser Ausdauer?

Manchmal fragt Kazım: Wollen Sie eine Heiltherapie oder eine anatolische Heultherapie? Wenn sie dann lachen, lacht er mit, wenn sie wieder verstummen, sagt er: Weinen ist gut, lassen Sie es raus, Tränen heilen.

Wenn ich Kazım frage, wie er hilft, sagt er: Ich amputiere keine Probleme, ich mache mich mit den Menschen auf den Weg. Mit Menschen wie Tarkan, Ismail, Adem.

Tarkan, der sich fragte: Warum bin ich nicht im Knast, warum bin ich nicht tot? Ismail, der sich fragte: Ehrenmord? Adem, der den ganzen Tag nur hätte zuschlagen können.

Ja: Es sind Männer, die Probleme hatten, auch Probleme machten. Ein Problem nannte Kazım sie nie. Es sind Männer, von denen die Öffentlichkeit selten erfährt. Weil ihre Wunden zu gewöhnlich sind? Ihre Zerrissenheit zu widersprüchlich? Ihre Taten zu klein?

Helden nennt sie Kazım, Helden, die über ihre Verletzungen reden, ihre eigenen und die, die sie anderen zufügten. Helden nicht ausschließlich wegen Heldentaten. Ihre Geschichten handeln nicht nur vom Aufstieg, genauso wenig nur vom Abstieg. Sie sind nicht Entweder-oder. Am Ende gibt es nicht nur Aufatmen, nicht allein Katharsis. Am Ende steht der Konjunktiv über den Lebensläufen: Was wäre passiert, wenn? Wenn Kazım nicht da gewesen wäre? Wenn er nicht zugehört hätte, nicht gesehen hätte? Was hielt Tarkan, warum stürzte er nicht ab? Was hält einen, der auffällt, aber in seiner Auffälligkeit unter anderen Auffälligen durchfällt? Was wäre passiert, wenn ihn nichts gehalten hätte? Was hielt Ismail ab? War es die Sammlung der Sätze, war es das ständige

Anrufen, das Band zwischen Kazım und ihm, war es: Hinter Gittern kannst du kein Vater sein, kein starker Mann? Was rettete Adem, als er nicht mehr weiterwusste? Was wäre passiert, ihm, der dachte, Panikattacken, das haben nur Schwache? Wie groß sind die Wunden seines Sohnes, wie groß wären sie, hätte Adem ein paar Jahre früher am Montagabend in der Männergruppe gesessen?

Keiner dieser Männer ist tot, und wegen dieser Männer ist keiner tot. Wenn, dann wären ihre Namen in der Öffentlichkeit. Dann hätten sie in der Zeitung gestanden. Dann wären ihre Taten tragisch genug, dann hätte man nach ihrer Zerrissenheit gefragt, vielleicht auch nach ihren Wunden. Dann hätte man sie Täter genannt. Und Problem. Dann hätte Kazım die Aufgabe, die er sich selbst gestellt hat, nicht erfüllt: Da zu sein, bevor es anfängt zu brennen. Dann würde er sich fragen: Warum warst du zu spät?

Einmal gab es einen Mann, der in die Männergruppe kam. Er erzählte etwas von finanziellen Schwierigkeiten, Kazım sagte: Wir bereden das in Ruhe, ich werde dir helfen. An einem Morgen schlug er die Zeitung auf und las von diesem Mann. Er hatte auf der Straße seine Frau gesehen, von der er getrennt lebte, sie war zusammen mit einem anderen Mann. Er stieg aus, in der Hand eine Waffe: verletzte die Frau, tötete den Mann.

Schock, Schock, Schock, Schock, sagt Kazım. Ich habe mir Vorwürfe gemacht, ich hätte schneller etwas machen müssen.

Was, wenn es zu spät ist?

Es gibt Momente in diesen Lebensläufen, die verstören. Momente, die verstehen lassen. Man kann vielleicht nicht alles entschuldigen, aber man kann anerkennen, dass es diese Lebensläufe gibt, mit ihren Wunden, ihrer Zerrissenheit. Dass es diese Erfahrungen gibt. Mit den Fragen, die bleiben. Eine der wenigen eindeutigen Antworten ist: In den Biografien, und vor allem in dem *Was, wenn?* dieser Biografien, spiegelt sich das Land. Das Land, sagt Kazım, das viel zu spät verstanden hat, dass es ein Einwanderungsland ist. Das viel zu spät verstanden hat, dass die Geschichten der Eingewanderten dazugehören.

Was, wenn? Kazım fragt sich das nicht. Aber er wird oft gefragt, wenn es den Konjunktiv nicht mehr gibt, wenn es zu spät ist. Dann muss er antworten auf: Wer sind die, die kamen? Warum kamen sie nicht an?

Ein Mittag im Verein »Aufbruch Neukölln«. Vor Kazım sitzen Frauen, eine aus der Ukraine, seit einem Jahr in Deutschland, eine aus dem Libanon, dreiundzwanzig Jahre in Deutschland, eine aus Syrien, eine aus Bulgarien, eine aus Palästina, eine aus Polen. Sie alle sind in der Ausbildung, man könnte sagen: Hier sitzen baldige Erzieherhelferinnen mit Migrationshintergrund. Kazım begrüßt sie so: Sehen Sie sich um, so schön kann die Welt sein.

Dann reden sie davon, warum es schwerfällt, Kindern Nein zu sagen; wie wichtig es ist, Grenzen zu vereinbaren; sie fragen sich, was sie machen, wenn ein Kind im Kaufhaus weint, weil es unbedingt die Puppe will. Kann ich sagen, wir können uns die Puppe nicht leisten?, fragt eine Frau, oder ist das verletzend? Mit am Tisch sitzt ein Dozent der Frauen, er war mit ihnen für ein Gespräch schon beim Kinderschutzbund, aber er hatte das Gefühl, dass das, was sie dort sagten, nicht so an die Menschen herandrang. Dann hat er bei Kazım um einen Termin gebeten. Denn das, was Kazım macht, sei, wie er sagt, so niedrigschwellig.

Nach dem Gespräch, die Frauen haben den Raum verlassen, erzählt er, wie er sich an manchen Haltungen der Frauen reibt. Daran, was sie über Homosexuelle denken, und daran, wie sie ihre Religion einschätzen. Seine Schülerinnen, sagt der Dozent, würden ja immer behaupten, der Islam sei tolerant. Einmal, als sie das sagten, schrieb er an die Tafel eine Liste: Aleviten, Kurden, Bahai. Eine Aufzählung der Unterdrückten. Tolerant?, fragte er. So, wie er an diesem Vormittag das »tolerant« nachahmt, muss es sehr spitz geklungen haben, spöttisch vielleicht, in jedem Fall war es eine rhetorische Frage. Es ist ein Moment, in dem sich zeigt, wie schwer es ist, die Umsetzung dieses Wortes »niedrigschwellig«.

Nach dieser Erzählung, auch der Dozent hat den Raum verlassen, sagt Kazım Sätze, die wie ein Kommentar zu dieser Szene wirken und zugleich eine Antwort sind auf: Warum kamen sie nicht an? – Wenn ich zu den Menschen sage, schäm dich, wenn ich sie bloßstelle, zum Teufel mit dir, kann ich meinen Laden hier dichtmachen. Dann kommt keiner, dann fühlen sie sich nur ausgegrenzt und abgewertet. Ich sage mir immer: Rede mit allen auf Augenhöhe.

Kazım, der über sich sagt: Meine Religion ist der Mensch, ist kein Anwalt der Religiösen. Genauso wenig ist er ein Anwalt derer, die schimpfen, spielen, stehlen, schlagen. Wenn er ein Anwalt ist, dann ein Anwalt des Ankommens. Ein Anwalt, der für seine Klienten Anerkennung aushandelt, der Augenhöhe verteidigt. Ein Anwalt, der dahin kommt, wo seine Klienten sind.

Kazım hat einen Termin in einem Flüchtlingsheim am Rande von Berlin, er möchte einen Vortrag halten. Weil er kein Arabisch spricht, hat er eine ehemalige Kollegin gefragt, ob sie mitkommt. Nun sind sie im Containerdorf, in einem Raum, an dessen Wänden Plakate hängen, auf denen die Verben »sein«, »haben« und »brauchen« dekliniert sind. Vor ihnen, im Stuhlkreis, sitzen fünfzehn Männer, Frauen, ein paar Kinder in Hausschuhen. Kazım und seine Kollegin sagen abwechselnd auf Deutsch und Arabisch Sätze wie: Manche denken, in Deutschland nimmt das Jugendamt den Eltern die Kinder weg, bevor es aber zu so einem Schritt kommt, gibt es unterschiedliche Hilfen. Und wenn es dazu kommt, ist es für die Kinder besser: Kinder sind kein Eigentum. Wenn Sie Probleme haben, warten Sie nicht, bis diese unlösbar werden, es gibt Beratungsstellen, wir Menschen brauchen manchmal Hilfe, nehmen Sie das in Anspruch.

Ein bisschen wirkt es wie ein Grundkurs: Ein Wegweiser – so funktioniert das Land.

Das Thema des Vortrags ist Kommunikation in der Familie; Kommunikation, die Nähe schaffen soll, vor allem wenn um einen herum alles fremd ist. Tatsächlich geht es aber nur kurze Zeit darum. Als sich die Zuhörer für Fragen melden, bricht Angestautes aus ihnen heraus. Sie sind verärgert, dass Familien und Männer zusammen Badezimmer benutzen müssen, das sei eine große Belastung, nirgendwo ein Rückzug, nicht mal dort. Sie sind verärgert, dass sie zu wenige Ansprechpartner haben, dass kaum einer Zeit hat, dass nichts vorangeht. Einer erzählt von einem Bekannten, der sich von seiner Frau trennte: Nur weil sie zu lange im Heim gewesen seien und keine Wohnung gefunden hätten, sei ihre Ehe gescheitert. Einer sagt: Es ist für uns wie ein Gefängnis – nur noch schlimmer! Im Gefängnis weiß man, wann man freikommt, anders als Verurteilte wissen wir nichts, wir halten es hier nicht aus!

Ich schaue Kazım an. Er ist still, bewegt sich kaum, er kneift die Augen zusammen, nach jedem Satz etwas mehr, als träfe ihn die Wucht dieser Wörter. Wuchtig nicht, weil er die Probleme nicht sofort lösen kann, nein, darum geht es nicht. Wuchtig, weil er weiß, was passiert, wenn Wörter wie diese sich aufstauen. Wenn man an ihnen kleben bleibt, wenn man denkt, Gäste nur, gehen wieder. Wenn man sich in eine Nische zurückzieht. Wenn man kein Einzelner mehr ist, sondern nur noch ein Kollektiv, das Probleme hat, Probleme macht, zum Problem wird. *Was, wenn?*

Ich verstehe Sie, sagt Kazım, und es tut mir leid. All das, was ich Ihnen heute geben kann, ist mein Verständnis. Ich weiß, wie schwer es ist, mit Hunderten Menschen zusammenzuwohnen, in die Fremde zu gehen. Ich habe das erlebt. Das belastet die Seele. Aber geben Sie nicht auf. Ich habe von vielen Menschen gehört, die nach Deutschland kamen, dass sie sich trennten, weil die Probleme zu groß waren, sie sagen dann: Deutschland ist schuld. Aber das stimmt nicht. Wir müssen die Probleme anpacken, Schritt für Schritt. Heute sind wir da, um das Leben ein bisschen erlebbarer zu machen. Wir werden diese Treffen öfter organisieren: einfach reden. Es ist gut, wenn Sie die Festplatte leeren, das darf nicht im Kopf bleiben.

Es geht in diesem Grundkurs um viel mehr als: Ich erklär dir das Land. Es geht um: Ich verstehe dich, ich nehme dich an die Hand, ich gebe dir Halt.

Wir dürfen nicht die gleichen Fehler machen, sagte Kazım einmal zu mir. Wenn wir bei den Flüchtlingen wie bei den türkischen Einwanderern denken, die gehen schon wieder, werden wir wieder vierzig Jahre verlieren.

Kazım geht es ums Zuhören und Ansehen, bevor es nur noch Zuschreibungen und Verurteilungen gibt. Es geht ihm ums Erinnern, bevor vergessen wird. Ums Verstehen, bevor Verletzungen entstehen. Um ein gemeinsames Wir in Deutschland, bevor es zu einer neuen Flucht kommt. Einer Flucht in Wunden, Nationalismus, Traditionen, weil sie das Einzige sind, was Schutz verspricht, Halt und Identität. Es geht ums Handeln, bevor es zu spät ist. Bevor es anfängt zu brennen.

Als wir das Flüchtlingsheim verlassen, sage ich zu Kazım: Die Arbeit hört nicht auf. Und er: Wir brauchen Menschen, die nicht aufhören zu arbeiten. Eigentlich bräuchte jedes Viertel, jedes Dorf, jede Stadt jetzt einen wie ihn, der ernst nimmt, ansieht, anruft, einbindet. Man könnte auch sagen: einen, der beim Integrieren hilft.

Integriert. Es gibt kaum ein anderes Wort, das für Kazım so verführerisch klang. Kein anderes Wort, behauptet er, das er in seinen ersten Jahren in Deutschland so häufig sagte wie dieses. Immer wenn er aussprach: Ich bin integriert, zeigte er: Ich gehöre dazu. Als er Lehrer war, wiederholten die Kollegen das Wort ständig, sie sagten: Die Mutter ist nicht integriert. Genauso gut hätten sie sagen können: Die Mutter spricht kein Deutsch. Woran, fragte sich Kazım, misst sich das: integriert zu sein? Doch nicht nur an der Sprache? Kazım stellte sich bei dem Wort »Integration« zwei Schiffe vor, die aufeinander zufahren, sich annähern, etwas austauschen. Ihm fiel aber auf, dass andere das Wort immer dann verwendeten, wenn etwas aneinander vorbeilief. Wenn es um diejenigen ging, die versagt hatten, wenn es nicht ums Einbeziehen ging, sondern ums Ausgrenzen.

Integriert – inzwischen gibt es kein Wort, das Kazım so hasst wie dieses. Er scheut das Wort, er spricht es nicht mehr aus. Es ist wie die Chronik einer schnellen Affäre und eines schleichenden Verrats. Dieses Wort, sagt Kazım, kann ich nicht mehr hören, es wurde zum Schimpfwort. Für ihn schlichtet es nicht, es spaltet.

Kazım hat das Wort auf eine Liste geschrieben, eine unsichtbare, zusammen mit anderen Begriffen, die er nicht mehr hören kann. Auch da drauf: Brennpunktschule. Denn was, fragt er, soll ein Vater denken, der erfährt, dass sein Kind jeden Tag dorthin geht: Was brennt da? Wer verbrennt? Verbrennt das Kind, verbrenne ich? Bildungsfern, steht auf der Liste, denn: Tun wir den Menschen nicht unrecht, wenn wir sie abstempeln und ausstellen, was sie nicht haben? Wer nähert sich schon einer Bildungseinrichtung, wenn er weiß, er steht fern davon? Und dann, das darf nicht fehlen: Migrationshintergrund. Die Wörter haben für Kazım einen rhetorischen Reflex, der all dem widerstrebt, worum er sich bemüht.

Kazım, der Anwalt derer, die ankommen, kämpft gegen eine Sprache, die die Ankommenden zu anderen macht, zu Abgewerteten, zu Aussortierten.

Zurück am Tisch mit den Töchtern. Was, fragt Kazım, versteht ihr eigentlich darunter, wenn jemand, sagt: Migrationshintergrund?

Boah, sagt Yonca, ich finde, es ist das nervigste Thema auf der Welt. So unnötig, immer wieder darüber zu diskutieren. Ich bin's einfach sooo leid, mich dazu zu äußern. Es betrifft uns nicht, und doch kommt es immer wieder. Eigentlich sind wir gar nicht angesprochen! Ja, sagt Dilan, wir sind hier geboren, aufgewachsen, wir zahlen Steuern, ganz ehrlich, bei mir löst das Wort gar nichts aus.

Der Begriff gehört also eher zu mir?, fragt Kazım. Na, eher als zu uns, meint Dilan. Und Yonca: Es ist ein leeres, dummes Wort. Dann erzählt sie dieses Erlebnis: Eine Party, jemand fragte, wie sie denn auf die Idee kam, Deutsch zu studieren. Sie: Wie meinst du das? Na ja, sagte der Typ, so als Ausländerin eben. Yonca sagte: Ich bin doch hier geboren. Er: Na ja, aber das ist doch schon etwas Besonderes!

Echt schlau, sagt Dilan, mit in Ironie getränkter Stimme. Ihr Erlebnis: Sie machte eine Aussage wegen eines Unfalls, und der Polizist: Sie sprechen aber gut Deutsch! Dilan dachte: Hohl, der Typ; klar spreche ich Deutsch, ich bin ja in Berlin geboren. Sie ging aber nicht drauf ein, wieso sich auf das Niveau herablassen?, fragt sie. Man wird in eine Schublade gesteckt, traurig, aber was soll ich da diskutieren?

Denk ich auch, sagt Yonca, ich kann ja nicht alle Leute missionieren, wahrscheinlich war es Unwissenheit bei ihm, er dachte, er macht dir ein Kompliment. Aber Papa, du würdest wahrscheinlich sagen, man muss auch mit denen reden und es erklären?

Ja, sagt Kazım, weil wir im Dialog bleiben müssen, es ist doch so: Die Kommunikation ist die Hauptursache für das, was zwischen uns Menschen nicht funktioniert.

Aber Papa!, sagt Yonca jetzt bestimmt, manchmal kommst du mit solchen Leuten doch gar nicht ins Gespräch! Schau mal, wenn ich einer Frau den Kinderwagen hochtrage, dann bewirkt es vielleicht mehr, als wenn ich mit ihr über Migrationshintergrund diskutiere. Dieses ewige Diskutieren, diese Fragen: Woher kommst du? Woher kommt dein Name?, das nervt!

Ja, das nervt!, wirft Dilan ein, dann lehnt sie sich zurück, holt ihr Handy raus: Diskutiert ihr beiden mal.

Yonca: Papa, ich finde den Begriff »Migrationshintergrund« nervig, aber nicht diskriminierend.

Kazım: Doch, das ist er, zu hundert Prozent! Weißt du, ich muss ja nur einen Antrag stellen und schreiben: Neunzig Prozent der Teilnehmer haben einen Migrationshintergrund, schon kriege ich die Gelder. Der Begriff ist ein Makel.

Yonca: Mir ist das zu einfach. Wenn ich mich durch diesen Begriff diskriminiert fühle, trage ich eine Opferbrille. Das machen zu viele, auch in meiner Generation.

Kazım: Ich glaube, du kannst mit dem Begriff leben, weil du studierst, deinen Weg gehst. Aber es gibt viele andere, die nicht diesen Weg gehen, sie sind vielleicht nicht so angekommen, und sie leiden darunter. Ihr Gefühl ist, sie sind abgestempelt.

Yonca: Ja, das stimmt, ich hatte Glück. Es gibt Leute, die haben sicher ganz Schreckliches erlebt, ganz harten Rassismus, das will ich ihnen gar nicht absprechen. Ich kann nur für mich sagen, dass ich nie eine Scheißerfahrung hatte und daher die Opferbrille ablehne. Aber natürlich könnte ich sie aufziehen. Als ich beim Bäcker gearbeitet habe, wurde ich sofort gefragt, ob ich einen Bruder habe, der Ehrenmord macht, wenn ich kein Kopftuch trage. So ein Schwachsinn, diese Pauschalisierung! Solche Situationen sind ja fast alltäglich: Ich mache Praktikum an einer Schule, und dort sagt man zu mir: Gratulation zu Ihrem Deutsch. Lehrerin mit Migrationshintergrund, das sei ja schon besonders. Ich gebe diesen Aussagen einfach keinen Raum.

Kazım: Ich erinnere mich daran, als du dein Abitur hattest, sagte die Lehrerin bei der Feier: Obwohl Yonca einen Migrationshintergrund hat, hat sie es mit 1,1 geschafft. Damals kamst du zu mir und meintest: Papa, was habe ich mit deinem Scheißmigrationshintergrund zu tun?

Yonca: Echt? Das hab ich verdrängt. Aber die Lehrerin meinte es sicherlich nicht böse. Vielleicht war sie stolz und hat es dann nur unglücklich formuliert. Ich muss doch nicht drauf rumhacken und alle für ihre Sätze blamen? Ich will nicht durchs Leben laufen und mich jedes Mal diskriminiert fühlen. Man muss doch auch die Dinge bezeichnen können. Und die meisten meinen es nicht böse, die denken doch: Migrationshintergrund, och, das ist ein Begriff, der ist differenziert.

Kazım: Ich habe ein großes Problem, wenn ein Bürgermeister sagt: Wir haben in den letzten Jahren fünfzehn Menschen mit Migrationshintergrund eingestellt. Der denkt noch, er kann damit angeben! Mir zeigt das aber, dass wir erst am Anfang des Prozesses sind.

Yonca: Papa, traurig finde ich das auch. Aber meine Furcht ist, dass die Leute das Gefühl bekommen, sie dürfen nichts mehr sagen. Dann werden sie verbittert, ziehen sich zu ihren AfD-Freunden zurück und lassen es da alles raus. Ich weiß ja, dass du die Wörter nicht magst, aber ich bin mir nicht sicher, ob man die Menschen in den Dialog kriegt, wenn sie nicht mehr wissen, wie sie sich ausdrücken sollen. Ich meine, wenn jemand über uns sagt, wir seien gut integriert, denke ich kurz: Okay, warum sagt er das? Aber es stimmt ja, wir aus unserer Familie leben alle gut in dieser Gesellschaft. Ich glaube, du bist sensibler, weil du so viele Menschen siehst, die diese Begriffe anders aufnehmen.

Kazım: Es freut mich wirklich zu hören, dass du dich nicht mit einer Opferrolle beschäftigst. Ich mache das ja auch nicht. Aber wir müssen anerkennen, dass es für andere schwieriger ist.

Yonca: Wir hatten eben Glück, Papa, auch mit euch. Ihr habt uns nie spüren lassen, dass wir anders sind, weil ihr aus der Türkei kommt. Das war nie ein Thema, es war völlig egal. Wir hatten deutsche Freunde, türkische Freunde, wir haben nicht unterschieden. Ihr habt euch nie als Opfer gesehen, nie gesagt: Die Deutschen waren so schlimm zu mir. Und ihr habt uns auch null Nationalstolz mitgegeben, nie gesagt: Geht nicht zu denen nach Hause, die sind deutsch. Das machen aber viele Eltern, die nicht aus Deutschland kommen, sie werten Deutsche ab. Das darf man nicht vergessen. Ist doch klar, dass die Kinder das dann nicht hinterfragen.

Kazım: Sie verlagern die Schuld auf die Schultern der anderen, weil sie verzweifelt sind.

Yonca: Ja, aber wären alle so wie ihr als Eltern, gäbe es weniger Probleme.

Kazım: Daher sage ich ja immer wieder: Die Sprachlosigkeit ist eine unserer größten Krankheiten. Wenn wir nicht miteinander sprechen, zerfallen wir in Gruppen, die sich gegenseitig ablehnen. Jeder hat seine Werte, und zwischen den Gruppen herrschen Angst und Misstrauen. Alle fühlen sich fremd. Nur wenn wir alle miteinander reden, können wir das überwinden.

Papa!, sagt Dilan und schaut vom Handy auf, dafür bist du ja da!

Miteinander reden. Einfach, an sich. Doch wenn man Kazım an einem Abend auf einer Bühne sitzen sieht, Podiumsdiskussion im Ballhaus Naunynstraße, sieht man, wie schwer es sein kann: dieses Einfach-miteinander-Reden.

Es geht um den Rechtsruck in der Gesellschaft. Und um die Kunst, so formulierten es die Veranstalter, politisch Stellung zu beziehen. Neben Kazım sind da: eine Intendantin aus Hamburg, ein Intendant aus Rudolstadt, eine Bezirksstadträtin, ein Kulturstaatssekretär und eine Projektleiterin einer Mobilen Beratung gegen Rechtsextremismus. Die Moderatorin, eine ehemalige Kultursenatorin, stellt die Runde so vor: Jeder von uns hat unfreiwillig Erfahrungen mit Rechten gemacht. Zu Kazım sagt sie noch: Er war so eine Art Gegenspieler von Herrn Buschkowsky. Dem ehemaligen Neuköllner Bezirksbürgermeister. Kazım lacht, es ist diese Art von leiser Kritik, die ihn freut. Es freut ihn, weil er hier sitzt und nicht jemand wie Buschkowsky, der sich seiner Ansicht nach zu wenig für ein Miteinander eingesetzt hat und stattdessen lieber laut Alarm schlug.

Kazım erzählt an diesem Abend etwas über das Misstrauen derer, die schon lange in diesem Land sind: Einer aus der Männergruppe stieg letztens in die U-Bahn, hatte einen Rucksack dabei, setzte sich, und neben ihm stand ein deutscher Landsmann auf und wechselte den Platz. Wenn meine Frau und ich vor die Tür gehen, fragen wir uns: Was denkt unser deutscher Landsmann über uns? Diese Frage haben wir uns zwanzig Jahre lang nicht gestellt.

Kazim erzählt etwas über das Misstrauen derer, die noch nicht so lange in diesem Land sind: Meine Frau und ich waren bei einer Demo in Neukölln, eine Demo gegen rechts, ich sah mich um und fragte mich: Wo sind all die Neuköllner, die auch eine Zuwanderungsgeschichte haben?

Zuwanderungsgeschichte ist ein Wort, das er an diesem Abend den anderen beibringt. Ich finde das Wort so schön, sagt die Moderatorin. Ich nehme es gern auf, sagt die Intendantin. Kazım sagt es, weil er nicht Migrationshintergrund sagen will. Zuwanderungsgeschichte drückt für ihn nicht aus: Das sind die anderen, klappt nicht mit denen. Zuwanderungsgeschichte drückt das aus, worum es doch gerade geht: um Menschen und ihre Geschichten.

Auf der Bühne entwickelt sich ein Gegeneinander entlang der Frage: Wie viel Aufmerksamkeit verdienen rechte Kräfte? Die einen, in der Mehrheit, sagen zusammengefasst: Der sogenannte besorgte Bürger bekommt mit seinen Ängsten vor den Fremden eh zu viel Gehör, wir brauchen gegenüber den Rechten Räume der Freiheit, des Schutzes! Der andere, eine Minderheit, nämlich nur der Intendant aus Rudolstadt, sagt zusammengefasst: Wir müssen uns derzeit fragen, was faul ist in der demokratischen Gesellschaft, sonst werden wir zu einem elitären Haufen. Unsere Kraft ist der Diskurs. Wenn wir zu jemandem sagen: Du bleibst schön draußen, machen wir ihn damit zum Märtyrer!

Es fällt öfter das Wort Kampf, das sei Kriegsvokabular, kritisiert einer aus dem Publikum, man solle auf die Sprache aufpassen. Im Saal: leichte Unruhe; die Stimmen: aufgedrehter; die Stimmung: Augenpaare verdrehen sich. Kazım hält sich aus alldem raus. Es ist nicht so, dass er nichts sagt, aber es ist so, dass er die anderen streiten lässt. Er stellt sich auf keine Seite, weil er nicht mit solchen Kategorien ringt, die auf der Bühne zur Debatte stehen: Wie viel Gehör darf derjenige, der besorgt ist, der vergessen wird, bekommen? Wie viel Schutz braucht derjenige, der von den Besorgten angegriffen wird? Statt sich theoretisch am »Wie viel« aufzuhalten, packt Kazım beides an und probiert aus. Er hat eine Männergruppe gegründet, einen Raum des Schutzes, in dem Männer sitzen und reden. Und in diese Männergruppe hat er einen besorgten Bürger namens Thilo Sarrazin geholt, damit alle miteinander reden. Nie Du-Ich, nie Entweder-oder.

Auf der Bühne sagt Kazım: Ich versuche seit Jahren, mit Faschisten und Nationalisten zu reden. Ich schlage nie die Tür zu. Mit wem ich nicht spreche, den kann ich nicht beeinflussen. Jeder von uns kann etwas tun, jeder kann versuchen, einen AfD-Wähler mit Argumenten zu überzeugen. Das sind nicht alles harte Rassisten.

Es sind eher Menschen, die sich vergessen fühlen. Um die geht es Kazım. Vergessen ist der, der nicht gesehen wird. Vergessen kann der Mensch mit Zuwanderungsgeschichte sein. Vergessen kann der Mensch mit Eingesessenengeschichte sein. Vergessen ist der, der nicht gehört wird, nicht gesehen. Vergessen ist der, der sich verachtet fühlt statt geachtet. Vergessen ist der Ausgeschlossene. Die Vergessenen haben Gemeinsamkeiten: Dieser Satz ist für Kazım keine Aufmunterung, sondern eine Aufforderung. Vergessen ist der, der keine Anerkennung bekommt, keine Augenhöhe. Bevor einer zum Vergessenen wird, findet Kazım, müssen wir reden, reden, reden. Alle eingeschlossen.

Hätte sich Kazım mehr streiten wollen an diesem Abend, hätte er sich den einen oder dem anderen auf der Bühne zuordnen müssen, dann wäre er auf der Seite der Minderheit gewesen. Auf der Seite des Intendanten aus Rudolstadt, der auch sagte: Tür zumachen – das ist zu einfach. Es ist doch keine Kunst, sagt Kazım zu mir, sich mit denen zu treffen, die man toll und schön findet. Es ist eine Kunst, sich mit denen zu treffen, die man nicht toll und schön findet.

Kazım, frage ich, warum hast du das eigentlich nicht radikaler gesagt auf der Bühne? Ich hab's ja gesagt, auf meine Art. Wenn ich es radikaler sage, trenne ich.

Das, was Kazım so *einfach* macht, fasste die Moderatorin nach der Veranstaltung in Worte. Sie kam zu ihm und sagte: Sie sanfter Revolutionär.

Epilog

Wenn ich Kazım in den vergangenen Jahren beobachtete, wirkte alles immer leicht, und ich vergaß, wie getrieben er war. Ich werde nicht krank, krank werden andere, sagte er; unsterblich wirkte er auf mich. Und dann, ein Jahr vor seiner Rente, 2015, sagte er Sätze, von denen ich nicht dachte, er könne sie denken: Ich kann nicht mehr. Andere müssen jetzt ran.

Wir saßen bei ihm im Garten, die erste Sonne des Jahres, Kazım sagte: Mehr als zwanzig Jahre wohne ich hier, und nicht mal zwanzig Tage saß ich im Garten. Ein paar Wochen zuvor war er beim Arzt gewesen, saß auf dem Fahrrad, EKG. Aufhören! Sofort aufhören!, rief die Arzthelferin, schickte Kazım in die Klinik, Computertomografie, Durchblutungsstörungen, verstopfte Arterien. Zweimal musste er am Herzen operiert werden, Stents wurden eingesetzt, noch eine dritte Operation, Prostata. Du bist doch mit deinem Körper wie mit einer Mülldeponie umgegangen, sagte sich Kazım. Und fehlte dann wegen dieser drei Eingriffe doch nur sechs Tage lang. Sobald er aus dem Krankenhaus kam, fuhr er wieder in die Dienststelle, er sagte: Nicht weil ich ein Idiot bin, weil die Menschen warten. Die Operationen hatte er als Kleinigkeit verbucht.

Dann wurde es Herbst, die ersten kalten Tage, Kazım saß wieder im Büro, saß in einer Besprechung, saß im Auto und regte sich darüber auf, dass nichts beschlossen wurde.

Kazım, bist du unersetzbar?, fragte ich ihn. Ach, sagte er, und schwieg.

Er hatte siebzig Arzttermine in diesem Jahr, alle sagten: weniger Stress, und Kazım sagte manchmal Sätze, die nach Aufhören klangen. Ein paar Minuten später widerlegte er sich selbst. Manchmal machte er es sich einfach. Er meinte dann: Ich bin schwer arbeitsgeschädigt. Oder: Aufhören, wozu?

Einmal, er kam vom Arzt, fragte ich: Was hat er gesagt?

Weniger Stress, ist doch klar. Der Körper braucht Ruhe, vielleicht ist das die Strafe Gottes.

Wofür wirst du bestraft?

Ich lebe nicht gläubig.

Aber ich kenne kaum jemanden, der so sehr an das glaubt, was er tut.

Kazım dachte nach, einen Moment. Mag sein, sagte er dann, vielleicht reicht es, dass ich den Menschen guttue.

Die Gespräche, die wir in den vergangenen Jahren über das Aufhören hatten, waren immer kurz, es gab ja auch nicht so viel zu sagen.

Kazım kann nicht aufhören, weil er weiß, wie viel an ihm hängt. Er hat dafür gesorgt, dass sich in anderen Bezirken Berlins Vätergruppen gründen, die andere leiten. Seine eigene Gruppe, die erste, die es gab, hat er in all den Jahren nie ausfallen lassen. Er ging auch hin, wenn er Grippe hatte. Als er mal in der Türkei war, kümmerte er sich um eine Vertretung. Als er wiederkam, war die Gruppe zerstritten, und er sagte: Jetzt reden wir nicht mehr gegeneinander. Als er ankündigte, ich fahre ein paar Monate weg, sah er, wie einigen Tränen in die Augen stiegen. Wenn es gar nicht geht, überlegte er einmal, könnte er aus der Türkei trotzdem mit ihnen sprechen, per Skype oder Facetime.

Als wir mal wieder in der Hofperle saßen, Kazım war schon in Rente, rief die Leiterin einer Kindertagesstätte an. Es gab Probleme mit einem Kind, er solle schlichten, sie machten sofort einen Termin aus.

Du könntest auch sagen, du bist nicht mehr im Dienst, sagte ich.

Ich habe in meinem Leben viele Projekte nur auf dem Papier beendet, die Menschen kamen einfach weiter. Ich beende mein Leben ja auch nicht einfach, wieso soll ich ihnen die Tür zumachen?

Du machst immer weiter.

Wer soll es sonst machen?

Hast du schon mal Nein gesagt?

Selten.

In letzter Zeit?

Kann mich nicht erinnern. Ach doch, einmal weiß ich, da rief jemand an und ich hatte jemanden im Beratungsgespräch, also sagte ich Nein. Mehr weiß ich wirklich nicht.

Während der Arbeit an diesem Buch saßen wir einmal bei Kazım im Wohnzimmer, am Kaffeetisch mit drei Politikern aus Berlin. Einer von den Grünen war da, einer von der SPD, einer von der CDU. Der von den Grünen sagte, er käme gerade von einer Mitgliederversammlung, als er dort erwähnte, mit wem er sich jetzt alles treffe, schüttelten sie die Köpfe: Diese Leute, sagten sie, kriegt auch nur Kazım an einen Tisch.

Am Kaffeetisch fragte ich in die Runde: Kazım wurde oft als Spinner gesehen, ist er das? Enthusiast ist er, und Realist, sagte Burkard Dregger von der CDU. In Dreggers Bezirk wurde auch eine Vätergruppe gegründet, er hat für sie sein Büro zur Verfügung gestellt. Anfangs fragten ihn Mitarbeiter des Bezirksamts: Wer ist das denn, dieser Kazım Erdoğan? Ist das auch alles demokratisch? Bernd Szczepanski von den Grünen sagte: Ich dachte schon mal, Kazım hat sie nicht mehr alle. Vor allem bei der Woche der Sprache und des Lesens, die er für ganz Berlin organisierte, mit mehr als tausend Veranstaltungen. Jetzt ist er ausgetickt, fand ich, jetzt hat er sich übernommen, das schafft er nicht. Er schafft aber das, was erst einmal irre klingt. Frank Bielka von der SPD sagte: Ich hatte das Gefühl, Kazım ist wie eine Kerze, die von zwei Enden brennt. Du hast dich verzehrt. Manchmal, wenn wir zusammensaßen und nicht über deine Projekte redeten, dachte ich: Du langweilst dich sofort.

Es war ein Moment, in dem alle lachten, lang und laut. Und alle wussten: Kein Witz.

Er kann nicht ruhig sein, sagt Gülşen, die früher, als die Kinder noch klein waren, mit Kazım stritt: Sei mehr da. Ich fühle mich allein. Einmal, Dilan war gerade geboren, sagte sie: Schau dich an, alle sagen, wie blass, wie mager du bist, entscheide dich. Es ging damals um die Vorstandsarbeit in einem Verein. Der Verein oder wir, sagte Gülşen. Aber Gülşen, sagte Kazım, was ich anfange, muss ich beenden. Entscheide, sagte Gülşen. Was soll ich machen?, fragte Kazım. Jeder trifft seine eigenen Entscheidungen, sagte Gülşen, erst entscheidest du, dann ich. Kazım überlegte, sagte dem Vorstand ab. Wenn nicht, sagt Gülşen, wäre es vielleicht zur Trennung gekommen. So blieben sie zusammen, der Verein aber schlief ohne Kazım im Vorstand ein.

Weniger arbeiten, sagt Gülşen, davon sprach er in den letzten Jahren immer wieder, wenn es ihm nicht gut ging. Wenn es wieder ging, ging er los. Man muss kleine Brötchen backen, sagt Kazım.

Man muss ihn manchmal erinnern, trink Wasser, trink Wasser, sagt Yonca. Manchmal warst du echt wie ein Kind, sagt Dilan, man musste dich bei Krankheit zwingen, zu Hause zu bleiben. Auf deinen Blutzucker hast du ohnehin nicht geachtet, sagt Yonca. Wenn Kazım aufhört, dann bekommt er eine schlimme Krankheit, sagt Gülşen. Aufhören, sagt Dilan, geht gar nicht. Ohne seine Arbeit kriegen meine Eltern eine Ehekrise und Papa eine Lebenskrise, er kann nicht ohne existieren, sagt Yonca.

Wir schauen mal, sagt Kazım zu seinen Töchtern am Tisch, es kann ja auch sein, dass ich die Schönheit der Ruhe ...

Dilan unterbricht ihn: Papa geht auf eine Insel!

Kazım: ... entdecke.

Yonca: Aber was machen die Männer? So einen wie dich muss man erst mal finden.

Kazım: Jeder ist zu ersetzen.

Dilan: Nee. In dem Maße? Geht doch nicht.

Kazım: Wir schauen mal.

Was kann ein Einzelner schaffen? Für diese Frage interessiert sich Kazım natürlich nicht. Er sagt: Wenn jeder kleine Brötchen backt, dann haben wir zusammen das größte Brot der Welt.

Es geht ihm um den Einzelnen. Und es geht ihm darum, was wir alle schaffen.

Dank

Unermesslich großen Dank an alle, ohne die dieses Buch nicht wäre, was es ist:

Kazım, Mannoman Süpermann,

Gülşen, Süperfrau, bitte gieß die Schneebälle,

Dilan und Yonca für ihre nahen Worte trotz lauter Untermalung,

allen Männern, die mit uns Tee tranken und ein Stück ihres Lebens teilten, für ihr Vertrauen und ihre Offenheit, besonders: Alişan, Mehmet, Hamit, Celal. Ganz besonders: Adem, Tarkan, Ismail und seinen Kindern.

Karl Wahlen für seine tiefe, feine Erinnerung,

Muzzafer und seiner Familie für seine Begleitung auf unserem unvergesslichen anatolischen Roadtrip,

dem Walnussbaron für gute Unterhaltung, Grill-Dinner und Luxus-Frühstück,

den Verbliebenen in Gökçeharman für ihre Gastfreundschaft,

Kemal Hür und Seda Ozdayi für Hilfe bei der Überwindung von Sprachlosigkeit,

all denen, die ihre Zeit, ihre Perspektive, ihre Gedanken, ihre Erinnerung teilten. Vor allem: Damla, Thomas Lohde, Ralph Gregorius, Burkard Dregger, Frank Bielka, Bernd Szczepanski, İdil Üner, Christine Knauff, Harald Damskis, Thilo Sarrazin.

Ibrahim für feine Kost und feinen Trunk,

Saniye, Kemal, schön, dass es euch gibt,

der Literaturagentur Landwehr für Vertrauen, als es noch keinen Anfang gab,

DVA fürs Begleiten.

Danke L. für Mach das, A. für Reicht jetzt; P. für Höhlenwein, K. für Höhlenkritik und dem Fitnessstudio für seine Lesegeräte.

Danke Kilian für alles und den Rest, weil es niemals aufhört.

Editorische Notiz

Das Zitat auf Seite 8 wurde mit freundlicher Genehmigung übernommen aus: Ernst Bloch, *Das Prinzip Hoffnung*, in: Ders., *Gesamtausgabe in 16 Bänden*, Band 5. © Suhrkamp Verlag Frankfurt am Main 1959. Alle Rechte bei und vorbehalten durch den Suhrkamp Verlag Berlin.

Die Rechteinhaber des Nâzım Hikmet-Zitats auf Seite 6 konnten nicht ermittelt werden. Bitte wenden Sie sich mit entsprechenden Hinweisen direkt an den Verlag.

Die Autorin zitiert in diesem Buch auch aus ihrem Text »Süpermann«, erschienen in der *ZEIT* 46, 12. November 2015.

Die Gespräche der Männer, die jedes Kapitel einleiten, wurden nach journalistischen Maßstäben gekürzt und dramatisiert. Die Männer geben darin ihre Meinungen wieder. Einige sprechen unter Pseudonym, um sie und die Rechte Dritter zu schützen. Aus diesem Grund wurden vereinzelt auch Namen auftretender Personen und einige wenige biografische Daten verändert.